マーク・ウィルソン
マジック大百科
【ステージ・マジック他編】

Mark Wilson
マーク・ウィルソン［著］

TON・おのさか［監修］

東京堂出版

マーク・ウィルソン
マジック大百科

【ステージ・マジック他編】

東京堂出版

感謝のことば

本書を、愛らしく美しい2人の女性に捧げます。
慈しみ、励まし続けてくれた私の美しい母、Teta（ティタ）。
新しい小道具やイリュージョンの制作、数々のショーの成功に
献身的な努力を払ってくれた私の美しい妻、Nani（ナニ）。
そして、私たちの2人の息子、
Mike（マイク）とGreg（グレッグ）を素敵な青年に育ててくれた。
彼女たちに感謝します。

本書は監修者TON・おのさかが、Mark Wilsonから翻訳の許可を得て出版したものです。

読者の皆さんようこそ、素敵なマジックの世界に！

読者の皆さん
ようこそ、素敵なマジックの世界に！

　慎重に厳選した数々のマジック・アートを、やさしく、簡単に理解できるように挿画を中心に解説しました。挿画は、全作品のすべての動きを撮影した5,000点以上の写真の中から、最も重要な2,000点を抽出し、線画で描写したものです。楽しく習得に励んでください！

　解説のほとんどは、次のような項目に分けてあります。
　効果＝観客が見て感じている、マジシャンが演じている奇跡のような不思議現象。
　秘密と準備＝演技に必要な小道具と秘密（タネ・仕掛け）の説明。多くのものは、日用品か手作り可能なものです。
　方法＝実演して観客に見せるための技術と手順の説明。
　コメント＝それぞれのトリックを、さらに不思議で楽しいものにするのに役立つヒントやアイデア等の助言。

　本書によって、マジック・アートの大切な秘密を習得するにあたり、次の4つのことを守ってください。
（1）トリックの秘密を決して説明しないこと。観客が秘密を知ってしまうと、神秘さや魔力、そしてマジックの魅力ある芸は失われてしまいます。
（2）事前に演技の内容を決して説明しないこと。観客が何が行なわれるのかを知らなければ、不思議を満喫する可能性がより高くなります。
（3）同一の観客に、決して同じトリックを繰り返して演じないこと。演技を繰り返すことで秘密を知る「チャンス」がはるかに高くなります。
（4）最も大切なこと：実践練習を重ねたうえで演技すること。解説に従って小道具を使って練習を積み、可能であれば鏡の前でチェックをしてください。躊躇せずスムーズに実行できるようになった時が、上演の準備が整った時です。

Mark Wilson

マーク・ウィルソン（Mark Wilson）

マーク・ウィルソン　マジック大百科

もくじ

感謝のことば..(3)
読者の皆さんようこそ、素敵なマジックの世界に！...........................(5)

ロープ・マジック——1
切断したロープの復元・方法1 2
切断したロープの復元・方法2 8
コメディー・タッチの切断したロープの復元 12
3本のロープ・マジック 16
私と同じようにやって！ 21
私と同じようにやって！・2 22
2重の復活 23
縒り紐で、切断と復元 28
針の目通し 32
片手で結ぶ 35
溶解する結び目 37
靴紐結び 39
立ち上がるロープ 43
入れ替わるロープ 49
不可解なエスケープ 53
ロープと上着 57
指輪とコード 60
ロープからの脱出 64

シルクとハンカチーフ・マジック——71
ハンカチーフを催眠誘導 72
ハンカチーフの踊り子 76
溶ける結び目 79
腕を通り抜ける結び 82
ハンカチーフの貫通 85
コップから抜け出るハンカチーフ 87
ハンカチーフの出現 91
ハンカチーフの消失 95
万能バニッシャー 100
蛇行して解ける結び目 101
蛇行して解ける結び目・別法 105

もくじ

　　幽霊ハンカチーフ 105
　　マッチ棒の復元 108
　　卵の取り寄せ 112
　　ガラスコップの消失 117
　　ガラスコップの消失・2 120

即席マジック ———— 123

　　飛び移る輪ゴム 124
　　飛び移る輪ゴム・2 126
　　飛び交う2本の輪ゴム 127
　　飛び交う2本の輪ゴム・2 129
　　飛び交う2本の輪ゴム・続編 131
　　連鎖するゼム・クリップ 131
　　連鎖するゼム・クリップ・2 135
　　荷札の脱出 137
　　穴あきキャンデーの脱出 139
　　指輪の大脱出 142
　　復元する紙ナプキンの秘密 146
　　ウォンドに通う指輪 152
　　ジャンプするマッチ棒 156
　　飛行するマッチ 158
　　不思議なドット 162
　　不思議なドット・即興版 168
　　テーブルを貫通するコップ 169

メンタル・マジック ———— 175

　　予知テスト 176
　　マガジン・テスト 185
　　偶然の一致 188
　　100万分の1 191
　　ジプシーの秘法 194
　　センター・ティア 196
　　センター・ティアの別法 200
　　色紙の予言 200
　　数字の予言 204
　　カラー・ボール 206
　　封筒スタンド・1 209
　　封筒スタンド・2 213

(7)

パズル・マジック――215

- 不可能な通過 216
- 不可能な結び目 218
- 自分自身で確かめて！ 221
- 3個のコップ 222
- 輪ゴムの解放 225
- ハンカチーフ結び 227

手作りマジック――229

- 不思議な花瓶 230
- アフガン・バンド 233
- ユーティリティ・コーン 237
- 魔法の切手帳 241
- 切り抜いた新聞紙の切断と復元 245
- 魔法の額縁 249
- 二重の紙袋 252
- 二重の紙袋の使い方・消失 253
- 二重の紙袋の使い方・変化 255
- サン・アンド・ムーン 257
- ネクタイの切断と復元 263
- ワイングラスの出現 266
- 消失ボックス 271
- 紙吹雪がキャンデー・1 276
- 紙吹雪がキャンデー・2 279
- 紙吹雪がキャンデー・3 281
- 感謝の表示・1 283
- 感謝の表示・2 286
- 感謝の表示・3 288
- 水入り容器の消失 288
- うさぎ小屋の消失 291
- 取り出し箱 294
- 魔法の国の円筒 297
- 魔法使いの帽子 301
- 魔法使いの帽子・別法 303
- マジック・テーブル 305
- 天板の秘密の穴 309
- 金属製の小道具 311
- ダブ・パン 312
- フー・カン 314
- 不思議な壺 316

もくじ

スポンジ・ボール・マジック ―― 319
　不思議なボール 320

ビリヤード・ボール・マジック ―― 343
　クラシック・パーム 344
　クラシック・パーム・バニッシュ 345
　フレンチ・ドロップ 348
　フィスト・バニッシュ 351
　パームの持ち替え 354
　フィンガー・ロール 356
　マーク・ウィルソンのビリヤード・ボールの手順 360

カップとボール ―― 385
　カップとボールの手順 386

マジカル・イリュージョン ―― 409
　テント・イリュージョン 410
　お化け屋敷 416
　段ボール箱イリュージョン 423
　不思議なミイラ 428
　不思議なミイラ・2 433
　不思議なキャビネット 437
　ミイラの棺 441
　扉の向こう 447
　謎のトランク 452
　魔女と農夫 456
　空中に浮かぶ美女 464

(9)

ロープ・マジック

　近代マジックの1つとして、飛躍的な進歩発展を遂げてきた人気のあるロープ・マジックの数々を紹介してあります。初心者にとっては理想的な、簡単で、いつでも、どこででも、即興的に演じられるものから、精巧に仕上げられた本格的なステージ・マジックまで幅広く学ぶことができます。
　初期のロープ・マジックは主としてパズル的な結びのトリックに限られていましたが、すぐに「ロープの切断と復活」現象をテーマにしたロープ・マジックの時代が到来し、その時代にはステージ・マジックとして唯一のロープ・マジックでした。しかし、しばらくするといろいろな方法が考案され、紆余曲折を経た新しいトリックで絶えず観客たちの目を楽しませてきました。
　今日では、何本かの短いロープを結び合わせた後、結び目を消して1本の長いロープにしたり、短いロープを様々な長さに伸ばしたり、結び目があっちこっちに行き来するなど、いろいろな現象が開発されています。何事にも終りがありますが、ロープ・マジックには終りが無いようです。読者の皆さんのプログラムが、明日のロープ・マジックへの更なる1歩になることを願っています。

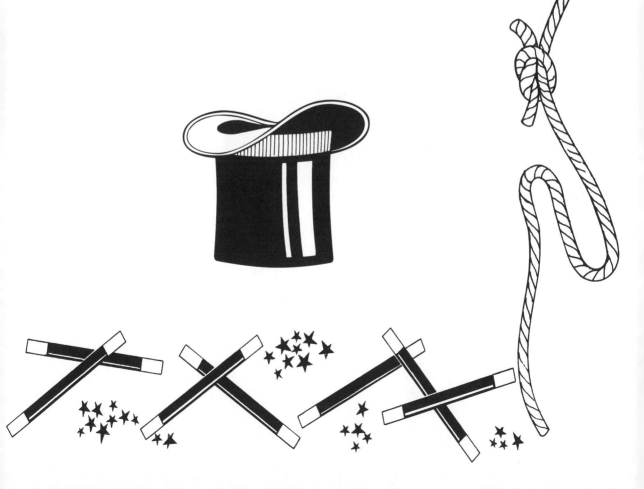

使用するロープ
　マジシャン達は、30年程前までは、荷造り用のロープの芯を抜いて使用していましたが、今日では、スピンドル・ロープと呼ばれる芯の無い綿やアクリル製の装飾用のロープを使用しています。このスピンドル・ロープは、太さもいろいろ有り、柔軟性も優れています。また装飾用ということもあって、赤、ピンク、黄、緑、空、紺、黒と揃っていて、正に、マジック、トリック用に作られたロープといっても良く、このスピンドル・ロープの普及によって、いろいろな方法が考案され、ロープ・マジックは飛躍的な発展を遂げました。
　スピンドル・ロープは、太さ20×20（φ8ミリ位）なら町の手芸専門店でも入手出来ますが、それ以上太い30×30（φ12ミリ位）をお望みの場合は、ロープ専門店かマジック・ショップで入手してください。

両端の処理：芯を抜いたロープやスピンドル・ロープは、切断した端がすぐにほつれ（編目がほどける）てしまうので、「ほつれ止め」をしておく必要があります。これには、下記に示すようないくつかの方法があります。
(1)糊で固定する方法──手芸用（又は布用）ボンドをロープの端に少量塗り付けて、繊維同士をくっつけて固め、ほつれないようにします。
(2)ボンドで固める以外の方法では、ロープの端を溶かした蝋（またはパラフィン）に浸して固める方法もあります。
(3)白糸で締め固める──ロープの端に白糸を巻きつけて締めてからしっかりと結ぶだけです。
(4)最も簡単な方法──ロープ端のまわりに、白いビニール・テープかセロ・テープの小片を巻くだけです。

切断したロープの復元・方法1

　古典的な魔法の1つ、再生、復元現象をテーマにした、切断したロープを元通りの1本に復元してみせるロープ・マジックのほとんどの作品は、同じ単純な方法に基づいています。この方法を正しく学んでおいてください。

ロープ・マジック

効果
　マジシャンは、1本の長いロープを示します。そして、このロープをまず同じ長さに分割する必要があると説明して、ロープを2つ折りにして、輪になった中央をハサミで切断しますが、2つのロープの長さは明らかに違っています。マジシャンはあわてて2本を結び合わせてから、手に巻きつけ、魔法を掛けます。そして、巻きつけたロープを解いていくと、結び目は消失して、ロープは元の1本に戻っています。

秘密と準備
　このマジックに必要な物は、1ひろ（1.5～1.8メートル程）のロープ1本とコイン（または鍵とか指輪など、小さな品物）1つと切れ味の良いハサミ1丁。
　コインをズボン（または上着）の右ポケット、ハサミを近くのテーブルの上に置いて準備完了です。

方法
(1) 1本のロープを示してから、図のように2つ折りにして両端を揃えて左手の親指と人差指の付け根で持ちます。（注）説明の為に、右端の12センチ位下のところを「A点」、ロープの中心を「B点」と呼ぶことにします。

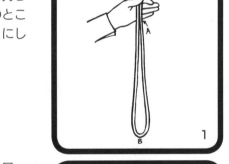

(2) 右手の親指と人差指を伸ばして、観客側からロープの中心（B点）の輪に通して持ち上げます。（注）図のように親指と人差指の先を上に向けて、ロープの輪が滑り落ちないようにします。

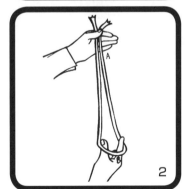

本文の( )付数字とイラストの数字は対になっております（以下同じ）。

(3)右手を上げて、親指と人差指に引っ掛けているロープの中心（B点）の輪を、左手に近付けていきます。

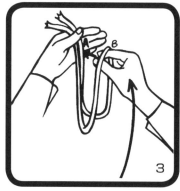

(4)両手を近付けながら、右手の親指と人差指とでA点を摘み、

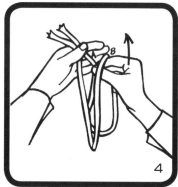

(5)A点を引き上げながら、右指に引っ掛っているロープの中心（B点）の輪をずり落として右側のロープ（右端とA点の間）に掛けます。
(注)方法(4)と(5)は観客には見えない「秘密の操作」で、全て左手の陰で行います。

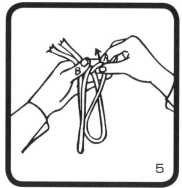

(6)動作を止めずに右手を上げて、右手の指先で摘んでいるA点の輪を左手の上から出してきます。B点は左手の中に隠れます。

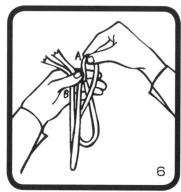

ロープ・マジック

(7) この新しい輪（A点）を左手の指先（両端の右隣り）に図のように持ちます。観客は「秘密の操作」を見ていないので、左手の指先に持っている輪のところ（A点）が、ロープの中央（B点）と信じています。

(8)「ロープの真中を切って、同じ長さの2本にします」と言って、ハサミで輪になっているA点を切断します。

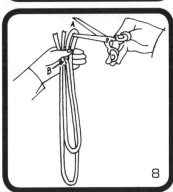

(9) A点の輪を切断すると、図のように端が4つになりますから、

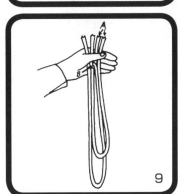

(10) 一番右側の端（切り分けたA点の1つ）を右手で取り、

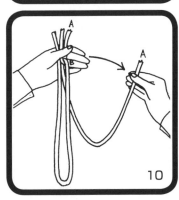

(11)それを落として垂らし「1本」と言います。

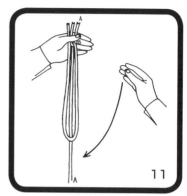

(12)次に、一番左側のロープを右手で掴んで引き下ろして「2本」と言います。

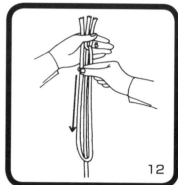

(13)初めに説明したこととは違って、2本のロープは、長さが大きく違っていることが判ります。ちょっと困惑?した表情で、左手をやや上にあげ、2本のロープの下端を見付めて観客の注意をそれとなく喚起します。注:2本の別々のロープの上端に見えている左手の上に出ている2つの端は、2つ折りになった短いロープの両端で、この短いロープの折り曲っているところに、長いロープが交差してB点のところで2つ折りになっています。

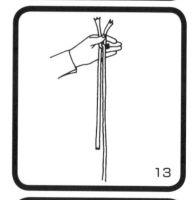

(14)短いロープと長いロープが交差しているB点のところを左手の親指で図のようにカバーしてから、左腕を左の方に振って、左手の平を観客の方に向けて2本のロープを示してから、また左手を元の位置に戻します。

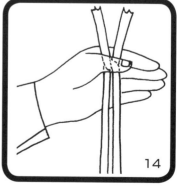

(15)次に、2本のロープの上端を結び付けます。実際は、2つ折りになっている短いロープの両端を、交差している長いロープのB点に結び付けるのです。

(16)左手で下端の1本を取り上げ、図のように真中あたりに結び目があるように垂らして示します。

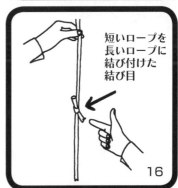

(17)そして、このロープを右手で掴んで左手に巻きつけながら、右手をずらしていきます。2〜3回巻きつけたところで、結び目が右手の中に入ってきますから、この結び目を右手に握り隠しながら、左手に巻きつける動作を続けていきます（結び目は長いロープに沿って滑らせていきます）。

(18)ロープを巻き終えながら、右手に隠し持っている結び目をロープから抜き取ってしまいます。そして「魔法の銀貨が必要です」（または、鍵とか指輪等）と言って、右手でポケットから銀貨を持ち出してきます（結び目はポケットにおいてきます）。

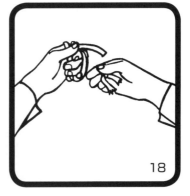

(19)魔法の銀貨を左手の上で軽く振って、ロープにお呪いを掛けてから、左手に巻きつけたロープを振りほどき、結び目が消えて元の1本に戻っているロープを示して終わります。

コメント
　このトリックを行うことで、ロープの長さが、始めと終わりでは12センチ程短くなりますので、続けてこのロープで演技を行うときには、やや長が目のロープを使うことを勧めます。

切断したロープの復元・方法2

効果
　1本の長いロープの両端を交差させて左手に一緒に持ちます。一方の端を右手に持ち、ゆっくりと下に引いていきながら、観客に、おおよそ真中あたりで「ストップ」を掛けてもらいます。そしてマジシャンは、ストップが掛かった所でロープを切断して、2本に切り分けたロープを示しますが、2本の長さの違いが気に入らない、ということで、マジシャンは、まるで魔法のようにロープを元の状態に戻してしまいます。

秘密と準備
　方法1と同様、ロープに準備することはありません。1.5〜1.8メートル程の柔らかいスピンドル・ロープ1本と切れ味の良いハサミ1丁を用意します。

ロープ・マジック

方法
(1)ロープを示してから、図のように両端を左右の手に1つずつ持ちます。説明のために左手に持った端をA端、右手に持っている方をB端と呼ぶことにします。

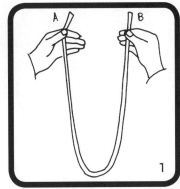

(2)右手のB端を、左手の人差指と中指の間を通してA端の上に交差させて置き、左手の親指で押さえて持ちます。

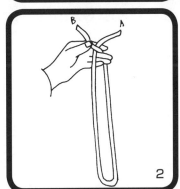

(3)そして、右手をA端に持ち替えます。

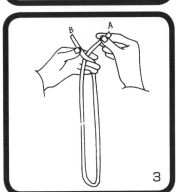

(4)左手の親指でB端をしっかりと押さえておいて、A端を手前下（図の矢印の方向）にゆっくりと引っ張っていきながら、観客に好きなときに「ストップ」と言うように頼みます。

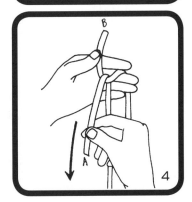

(5) A端を引いていくと、垂れ下がっているロープの輪がだんだんと小さくなっていき、このことによって、「ストップ」を掛けるタイミングでロープの切断する箇所が変るような錯覚が起こりますが、実際は、図で分かるように何の違いもありません。

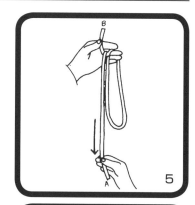

(6) 観客が「ストップ」と言ったところで、ロープを引っ張る動作を止め、A端を放します。そして、輪になっているロープのB端に近い所を図のように持って示し、両手で持っているロープの真中（X印）を切断します（ハサミを事前に観客に渡しておき、X点を観客に切断してもらいましょう）。
　観客が真中あたりを切ったと思っていることが、図を見れば分かるように、実際は、B端近くの15センチ位を切断したのです。

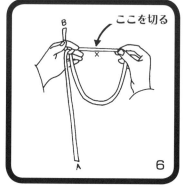

(7) すぐに右手をロープから放して、切断されたX2端をA端の隣り垂らします。

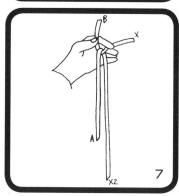

(8) すぐに短いロープの端XをBの端の横に揃えて左手の親指で押さえて持ちます。観客には、長さの異なる2本のロープを持っているように見えています。実際は、2つ折りになった短いロープと長いロープを持っています。

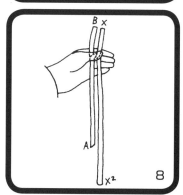

ロープ・マジック

(9)ここで、2本のロープの長さの違いに気付いた振りで、やや困惑した表情でX2端を右手に握って取り上げます（図のように、薬指と小指でしっかりと握ります）。

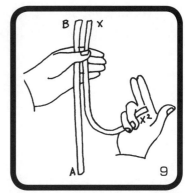

(10)右手を左手に近付けて、短いロープのX端を右手の親指と人差指、中指とで掴んで、X端とX2端を一緒に握ります。

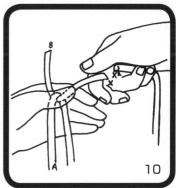

(11)すぐに左手をロープから放し、長いロープを垂らして元の1本に戻っていることを示します。

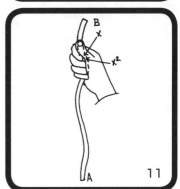

(12)左手でロープをしごきながら両手でロープをぴ〜んと張って、完全に復元していることを示します。

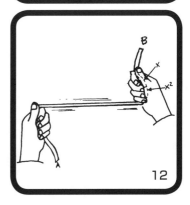

(13)短いロープと長いロープの「秘密の接点」を右手に隠し持ったまま、長いロープを右手に軽く巻きつけてポケットにしまいます。

コメント

　切断したロープの復元の2つの方法ともに、ロープを2つに切り分けたところでは（第1の方法(13)、第2の方法(8)のところ）、殆ど元の状態に近い長さのロープが2つ折りになって短いロープに連結している状態になっていますから、後半の演技は共通して使うことが出来ます。

　しかし、第2の方法でロープを復元してから、他のロープ・マジックに続ける場合は、右手の上に出ている短いロープを処分する必要があります。この処理を自然に見える1つの方法は、テーブルの上に次に使う小物を準備しておき、ロープを持った右手でその品物を取り上げる時に短いロープをテーブルの裏、または他の品物の後ろに処理します。若しくは、右手をポケットに入れ、次のマジックに使うハンカチーフ等を取り出してくるときに、短い端をポケットの中に処理してしまいます。

　両方の方法共に、ロープ切りマジックの代表的な古典の1つで、秘密の部分は単純明解ですから、一度習得してしまえば、いつでも何処でも、あなたのレパートリーに加えることが出来ます。そして、効果も抜群で、親しい友人だけの小グループでも、大観衆の前での演技でも同様の効果が希待できる、数少ないマジックの1です。

コメディー・タッチの切断したロープの復元

効果

　マジシャンは、観客の1人に、長さ1メートル程のロープを渡し、ロープを真半分に切って2本にしてもらいます。更にその2本を半分に切ってもらい、同じ長さの4本にしてもらいます。マジシャンは、この4本のロープを1本ずつ空の紙袋中に入れ、紙袋を閉じて勢いよく振ってから、観客に紙袋の上方にハサミをかざして「お呪い」を掛けるように頼みます。そして、マジシャンは、紙袋を開けて4本が結び合って1本に繋がっているロープを取り出してきます。紙袋を破って中に何も残っていないことを示してから、結び合ったロープの両端を両手に1つずつ持ち、強く左右に引っ張ると、結び目がぽんぽんと空中に飛び出し、ロープは元通りの1本に復元します。

ロープ・マジック

秘密と準備

(A) 1メートル位の柔らかいロープ2本と、12センチ位の短いロープ3本を準備して、長いロープの1本に、25センチ間隔で鉛筆で軽く印を付けておきます。

以上の他に、袋の内部に秘密のポケットのある紙袋(252頁 二重の紙袋のA～D図を参照して作って下さい)が必要です。

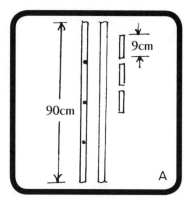

(B) 印を付けた長いロープを、印のところで折り曲げ、(C) 短いロープを当てて(D)結び付けます。(E)図のように長いロープを真っすぐにすると、2本のロープを結び合わせたように見えます。

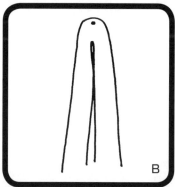

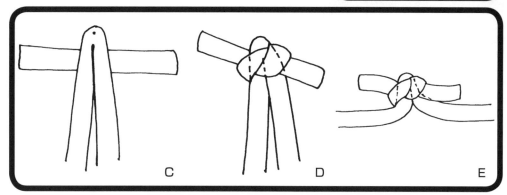

(F) 同様に、残りの短いロープを長いロープの印の所に結びつけて、4本のロープを結び合わせて1本に繋げてあるように見えるものを作ります。

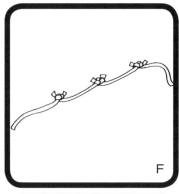

(G) このロープを仕切りのある紙袋のメイン・スペースに入れ、紙袋を平に折ってテーブルに置いておきます。

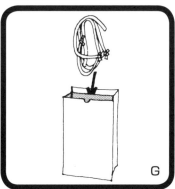

方法
(1) 観客の1人にマジックの手伝いをお願いして、ハサミを渡します。仕掛けのない1本のロープを示し、手伝いの人に、ロープを丁度半分のところで切ってもらいます。

(2) 2本に切り分けられたロープを揃えて、また真中で切ってもらい、同じ長さの4本にして揃えて左手で持ちます。

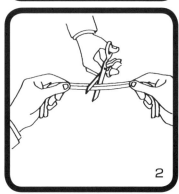

ロープ・マジック

(3)準備した紙袋をテーブルの上から取り上げて口を開き、秘密のポケットの中に、切り分けた4本のロープを1本ずつ落としていきます。

(4)紙袋の口を閉じて口元をしっかりと掴み、袋を上下に振って、袋の中のロープを混ぜ合わせている音を観客に聞かせます。そして、手伝いの人に、持っているハサミで紙袋の上でお呪いを掛けるように頼みます。

(5)お呪いが終わったら、紙袋（のメイン・スペース）の中に右手を入れ、準備してある4本繋がりのロープをゆっくりと引き出してきます（笑い）。このとき、左手で秘密のポケットの口をしっかりと閉じておきます。

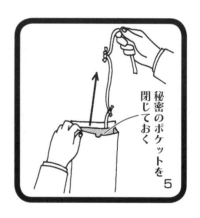

(6)取り出したロープをテーブルに置き、紙袋を引き裂いて中には何も残っていないことを示します（255頁 方法(6)参照）。破った袋を脇に捨て、テーブルから4本繋がりのロープを取り上げ、ちょっと困ったような表情でロープを眺め、

(7)ロープの両端を両手に1本ずつ持って示します。

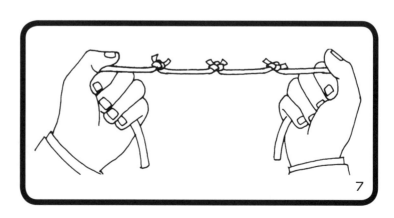

(8) ロープにフッ！と息を吹き掛けてから、両手を左右に勢い良く引いて、ロープをぴ〜んと張る力で、結び目を空中に弾き飛ばして、元通りの1本に復元したことを示します。手伝いをしてくれた観客にロープを与え、感謝の言葉を述べて終ります。

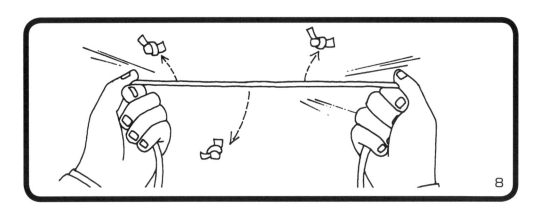

3本のロープ・マジック

　今までの方法とは違って、このトリックではロープを切断しません。その代わりに、初めから3本の短いロープを使い、それが魔法のように繋がって、1本の長いロープになります。ハサミを使わないので、準備したロープをポケットに忍ばせておくだけで、いつでも、何処でも演じることができます。

効果
　マジシャンは、両端を結んで束ねてある同じ長さの3本の短いロープを示します。まず、束ねてある一方の端の結びを解いて、その内の2本のロープの端を結び合わせて繋ぎます。次に、束ねてあるもう一方の端の結びを解いて、繋がっていない2本の端を結び合わせて、ひと続きの長いロープにします。そしてマジシャンは、そのロープを左手に巻きつけてから、ポケットから魔法のコインを取り出し、ロープにお呪いを掛けます。ロープを左手から振り解くと、結び目は消え失せ、1本の長いロープになっています。このロープは、観客に渡して改めてもらうことも出来ます。

秘密の準備
　秘密は、1本の長いロープを3本の短いロープに見せている仕掛けです。1.5メートルのロープ1本と10センチの短いロープ2本を用意して、次のように準備します。

ロープ・マジック

(A)長いロープを3つ折りにして、図のように2つの折り目のところに短いロープを2つ折りにして引っ掛けます。

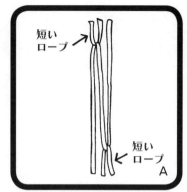

(B)同じ長さの3本に見えるように長さを調整してから、3本の上端（短いロープの2つの端と長いロープの1つの端）を束にして図のように1回結びます。

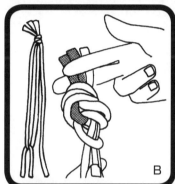

(C)結び目を調整して、短いロープと長いロープの交差しているところが結び目の中に隠れるようにします。

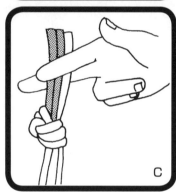

(D)同様にして他の3本の端も束ねて結びます。これで、観客には同じ長さの短い3本のロープを束ねてあるように見えます。さあ、演技を始めましょう。

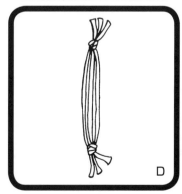

方法

(1) 3本のロープの束を示してから、上端を束ねている結び目を両手でゆっくりと、交差しているところを見せないように解きます。

(2) 解いた3本の端の内の2本の短いロープの端を左側にして左手に持ち、交差しているところを左手の親指の腹で軽く押さえ、親指と他の指の先で長いロープの端を持ちます。

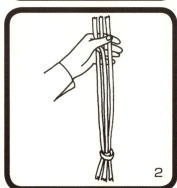

(3) 長いロープの端を右手に取り、

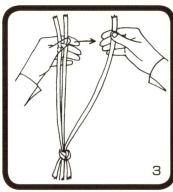

(4) 右手に持った端を放して、短いロープの2本の端（と交差しているところ）を左手に持ちます。

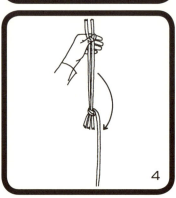

(5)「2本を結んで繋げます」と言って、交差しているところを隠しながら、短いロープを長いロープに結びつけます。

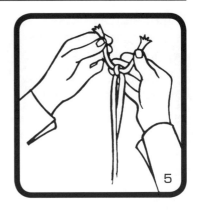

(6) 次に、右手で下端の束の結びを取り上げ、左手の結びを放します。そして、「こっちの2本も繋げます」と言って、方法(1)～(5)の操作を繰り返して行い、3本のロープを繋ぎ合わしたように見せます。

(7) 3本の短いロープを繋ぎ合わせて1本の長いロープを作ったことを示します（実際は、1本の長いロープに2本の短いロープが結びついているだけです）。

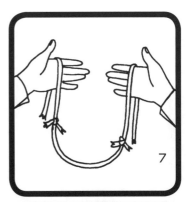

(8) 次に、左手でロープの1端を持ち、右手でロープをしごきながら左手のまわりにロープを巻きつけていきますと、最初の結び目が右手の中に入って来ますから、右手でその結び目を軽く握り、ロープに沿って密かに「滑らせて」いきます。

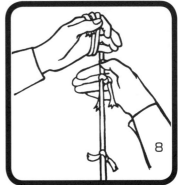

(9) 操作をつづけていくと、2つ目の結び目が右手に入って来ますから、同じように右手に持って滑らせていきます。
　　観客には、2つの結び目は、左手の中に巻き込まれているように見えています。

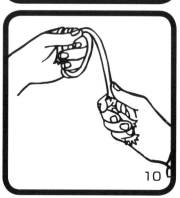

(10) ロープを全て左手に巻きつけ終るときに、右手に隠し持っている2つの結び目を密かにロープの端から抜き取ります。

(11) ここで、「魔法のコイン」の話しをしながら、上着の右ポケットから右手でハーフ・ダラー（または500円硬貨）を取り出してきます。このとき、右手に隠し持っていた2つの結び目をポケットに処理します。

(12) 左手に巻きつけたロープの上で、魔法のコインを揺り動かしてお呪いを掛けます。コインをポケットに戻してから、左手に巻きつけたロープを解いていって、結び目が消えていることを示します。

(13) 3本の短いロープがコインの「魔力」で1本の長いロープに変身したことを話し、そのロープを観客席に投げ入れて終ります。

コメント

　この巧妙なトリックの強みは、演技を始める前に既にトリックの大半が終っていることです。そこで、演技の初めに3本の短いロープを持っていることを、それとなく強調しておきましょう。

　もし観客の多くが、演技の再演を望んでいるようなら、1本の長いロープを実際に切断して3本の短いロープにしてから、それを元の1本に戻す後述する「2重の復活」(23頁)をすすめます。

私と同じようにやって！

　前述の「3本のロープ・マジック」を使って観客と一緒に演じる愉快な演技です。マジシャンと2人のお客さんそれぞれが、3本のロープを持ち、マジシャンが行う動作とそっくりに演じてもらいますが、結果は全く異なり、マジシャンのロープだけが長い1本のロープに変身しています。

秘密と準備

　「3本のロープ・マジック」で使った仕掛けロープ (17頁A～D参照) 1組と50センチのロープ6本を使います。50センチのロープの方は3本ずつ束にして、仕掛ロープと全く同じように、上下の端を結んでおきます。これで見掛け上は全く同じ、3本のロープを束にしたものが3組 (1組は仕掛けロープ) 出来ます。

方法

(1) 準備した3組をテーブルに置いておきます。2人の観客にステージに来てもらい、1組ずつ取ってもらいます。このとき、2人の観客がそれぞれ普通のロープを取ったなら、残っている仕掛のロープをマジシャンが取って、手順を進めますが、もしも1人の観客(A)

が仕掛けのロープを取っているときには次のようにします。

(2) まず、AさんとBさんに「3本のロープを束にして、両端をまとめて結んであることを確認して下さい」と言って、確認してもらったところで、マジシャンが持っている普通のロープをAに渡し、「Aさんが持っているロープをBさんに渡し、私が持っていたロープを確認して下さい。そしてBさんは、持っているロープを私に預けてAさんから渡されたロープを確認して下さい」と頼み、Bさんロープ（普通）をマジシャンは受け取ります。

(3) 次に、マジシャンはBから渡されたロープ（普通）の両端を簡単に眺めてからAさんに渡し、「このBさんが持っていたロープも確認して下さい」と頼んで、Aさんの持っているロープ（普通／初めにマジシャンが持っていた）をBさんに渡し、Bさんは持っていたロープ（仕掛け／初めにAが持っていた）をマジシャンに渡します。「今、私たちはそれぞれ、3組のロープを全てチェックして、全く同じ状態のものであることを確認しました」上記の結果、A、B2人の観客は普通のロープ、マジシャンが仕掛けのロープを持つことになります。

(4) 「さあそれでは、"私と同じように、やって…"ゲームでお2人の観察眼と理解力のテストをしてみましょう」と言って、「3本のロープ・マジック」の方法(1)〜(13)までを1段1段、ゆっくりと動作を解説しながら、一緒にやっていきます。ご想像のとおり、マジシャンのロープだけが結び目が消え、1本の長いロープに変身という結果になります。

コメント

方法(8)〜(10)で結び合わせたロープを左手に巻きつけていくとき、巻き加減を調整して結び目が左手の平の中にくるように2人の観客に指示します。そして、魔法のコインをポケットから取り出す代わりに、ポケットから目に見えない魔法の粉を取り出してきて、それを左手に巻きつけたロープに振り掛ける演出にしましょう。

私と同じようにやって！・2

前述の「3本のロープ・マジック」を利用した観客参加型のトリックで、親しい友人たちのパーティ等に適しています。

秘密と準備

今回は2人で演じますので、仕掛けのあるロープ（17頁A〜D）1組と、3本の普通ロープを束ねて両端を1回結んだもの1組を使います。仕掛けロープの結び目の1つに、鉛筆の先で小さな目印を付けて、普通のロープの1組と識別できるようにしておきます。

方法

(1) 準備した2組の3本のロープの束を取り出します。観客の1人に出て来てもらい、好きな方のロープを取ってもらいます。

(2) 観客が普通のロープを選んだ場合は、マジシャンは残っている仕掛けのロープを持ちます。そして、「これから私がやることと全く同じことをやって下さい」と頼んで、「3本のロープ・マジック」の方法(1)～(13)までを、1段ずつゆっくりと演じながら、観客に同じことを一緒にやってもらいます。

(3) もし観客が仕掛けロープの方を選んだ場合は、残っている普通のロープを取り上げ、「私と同じことをやって下さい」と頼みます。「では始めましょう。まず初めに、あなたが持っている3本のロープの結びを私が解きますから、それを私に渡して下さい。そして、あなたは私の3本のロープの結びを解いて下さい」と言って、ロープを交換を最初の動作にして、方法(1)～(13)に続けていきます。

(4) 意図的に1つ1つの動作をゆっくりと理解しやすく行って、観客が正確にコピーできるように演じていきます。そして、左手のまわりにロープを巻きつけたあと、右手をポケットに入れ、「見えない魔法の粉」を取り出してきます。ここで、今までマジシャンの全ての動きを複製してきた観客は、「魔法の粉」を持っていないことに気付き躊躇することもあるので、ポケットから見えない粉を掴んできた「振り」をして、それをマジシャンと同じようにロープに「撒き散らし」てもらいます。その結果は、マジシャンのロープは1本の長いロープになり、観客のロープは3本の短いロープのままです。

2重の復活

1本のロープを半分に切断してから元の1本に戻す、一般的な方法と違って、錯覚をうまく取り入れ、目の前で堂々と切断したロープを復元して見せることが易しくできる優れた方法です。

効果

1本の長いロープを示し、それを3つ折りにしてから、両端をそれぞれ3等分したところに確りと結びつけます。そして、2つの結び目の近くで切断して、同じ長さの3本のロープが継っている状態にします。マジシャンは、この状態のロープをゆったりと片手に巻きつけてから、「魔法」を掛けます。ロープの巻きを解くと、2つの結び目は消え、ロープは元の1本に復元しています。

秘密と準備

(A)秘密は巧妙で単純です。練習で理屈を覚えてしまえば後はほぼ自動的に行うことができます。1.5メートル位のロープを準備して、あらかじめ、ロープの両端の15センチ位のところに鉛筆で印を付けておきます。これで準備完了です。

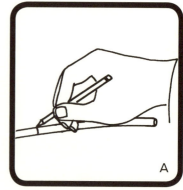

方法

(1)ロープの一端を左手で掴んで体の前に垂らし、垂れている端を片足で踏み付けて、ロープをぴ〜んと張って、何の仕掛けもない普通のロープであることを示します。説明のために、ロープの両端をA端とB端と呼ぶことにします。

(2) A端を左手でしっかりと持ちます。右手でB端を掴んでロープを左手の中指に引っ掛けて引き下げ、図のように均等に3つ折りにします。

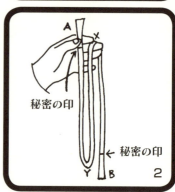

(3)次に、A端をループXにくぐらせて1回結びます。

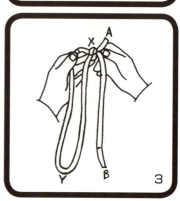

(4)は(3)の拡大図で、結び目がA端と印を付けたところの真中になっていることに注意して下さい。

(5)片手で結び目を持って図のように示します。

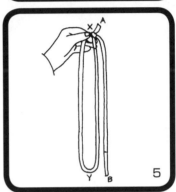

(6)右手でループYを掴んで持ち上げ、左手は結び目を放してループYに持ち換えます。そして、右手でB端を持ち上げて(3)と同じようにB端をループYに結びつけます。

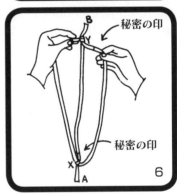

(7)ロープを両手の間に張って、同じ長さで3等分されていることを示しながら、秘密の印のあるロープを確認します。

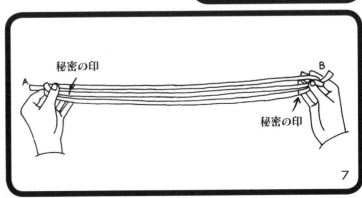

(8)ハサミを取り出し、結び目の側にある秘密の印の1つを切断します。観客には、ロープの3分の1あたりのところを切り放したように見えていますが、実際は、ロープの一方の端を15センチ位切り放しただけです。

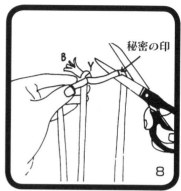

(9)しかし、切り放された3分の1位のロープが残りの3分の2位のロープの輪に垂れ下がっている絵を目の前にしている観客は、完璧に騙されてしまいます。

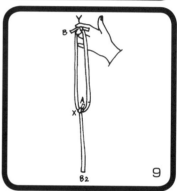

(10)次に、もう一方の結び目(図ではAとX)を上に持ってきて、目印のあるところを切り放します。

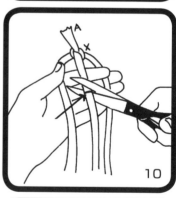

(11)両手でロープの両端(A2、B2)を持ってロープを3等分に切断したことを示します。1本のロープを3等分で切断して、それぞれを結び繋げた状態と全く同じに見えていますが、実際は、ロープの端の近くを切断して切り放した15センチ位の両端(A、B)を長いロープの2箇所に結びつけてある状態です。

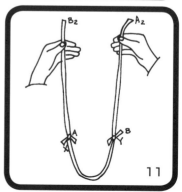

(12)始めたときと同じように、左手に端を持って体の前に垂らし、下端を足で踏みつけてロープをぴ〜んと張って示します。

(13)そして、足をロープから外し、ロープを右手で左手のまわりに巻いていきます。結び目が右手の中に入ってきたら、それを左手に握らせる振りで右手に隠し持ってロープに沿ってずらしていきます。2つ目の結び目も同様にして右手に隠し持ち、ロープから抜き取ってしまいます。

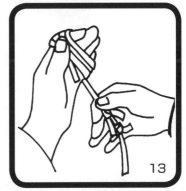

(14)右手をポケットに入れ、隠し持っている2つの結び目をポケットに残して、魔法のコインを指先に持って取り出し、左手に巻つけてあるロープの上で揺り動ごかして魔法を掛けます。

(15)コインをポケットに戻してから、左手に巻かれているロープを解いて元の1本に復元したことを示します。

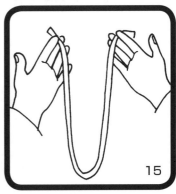

コメント
　トリックが終ったときには、ロープは始めのときより若干（20〜30センチ位）短くなっていますが、そのことに気付く観客は皆無です。元のロープの長さを見積って、切断前後の長さの違いを知ることは、ほとんど不可能です。とは言っても、切り捨てられる長さによっては気付かれる危険もあります。2メートル位のロープを使って、この現象を繰り返して演じることができる限度は、1回の切断で失う長さを約20センチとして、3〜4回（消失する長さ60〜80センチ）でしょう。

縒り紐で、切断と復元

　今まで練習してきた「切断と復元」トリックとはまったく考え方の異なる、使用する紐の特性をうまく利用したクローズアップ・トリックで、信じられないような不思議感があります。

効果
　1本の縒り紐を示してから、目の前でその紐のど真中をハサミで切断します。そして切り分けた紐の両端を、観客の両手で1つずつ持ってもらい、マジシャンは他の両端を一緒にして片手で握ります。観客に紐の両端を左右に引っ張ってもらうと、紐は瞬時に1本に復元してしまいます。

秘密と準備
(A)細い糸100本位を縒り合わせて作った特殊な紐の特性を巧妙に利用したトリックなので、この紐を入手する必要があります（後段のコメントの項の※印・31頁参照）。
　長さ50センチ位の縒り紐を使います。

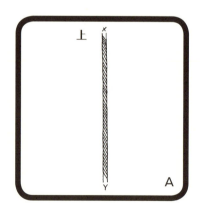

(B)縒り紐の真中あたりの縒り糸を2等分して広げます。それぞれの部分をA、Bで表示します。

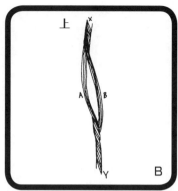

(C) A、Bを引っ張って、12センチ位左右に広げます。

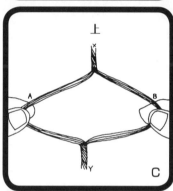

(D)そして、広げた縒り糸の真中を指先で摘んで、ゆっくりとねじって縒っていって、図のような2本の新しい端（A、B）を作ります。A、B端は、付け根の部分(Z)で、その一部が交差して繋がっていますが、E図のように揃えることで、この接続に気付かれることはほとんどありません。

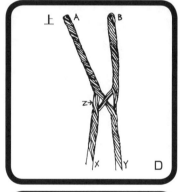

(E)確認：「偽の端」A、Bと本物のX、Y端によって、2本の紐があるように見えています。それでは次の仕掛けに取りかかりましょう。

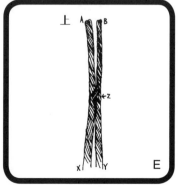

(F) X端とY端を接着剤（布用ボンド等）で接着します。のりが完全に乾く前に指先で紐の状態を整えて下さい。

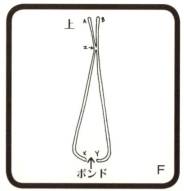

(G) これで、1本の長いロープを2つ折りにした様な状態になります。以上で準備完了です。

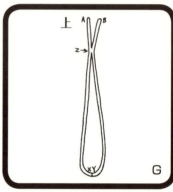

方法
(1) 準備した縒り紐を取り出し、左手の親指と人差指とで接点(Z)を摘んで示します。

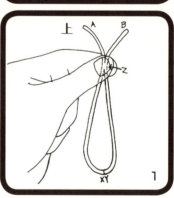

(2) そして、2つ折りにした紐の真中（X、Yの接点）のちょっと上あたりを、ハサミで2箇所一緒に切断します。こうすることによって、接着した部分（XY点）を、自動的に紐から取り除くことができます。

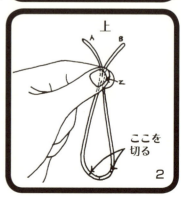

ロープ・マジック

(3)と同時に、1本の縒り紐の真中を目の前ではっきりと切り離したことが証明されます。

(4)ハサミを脇に置き、2本に切り分けた（ように見えている）紐を示します。何かを隠している印象を与えないように、さりげなく2本を並べたまま示してから、接点(Z)を左手で摘み、

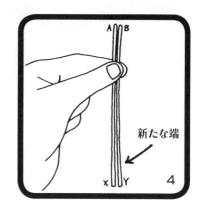

(5)観客の1人に、垂れ下がっている端、XとYを両手で1端ずつ持ってもらい、マジシャンは接点(Z)と偽の端A、Bを右手の中に軽く握り込みます。

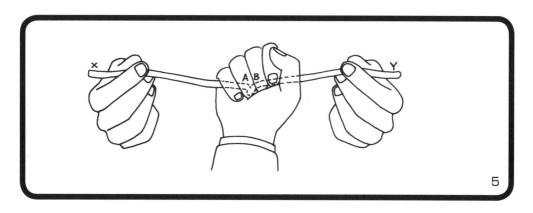

(6)観客に、持っている紐の両端を勢いよく左右に引っ張ってもらうように頼み、観客が引っ張るのと同時に、マジシャンは右手を紐から放します。両端が瞬間に「融合」して元の1本に復元します。

コメント
　観客が両端を持っているときに、紐が「復元したことを強調します。このトリックがとくに優れているところは、紐本体そのものが仕掛けなので、秘密の操作が無く、殆ど自動的に結果が出てしまうところにあります。

※このトリックに適した縒り紐は入手困難で、刺繍糸や毛糸等を縒り合わせて手作り紐で楽しんで下さい。

針の目通し

　針の目に簡単に糸を通す技を知っていることを説明しながら、90センチ位の柔らかな紐を取り出します。そして、そのロープを左手の親指に掛け、一方の端を巻きつけて、針の目に見立てた小さな輪を作り、もう一方の端を「糸」の先端として右手に持ちます。

　マジシャンが素早く右手を前方に動ごかすと、右手に持っていたロープの端は、見事に針の目（ロープの輪）に通っています。

方法
(1)左手の親指の付け根の方にロープを掛けます。このとき、A端（手の平側）の方が30センチ位、B端の方が60センチ位になるようにします。

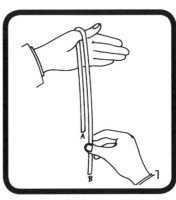

(2)右手でBを掴み、左手の親指のまわりにロープを2回ほど巻きつけたところで、

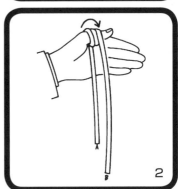

(3)図のように1回ねじって小さな輪をつくって持ち上げ、

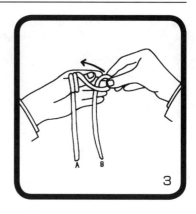

(4)左手の親指と人差指の間に置いて、輪が左手の上に突き出るようにして持ちます。この輪が針の目です。

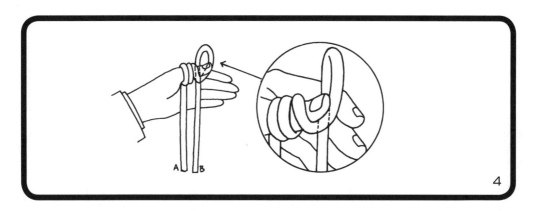

(5) Aが針の目に通す糸になります。そこで、右手でAの先端を持ち上げて針の目（Bの輪）の手前で6図のように構えます。

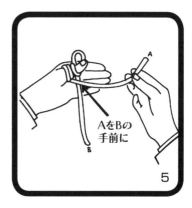

(6)方法(6)と(7)は、A端がどのようにしてBの輪を通り抜けるのかを2つに分けてわかり易く解説した図です。実際は、一連の動作として、素早く行ないます。
　右手にA端を持って前方に動かしていき、A端の下の部分"X"を、左手の親指と人差指の間を通るようにします。

(7)"X"が左手の親指と人差指の間に入ったら、すぐにA端を左上方に上げますと、

(8)A端が輪の中を通り抜けた状態になり、目にも止まらぬ早さで針の目に糸を通したように見えます。

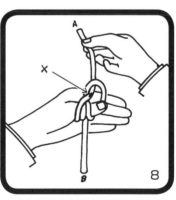

(9)ここで、輪の中からA端を"引き戻して"から、もう一度針の目の糸通しを演じて見せることもできますが、糸通しを1回する毎に、左手の親指のまわりに巻きつけたロープの巻きが減ってしまうので、繰り返して演じるときには、1巻き多目に親指に巻いておくほうが安全です。

コメント

　仲間達とのパーティ等で"チャレンジ・ゲーム"の1つとして演じることもできます。演者の動きを再現しようと悪戦苦闘の結果はご想像のとおりです。このゲームを始めるときは、まず親指のまわりにロープを巻いて輪を作ったところで、右手でA端を取り上げて、ゆっくりと輪の中に端を通して見せて針の目通しの説明をしてから、タイムを計って、スピードにチャレンジしてもらいましょう。私は何年もの間、この小さなトリックで楽しい時間を過ごしました。読者の皆さんもそうなることと確信しています。

片手で結ぶ

効果

　マジシャンは、1メートル位の柔らかなロープを示して片手に持ちます。片手でロープをひと振りすると、ロープの真中あたりに結び目が1つできています。

方法

(1)ロープを示してから、右手に掛け、図のように薬指と小指の間を通して端(A)を垂らし、もう一方の端(B)を親指と人差指の付け根の間に掛けて、手の後ろ(甲側)に垂らします。約30センチ位が手の下から垂れているようにします。

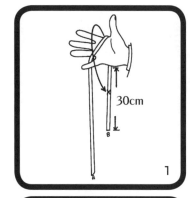

(2)右手を大きく広げて手前に返し、人差指と中指の先で、ロープBの"X"点のあたりを摘み、

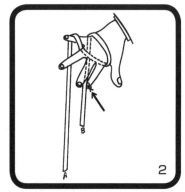

(3) すぐに手を元に戻します（X点を摘んだままです）。

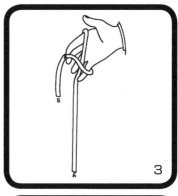

(4) そして、右手のまわりに巻きついているところを、手からずらして指先から落ちるようにします。

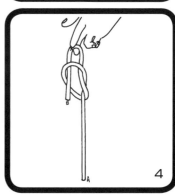

(5) ずり落ちてきた輪の中からB端が通り抜けると、結び目ができます。方法(3)～(5)を、手首を鋭く"スナップ"させて手に絡まっているロープを振り放すことで、ロープの真中に瞬間に結び目を現わすことができます。

コメント
　ロープを空中に投げ上げて結ぶ方法：2図のように人差指と中指とでロープBのX点をしっかりと掴んだら、そのまま右手を勢い良く真直ぐ上に上げ、B端を輪の中を通過させながらロープをほうり投げて、空中で結び目を作ります。
注：しなやかで適度な太さと重さのあるロープほどこのトリックは簡単です。

ロープ・マジック

溶解する結び目

効果
　マジシャンはロープの真中あたりを結んで大きな輪を作り、ロープの両端をゆっくりと引いて輪を締めていきます。輪は徐々に締ってだんだんと小さくなっていき、最後に、空中に溶け込むかのように、ぱっと消えてしまいます。

秘密と準備
　長さ１メートル位の柔らかなロープ１本を用意します。同じロープを使って、前述の「針の目通し」とか、後述する「靴紐結び」等と組み合わせて楽しく演じて下さい。

方法
(1)ロープの両端（A、B）を両手に１つずつ持ちます。

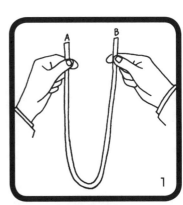

(2)そして、右手のB端を左手の後ろ（甲側）から左手に掛けて、A端の上に十字に重ね、左手の人差指と中指とでB端を挟んで右手をB端から放します。

(3)右手をロープの輪の中に通してから、右手の親指と人差指とでA端を持ち、

(4)左手の人差指と中指で挟んでいるB端を、A端の下をくぐらせて手前に引き出し（3図の矢印）、親指を添えてしっかりと持ち、両手をゆっくりと左右に引き離していきます。

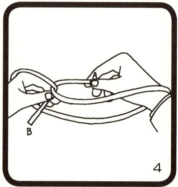

(5)しかしそのまま引いていくと、出来た輪がすぐに崩れて消えてしまうので、両手の親指と人差指でロープを回転させて捻りを付けて輪を維持しながら（図の矢印のように手前にまわす）引き離すようにします。

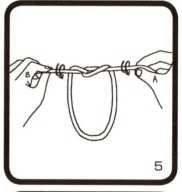

(6)ロープに回転を掛けることで、交差しているところが図のように手前に捻られて輪の崩れを防ぎ、その形状（結んだ輪）を維持します。

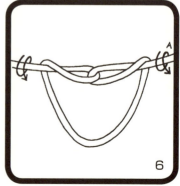

(7)両端を左右に引きつづけていくと、輪はだんだんと小さくなっていきますから、最後の瞬間に息を吹き掛けて結び目を消します。結び目がす〜っと小さくなって、ぱっと消える瞬間は、正にイリュージョンです。

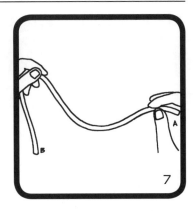

靴紐結び

効果
　マジシャンは、1本のロープの真中に"蝶結び"を作り、さらに、左右の輪の中に両端を通してきつく締め付けて縛ってしまい、解きほどき不可能な結び目になって悪戦苦闘します。靴紐を解くときに同じような経験をしている観客の中には、マジシャンの問題を、同情の眼で見ている人もいることでしょう。しかし、マジシャンがお呪いをかけると、この厄介な結び目は瞬時に"溶解"して消えて無くなってしまいます。

方法
(1) 1メートル位の柔らかなロープを示し、図のように左手に掛けます。このとき、手前になる方が、30センチ位長くなるように掛けます。

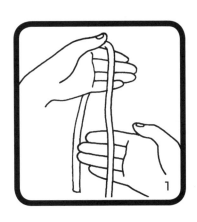

(2)両手の親指でロープを押さえます。

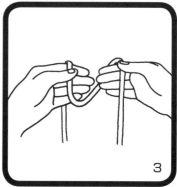

(3)そして、ロープを左手の小指の下と右手の人差指の上に引っ掛けながら、右手を左手の隣に持っていき、動きを止めずに、

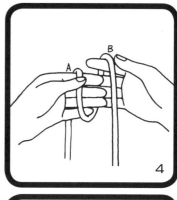

(4)左手の背後に右手を持っていきます。

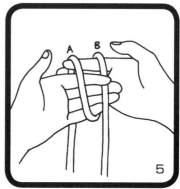

(5)そして、右手の人差指と中指とで、左手に掛けているロープのA点を掴み、同時に、左手の人差指と中指とでB点の近くを掴みます。掴み方は両手共に、人差指の爪側と中指の腹側でロープを挟みます。掴み方が異なると、ロープは結ばれてしまうので要注意です。

(6)両手の指先でA、B点をしっかりと掴み、図の矢印に従って両手を左右に引き離していきます。

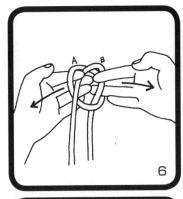

(7)引き離しつづけていくと、ロープの真中に結びができてきますから、

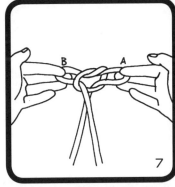

(8)しっかりと締めて、「蝶結び」を完成させます。

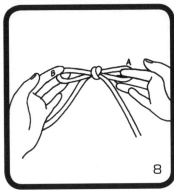

(9)次に、左手の親指と人差指を左側の輪(B)の中に差し込んでロープ(C)を摘み、……

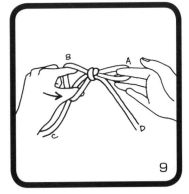

(10)……輪(B)から引き出して、輪(B)を放します。

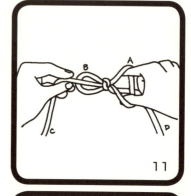

(11)つづけて、右手の親指と人差指を右側の輪(A)の中に差し込んでロープ(D)を摘み、……

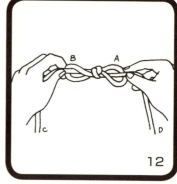

(12)……輪(A)から引き出します。

(13)両手に持ったロープ(C)と(D)をゆっくりと慎重に左右に引いていくと、輪(A)、(B)が徐々に「縮んで」いって、ロープの真中に大きな結び目が出来ます。読者の皆さんが、説明した方法を正しく行っていれば、この結び目は「消える結び目」になっていますから、強く引き過ぎて結び目を消してしまわないように扱って、結び目を留めておいてください。

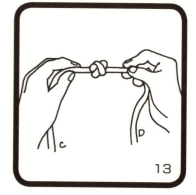

(14) 複雑にからまってしまったように見えている結び目を観客に示し、「もしもこんな厄介な事が起ったときには、こんな風にして下さい」と言って、結び目にフッと息を吹き掛けて（同時に両端を左右に引いて）、結び目を消して見せます。

コメント

　まず、図を注意深く観察しながら、正しい結び方を確りと身に付けて下さい。特に、方法(5)(6)の2つの輪をつくるところと、(9)と(11)で左右の輪から端(C)(D)を引き出すところを図に従って正しく学んで身に付けて下さい。

立ち上がるロープ

　1人の行者が、1巻きのロープを、するすると空中に立ち昇らせたと伝えられているヒンズー・ロープ・マジックの謎は依然として解明されていません。以下に解説するトリックは、この偉大なトリックの縮小版のようにも見えるもので、観客数の多少を問わず、どこででも演技できる利点があります。

効果

　マジシャンは1メートル位の1本のロープを示します。しなやかな普通のロープに見えますが、マジシャンの命令によって、ロープは硬直して指先から真直ぐに立ち上がります。マジシャンは、もう一方の手でロープの周囲を改め、糸などが付いていないことを証明してみせます。そして、今度はその手でロープを扇いでいくと、ロープの天辺から柔らかくなって垂れ下がり始め、終には元通りのロープに戻ります。

秘密と準備

(A)次のようにして、特別な仕掛けロープを製作します。──芯のあるロープ1.2メートル位を用意して、まずこのロープから芯（40本位の縒り糸）を抜き取って、筒状に編んだ外殻を残します。

(B)次に、直径2～3ミリ位の半田線（針金状の溶接用合金）58センチ位を(C)筒状のロー

プの中に差し込みます。(D)筒状のロープの両端をしっかりと糸で縛って、半田線が抜け落ちないようにします。

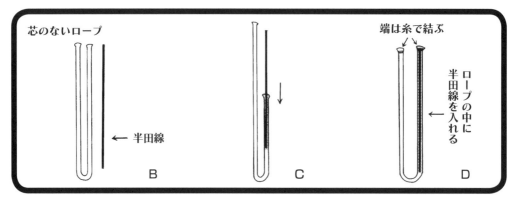

方法
(1)用意したロープの両端を両手で1つずつ持って観客に示します。このとき、半田線の入っている方（図で黒く塗りつぶしてある）の端を左手に持ちます（半田線ごとしっかりと持つ）。このとき、右手に持っている端を上下に調整して、垂れ下がって輪になっているところが自然な曲がりに見えるようにします。

(2)右手に持っている端を放します。ロープはゆったりと揺れ動いて、柔らかな普通のロープに見えています。

ロープ・マジック

(3)次に、ロープの中央の少し上あたりに右手の指先を当て、ロープ越しに、半田線の下端をしっかりと摘みます。そして、左手の指先をずらしてロープの最上端だけを持つようにします。

(4)ここで、右手の摘みをゆっくりと緩めながら、半田線を、中空のロープの中で密かにすべり落していきます。

(5)そして、今度は左手に持っている端を放すと、ロープの上半分が、右手の上にだらっと落ちて来て、図のように垂れ下がります。

　ここまでのロープの扱いで、観客は、端から端まで柔軟なロープであるように思います。

(6) 次に、左手を下げて中空の方のロープの端を持って図のように持ち上げます。

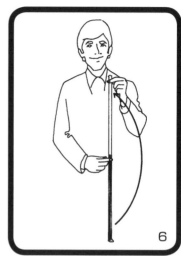

(7) 右手を一旦ロープから放して、左手だけでロープをぶら下げてみせてから、

(8) 右手の親指と人差指でもう一度ロープの中央を持ち直しますが、今回は、右手の平を上に向けて、親指をロープの前（観客側）、人差指を後ろに当てて図のように持ちます。

ロープ・マジック

(9)そして、今度は左手をロープから放して中空のロープを垂れ下げてから、

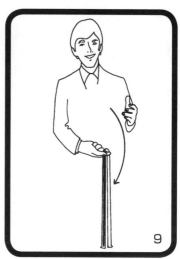

(10)半田線の入っている方の端を左手の平を上にして掴んで、

(11)持ち上げ、両手で半田線の入っている部分をぴ～んと張ります。

(12)ここで、右手でロープ越しに半田線の下端をしっかりと持ち、左手の指をゆっくりと開いて、ドラマチックにロープから左手を放します。すると、信じられないような光景が起り、右手に持っているロープは棒のように真直ぐに立っています。左手でロープの周囲に接続しているものなどが無いことを改めます。

(13)この後、次のようにして硬直したロープを元のような柔軟な状態に戻します。──半田線の下端を持っている右手の指の力を徐々に緩めていって、半田線をゆっくりと下半分の中空なロープに滑り落としていきます。ロープは上端の方から「ぐったり」としおれていきます。このとき、あたかも左手のパワーでロープをコントロールしているようなジェスチャーをします。

(14)直立していたロープが完全にしなやかになって垂れ下がったら、その中空ロープの端を左手に握り込み、右手で掴んでいるロープの上半分(中空のロープ)を左手のまわりに巻きつけていきます。さらに続けて、半田線の入っている部分も巻きつけていきます(半田線は鉛と錫の合金で、柔軟で簡単に巻きつけることができます)。巻き終ったらポケットにしまって、一礼して演技を終えます。

入れ替わるロープ
ジーン・グラント

効果

マジシャンは、2本ずつ結んである2組のロープを、両手に1組ずつ持って示します。1つの組は2本共同じ長さですが、もう1つの組は1本が長く1本が短い組合わせになっています。マジシャンは、2人の観客に手伝いを頼み、それぞれに1組ずつ渡します。そして、長さの異なる2本を持っている人に、観客席に背を向けてもらい、背中に長いリボンと短いリボンをピンで止めて目印にします。もう1人（同じ長さの2本を持っている）にも後ろ向きになってもらい、この人には、同じ長さの2本のリボンをピンで止めます。ここで、2人の人に一旦観客席の方に向き直ってもらい、持っている2本のロープと背中に止めた2本のリボンの状態が同じであることを観客に示してから、再び後ろ向きになってもらいます。マジシャンは2人の人に魔法を掛けてから、2人にロープを解くように指示します。そして、解いたロープを両手に1本ずつ持って、観客席の方に向き直ってもらいますと、2人が持っているロープの状態は、魔法のように入れ替っています。

秘密と準備

観客の手によって、自動的に結果に導かれる「セルフ・ワーキング」トリックの1つで、秘密は、事前に準備する2本のロープの結び方にあります。必要なものは、しなやかなロープ1.5メートル3本と、75センチ1本です。

(A) 1.5メートルのロープ2本を横に並べます。解説の為に1本を暗色で図示してありますが、実演は同色同質のロープを使って下さい。

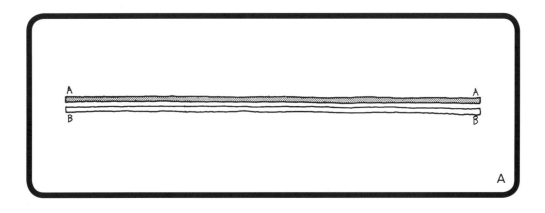

(B) 2本のロープを、端から3分の1位のところで1回結びます。

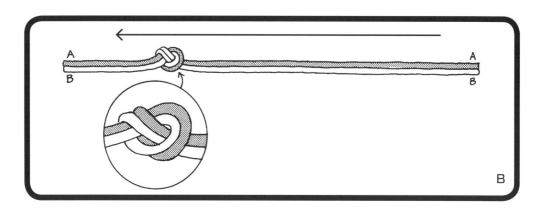

(C) 次に、ロープAの長い方の端を左の方（上図の矢印）に折り畳み、ロープBの短い方の端を右の方に折り畳みます。

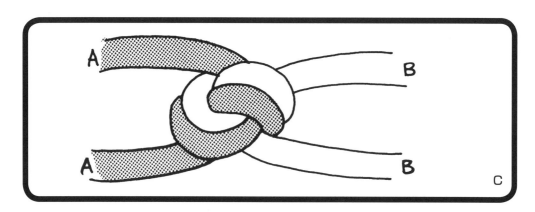

(D) そして、結び目の上にもう一度重ねて結んで形を調整して、短いロープと長いロープを真中あたりで結んであるように見せます。

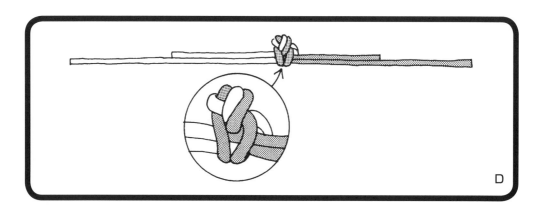

(E)次に、残っている長さの異なる2本のロープを、同じ長さの2本に見えるように結びます。まず、短いロープCと長いロープDを、図のように並べて、

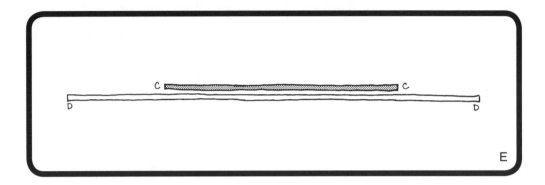

(F)ロープの真中あたりを2本一緒に結びます。

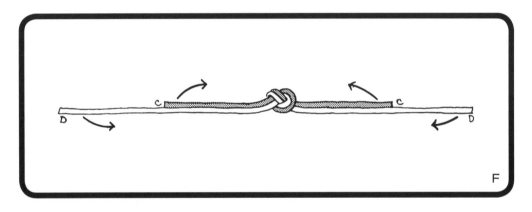

(G)そして、短いロープCの両端を折り上げて（F図の矢印）両端を併わせ、ロープDの両端を折り下げて両端を併せて揃えてから、もう一度結んで、同じ長さの2本のロープを一緒に結んであるように見せます。

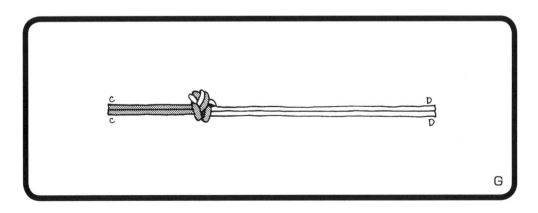

(H)最後に、60センチ位のカラフルなリボン3本と30センチ1本を用意します。各リボンの端に小さな安全ピン（又はクリップ）を取り付けて、準備完了です。

方法
(1)準備した2組のロープを示しながら、2人の観客に協力を頼み、演者の左右に1人ずつ立ってもらいます。

(2)そして、演者の右側の人に長さの異なる2本のロープ（実際には同じ長さ）のセットを手渡し、左側の人に、同じ長さの2本のロープに見えているセットを手渡します。

(3)次に、2人の協力者に後ろ向きになって観客席に背を向けてもらい、それぞれに対応する長さのリボンを上着の背にピンで止めます。ここで一旦、2人に前に向き直ってもらい、手に持っている2本のロープの状態と上着の背に付けた2本のリボンの状態が一致していることを全ての観客に確認してもらいます。

(4)再び2人の協力者に後ろ向きになってもらいます。もしお望みなら、ここで「魔法」のジェスチャーをしてから、2人の協力者にロープを解いて、両手に1本ずつ持ち、前に向き直るように指示をします。すると、同じ長さの2本のリボンを上着に付けている左側の人が、短いロープと長いロープを、長さの異なるリボンを付けた右側の人が、同じ長さの2本を持っています。魔法によって、ロープのセットがいつの間にか交替してしまったのです。

コメント

　観客参加型の巧妙なトリックの1つで、正しく演技することで、実際にロープを扱っている2人の協力者自身も、結び目を解いていると、奇妙なことにロープの長さが自然に変ってしまうように見え、どうしてなのか理解できなくなります。

不可解なエスケープ

　これも観客参加型のトリックの1つで、ここでは観客の1人が、エスケープ・アーティストの役を演じることになります。パーティー等のショーに適していますが、ステージ・ショーの一環としても、効果的なトリックです。

効果

　2メートル位の長い2本のロープを持って登場したマジシャンは、2人の男性に協力を求め、その内の1人に上着を脱ぐように頼みます。次にマジシャンは、2本のロープの一方の端を上着の持ち主の右手に握らせ、そのまま上着の右袖に手を通してもらいます。同様に、もう一方の端を左手に握らせて左袖に通して上着を身につけてもらいます。マジシャンは、両袖から出ている2本のロープの端を1本ずつ取り、体の前で1回結んできつく縛ります。そして、結んだロープの1本の端と右袖から出ている1本とをもう1人の協力者に持たせ、マジシャンは残りの1本と左袖から出ている1本を持ち、2人でロープを左右に強く引っ張り合いますと、2本のロープは協力者の体と上着を貫通してしまいます。

秘密と準備

(A)不可能に見えるこの神秘に必要な物は、2.5メートル位のしなやかなロープ2本と仕付け糸だけで、次のように準備します。2本のロープを端をきちっと揃えて並べ、ロープの中央を、2本一緒に仕付け糸で縛ります。説明の為に、2本のロープを「A」「B」で表示します。

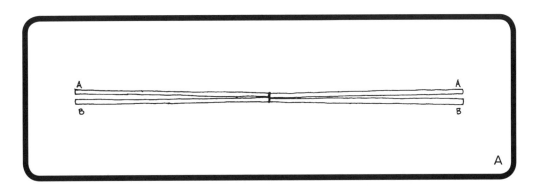

(B) 2本のロープAとBを、それぞれ仕付け糸のところで図のように2つ折りにしたとき、両端がぴったり揃うようにします。2本のロープの状態を元 (A図) に戻してテーブルに置き、準備完了です。

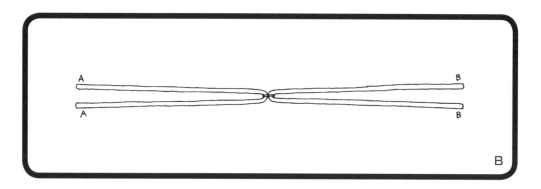

方法

(1) テーブルから準備した2本のロープを取り上げ、両手で扱って、丈夫な普通のロープであることを示してから、中央にある「結びつけてある」ところを図のように右手に掛けて持ちます。

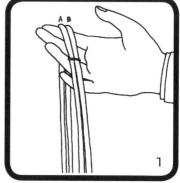

(2) 2人の観客に協力を頼み、1人の人に上着を脱いでもらうように依頼します。そして、彼の右後ろにまわり込みながら、右手に持っているロープを図のように持ち替えながら左手に渡し、右手で協力者の上着を受け取ります。

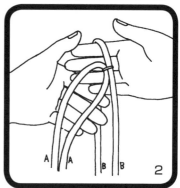

(3) 上図のように持ち替えたことで、ロープAは「結びつけてある」ところで2つ折りになって、一方の側で両端（AとA）が一緒になり、ロープBの両端（BとB）が他方の側で一緒になっています。

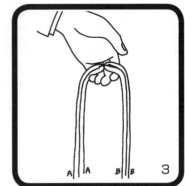

(4) 真2つに折られた2本のロープの連結した中央部を握り隠し持つことで、始めの状態と何ひとつ変っていないように見えています。

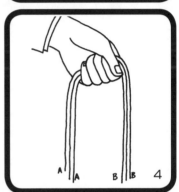

(5) 右手に持っている協力者の上着の衿首にあたる部分を、ロープを持った左手で上から掴みます。図のように左手の甲と上着の内側を観客席の方に向けて持ちます。

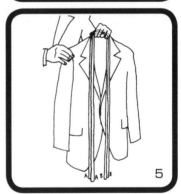

(6) 上着を貸してくれた協力者の後ろに立ち、その人に、垂れ下がっているロープの2本の端（A、A）を右手で掴んで、上着の右袖に手を通すように頼みます。このとき、左手に持っている秘密の「連結部」がずれたりしないように注意して下さい。

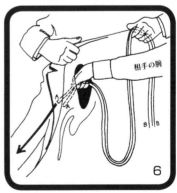

(7) 協力者の右手が袖から出たところで、2本の端（A、A）が袖口から垂れ下がるようにします。次に、今左手で持っているロープと上着の衿とを右手に持ち替え、自由になった左手で上着の左側を開け、協力者に残っている2本の端（B、B）を左手で掴んで、同じように左袖に通すように頼んで、両袖に2本のロープが通った上着を着せます。

(8) 上着の着付けを調整しながら、右手に持っているロープの秘密の「連結部」を放して背中のあたりに落とします。

(9) そして、協力者の両袖口から出ている2本の端（A、A端とB、B端）の内の1本を、左右の手で1本ずつ取り、協力者の体の前で1回結びます。こうして、図のように端を入れ替えてA端とB端をそれぞれペアーにしたところで、左袖口方のペア（A端とB端）をもう1人の協力者に渡し、右袖口の方のペア（A端、B端）を演者が持って、左右に立ちます。

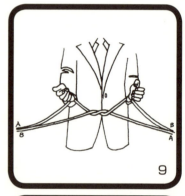

(10) ここで、2本のロープの端を持っている協力者にロープを強く引っ張るように指示し、同時に、演者も持っているロープを引っ張ります。ロープを引き合うことで、2本を縛ってあった仕付け糸が切れて2本のロープは離れ、協力者の体と上着を通過して、両袖口から抜け出て、2本のロープは協力者の前でぴ～んと張られます。信じられないような貫通現象です。

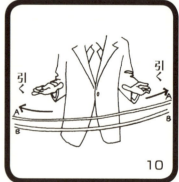

ロープ・マジック

コメント

　柔軟性のある太さ8～10ミリ位のスピンドル・ロープが最適です。長さは、9図のときのロープの状態に若干の余裕を考慮して、2～2.5メートル位が必要です。

　2本のロープに縛りつける糸は、ある程度の力で切れる仕付け糸（着物の本縫いの前に粗く縫い付ける為の糸）が適していますが、実際に結んでみて、引き合う力加減をテストしておきましょう。

　協力者がロープを握って袖に通しているときに、演者は上着の衿と2本のロープの中央（結びつけてあるところ）をしっかりと持っていて下さい。そして、協力者には、2本の端が袖口から完全に出るまで、端を手から放さないように伝えます。

　これは、多くのマジシャンによって実証済みの抜群に効果の高いエスケープ・マジックです。楽しんで下さい。

ロープと上着

効果

　マジシャンは、2人の観客にマジックの手伝いを頼みます。1人の人に上着を借りて、その上着を、長い2本のロープが掛かっているコート・ハンガーにきちんと掛けます。そして、2本のロープの一方の端を上着の右袖に、もう一方の端を左袖に通して袖口から出します。マジシャンは、各袖口から出ている2本のロープの内の1本をそれぞれ取り上げて1回結び、上着を縛り付けます。次に、マジシャンはハンガーの吊り金具を持ち、左右に立っている2人の観客に2本ずつロープを渡します。この後、マジシャンの指示に応じて2人の観客がロープを左右に引っ張ると、魔法のようにロープはハンガーと上着を貫通します！上着を観客に戻し、2本のロープとハンガーを十分に改めてもらって終ります。

秘密と準備

(A) 2メートル位の柔らかなロープを2本準備します。それぞれ真中で2つ折りにして、仕付け糸で図のように折り目のところを縛ります。

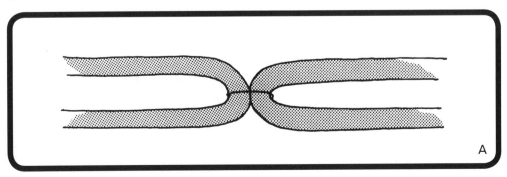

(B) コート・ハンガー1つ。男性用のスーツを掛ける、見晴えの良い本製のハンガーを準備して下さい。ハンガーの吊り金具のところに準備した2本のロープ（連結しているところ）を掛け、右手で図のように握り隠して持ちます。

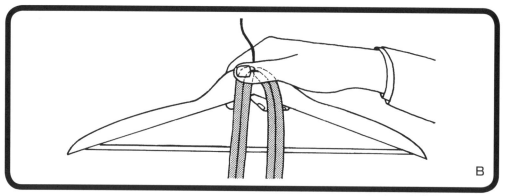

方法

(1) ロープの掛ったハンガーを、B図のように持って登場し、2人の観客（1人は上着を着ている人）に手伝いを頼みます。上着を借りてハンガーにきちっと掛けます。連結しているところはハンガーの後ろに隠れています。

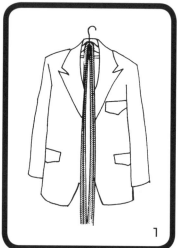

(2) 観客の1人にハンガーを持ってもらい、左右の袖の中に、図のようにロープを2本ずつ通して袖口から出します。

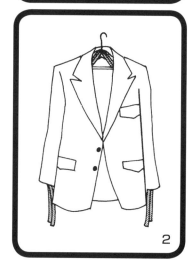

(3)ハンガーをまわして上着の背中の方を観客席に向けます。秘密の「連結箇所」は上着の衿で隠れています。

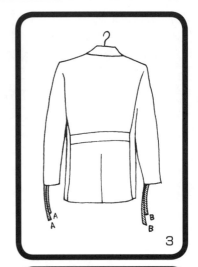

(4)左右の袖口から出ている2本のロープの内のいずれかの1本をそれぞれ取り上げて1回結んでから、左右に立っている観客に渡し、他の端と一緒に持ってもらいます。

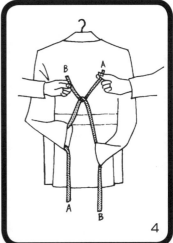

(5)重要なこと:2本のロープを1回結ぶことで、ロープの端は交差して入れ替り、右のロープの端(A)は左側の観客、左の端(B)は右側の観客に手渡されることになり、自動的にロープの交換が行われるのです。決して「交差した端」を元に戻すようなことはしないようにして下さい。

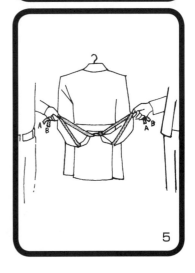

(6) 演者は、上着の後ろに立ってハンガーを握り、左右に立っている2人の観客に、持っている2本のロープの端を引っ張り合うように指示します。そうすることで仕付け糸が切れ、2本のロープはハンガーと上着を貫通して出てきます。上着を観客に戻し、ロープとハンガーを調べてもらいます。

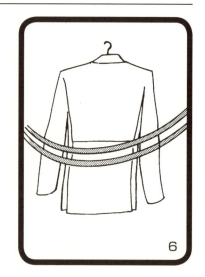

指輪とコード

　　指輪とコード（細めの紐）を使った数々の作品の中の傑作の1つです。少人数の前で即興的に演じて効果の高いトリックですが、かなり大き目のグループを対象に演ずることも可能です。

効果
　　マジシャンは観客の中の1人に指輪を借り受け、80センチ位のコードに通します。このコードの両端を、2人の観客に1つずつ持ってもらいますが、マジシャンは、魔法を使って指輪をコードから貫通させて抜き取ってしまいます。指輪を持ち主に返却して、コードをしっかりと調べてもらいます。

方法
(1) 観客の中の1人に準備したコードを渡して調べてもらっている間に、指輪をしている男性から指輪を借り受けます。そして、今調べてもらったコードに、借用した指輪を通します。

(2) 右手の平を上にして、図のように人差指の付け根近くに指輪を置き、コードの両端が右手の両側から垂れ下がっているようにして示します。

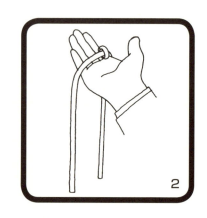

(3)ゆっくりと右手の指を閉じて指輪を握り、手を返して手の甲を上に向けます。指輪は親指の付け根あたりで人差指で軽くゆるやかに握るようにします。

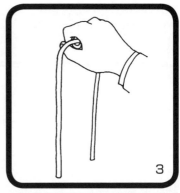

(4)指輪の位置を正確に理解してもらうために、3図の状態を拡大して描いた図です。

(5)もし、演者の左右に居る観客の視線が気になるときには、右手の親指を少し上げて親指の孔を塞いで下さい。

(6)ここで、左手を右手越しに伸ばして、右拳の小指側から垂れ下がっているコードを掴み、左手をコードの端まで滑らせていて、右側の観客にコードの右端を渡し、しっかりと握っているように指示します。6図は観客側から見た図です。

(7)観客がコードの右端をしっかりと握ったところで、左手を軽く開いて、コードに沿って右拳の下の方に移動させていきます。

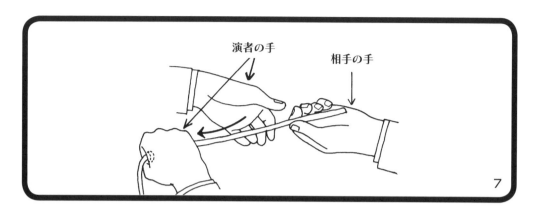

(8)移動を続けて、左手が右拳の下を通過する瞬間、右拳をわずかに左に傾けながら人差指の握りを緩めて、指輪を密かに左手の指の上に落とします。注：このとき、左手は一瞬たりとも止めずに、スムーズに動かし続け、その流れの中で落ちてきた指輪を受け取るようにします。

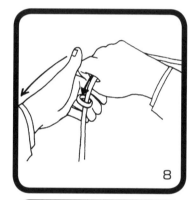

(9)左手が指輪を受け取ったところで、右拳を上に上げ、右側の観客を直視して「あなたの持っているコードをもう少し上げて下さい」と頼みます。

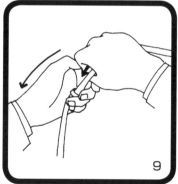

(10)注：方法(9)の行為には2つの意図があります。1つは、右側の協力者を直視して指示を出すことでその人の関心を手に持っているコードに向け、秘密の操作を行っている左手を枠外においてしまうことです。もう1つは、右拳を上に上げる動作で観客たちの視線を右拳に誘導して、演者の左手を死角にしてしまうことで、左手の秘密の操作を援助することです。

(11)右拳を上げながら、左手（と指輪）をコードに沿って下げて、指輪をコードから抜き取って左手にフィンガー・パームします。同時にこの左手の指先でコードの左端を掴んで、左側の観客に手渡し、しっかりと持っているように頼みます。

(12)そして、左拳を右拳の下に持っていって、両手を素早く開いて手の平を合せてコードと「自由になった指輪」を挟みつけます。そして、コードに通っている指輪を解き放つ仕草で、両手を前後に擦り合わせます。

(13)右手を上げて、コードから抜けて左手の上にある指輪を示します。指輪を持ち主に戻し、コードを十分に改めてもらいます。

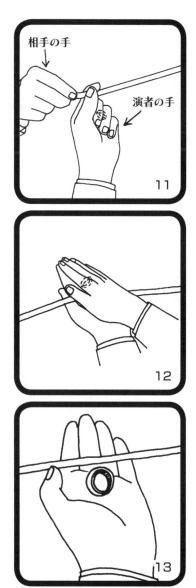

コメント

　観客から借りた指輪を使用するのが最善ですが、自分の指輪とかボルト用の太目のワッシャー（座金）またはナット等でも、最後に全てを調べさせることができるので、指輪と同様な効果があります。

　このルーティンで大切なことは、できるだけ自然な動きで演技して、「秘密の操作」に疑いをもたれないようにすることです。練習によって、ゆっくりとした途切れることのない自然な動きの方が、操作がより簡単であることを学んで下さい。

　また、上演にあたっては、演技をより「スムーズ」に行えるようにするために、2人の協力者に自分の「立場」を事前に理解してもらう必要があります。そこで、指輪をコードに通して2図のように右手の平の上で示したところで、左手を右手越しに伸ばしてコードの右端を掴み上げながら、右側の協力者に「これから、このコードの端をあなたに持ってもらい……」と言って、掴んでいる右端を見せたらすぐに放して垂らします。そして、今度は左側の協力者に「……こっちの端はあなたに渡します」と言いながら、左手を戻して左側に垂れているコードの端を掴んで示し、すぐに放します。つづけて、「この指輪は私が右手でしっかりと握っておきます」と動作を交じえて説明しながら、ここでゆっくりと指輪を右手で握り、拳を返して甲を上にします（3図）。こうして、事前に2人の協力者に彼らの仕事を自覚してもらうことも1つの方法です。

ロープからの脱出

効果

　マジシャンは2本の長いロープを持って登場し、2人の観客に協力を頼んで1本ずつロープを渡して良く調べてもらいます。その間に、マジシャンは1脚の椅子をステージの中央に置きます。2人の観客がロープに何ひとつ怪しいところが無いことを確認したところで、マジシャンは椅子に座り、2人の観客がマジシャンの両膝と両手首を2本のロープでしっかりと縛ります。そしてその上を大きな布で覆います。すぐに、マジシャンの片手が出て来て、布の位置を調整したりして、また布の下に戻ります。観客が布をめくって見ると、マジシャンの両手、両膝共に元の状態のまましっかりと縛られていることが分かります。不審気な顔をしている観客に、手首を更に何回か結ばせてから布を掛け直させますが、すぐにまた、マジシャンの手が出て来ます。観客が布を持ち上げると、今度は両手、両膝共にロープから脱出して完全に自由になっています。

秘密と準備

　この素晴しい現象に必要なものは、1.5メートル位のロープ2本と1メートル四方位の下が透けない厚手の布1枚と折りたたみ椅子1脚です。

方法

(1) 2人の観客に手伝いを頼んで、ステージに上がってもらいます。そして、ロープを1本ずつ手渡して調べてもらいます。その間に、折りたたみ椅子をステージの中央に置きます。

(2) 右側の観客からロープを戻してもらい、図のように右手に掛けます（ロープA）。ロープの真中が人差指の上に掛っているように調整します。次に左側の観客が持っているもう1本のロープBを左手で受け取り、真中を右手の人差指と中指の間に置いて指先でつまんで持ちます。

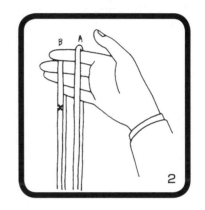

(3) 次に、2人の観客に椅子を調べてもらうために、左側の観客を演者の前を通して椅子の方へ誘導するとき、右手に掛っている2本のロープAとBを次のようにして左手に持ち換えます。

(4) ロープBの2図のＸ印のところ（ひっ掛っている所から12センチ位下）を2本一緒に左手で握りながら、ロープAの輪を滑らせて、図のようにロープBに掛け、

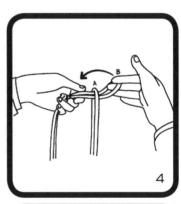

(5) 右手の人差指と中指でつまんでいるロープBの輪をロープAのＸ印の上に折り重ね、

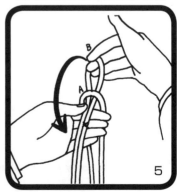

(6) ロープBが「鉤の手」になってロープAの輪と引っ掛けているところを左手に握り込みます。

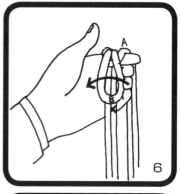

(7) 観客には、2本のロープが真直ぐ左手の中を通っているように見えます。

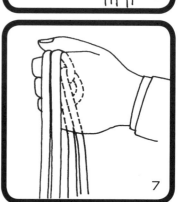

(8) 2人の観客が椅子を調べ終ったところで、演者は椅子の前に立ち、2人の観客には、演者の左右に1人ずつ立ってもらいます。

(9) ここで、両手を両脚の後ろにまわし、右手でロープAの両端を掴み、左手は「鉤の手」のところをしっかり持って、両膝の後ろで2本のロープを張ります。そして鉤の手のところを左膝関節の後ろに当て（9図）、膝に挟みながら椅子に座ります。

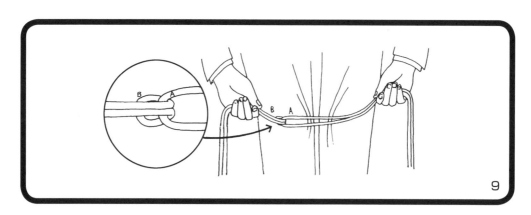

(10) 左手を、ロープBを掴んだまま滑らせて脚の左側から出し、2本のロープを両脚の下にまわしたように見せます。

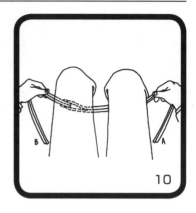

(11) このとき、両脚の間隔を若干あけて、両脚の下で2本のロープが左右にぴ～んと張られていることを見せます10図)。

(12) 両手を上にまわしてロープAとBを持ち換えて、両膝の上でロープを交差させて締め付けます。このとき、図のようにロープBが手前になるようにします。

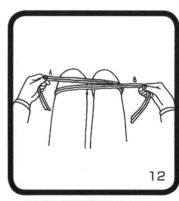

(13) 次に、両手を合わせてロープの上に置きます。
注：左膝をしっかりと曲げて「鉤の手」を保持していて下さい。

(14) そして、左側の観客に、演者の両手首をしっかりと、納得がいくまで結んでもらったところで、

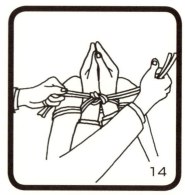

(15) 右側の観客に、両手両脚を布で覆うように頼みます。

(16) 布の覆いの下で、両手を右の方に倒して左手をロープから抜き出し（簡単に抜けます）、布の掛け具合を直してすぐに手を布の下に入れてロープの中に戻します。このアクションで観客の笑いを誘います。

(17) 右側の観客に布をめくって、状況を確認するように仕向けますが、両手両脚は元の状態のままで、ロープにしっかりと結び付けられています。そこで、念の為に左側の観客に手首の上を更に結んでもらいます。

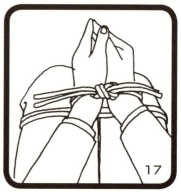

ロープ・マジック

(18) 結び終ったら、右側の観客に両手首をまた布で覆ってもらいます。すぐに布の下で両手を右に倒してロープから両手を抜き出し（16図参照）、右手で布とロープを一緒に掴みます。左膝をゆるめて挟んでいる「鉤の手」を放しながら、布とロープをやや強めに引き上げて、ロープを抜き取ります。

(19) すぐに立ち上がり、右手に持っている布とロープをそのまま椅子の上に置き、2人の観客に感謝の意を表して演技を終了します。

シルクとハンカチーフ・マジック

　ハンカチーフを使ったマジックは、多種多用で、独自のカテゴリーとして簡単に分類できるコイン・マジック、カード・マジック、ロープ・マジックとは違って、ハンカチーフ・マジックには明らかに異なる種類があり、正確に分類するのは難しいことがよくあります。

　例えば、ハンカチーフが単なるトリックの補助物として扱われている「マッチ棒の復活」などはこの典型的な例です。

　本章では、日用品として使われている普通の綿の白いハンカチーフとかバンダナなどを使った即席マジックと、マジシャン用としてマジック・ショップで売られているシルク（絹）のハンカチーフを使った本格的なパーティ・マジックに絞って取り上げました。

　マジシャン用のシルク・ハンカチーフは、特別に細いヘムで縫製した極薄（3匁）の絹のハンカチーフで、マジシャンは「シルク」と呼んでいます。サイズも大小様々で、色も豊富です。小さく丸めることが出来るので、空の手でのシルクの出現や消失、色の変化などに有効です。本章では取り上げていませんが、特別な効果の為に特別にデザインした巨大なシルクを使うマジシャンもいます。

ハンカチーフを催眠誘導

効果
　マジシャンはポケットチーフを取り出し、ロープのように細長く巻いて、ぴ～んと立てて左手に持ちます。このハンカチーフが、まるで「見えない糸」で操られているように、マジシャンの指示でおじぎをしたり、後ろにそっくり返ったりと、マジシャンの指の動きに従って揺れ動きます。さらに、もう一方の手で押しつぶしても、また元通りに立ち上がります。

方法
(1) 紳士用のハンカチーフを取り出し（または観客から借用して）、テーブルの上で広げます。左手の親指と他の指とで左上隅(A)を掴み、右手で右縁の真中(B)を掴み、

(2) ハンカチーフを取り上げて、A、Bを左右に引いてぴ～んと張ります。

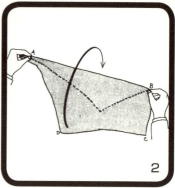

シルクとハンカチーフ・マジック

(3)そして、両手を前方にまわしながらハンカチーフをぐるぐると巻いていき、

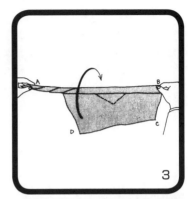

(4)ハンカチーフ全体がロープのようになるように、しっかりと細長く巻きます。

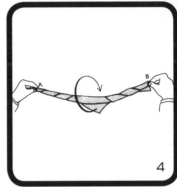

(5)巻き終ったら、右手で掴んでいるところ(B)を上に、左手(A)を下にしてハンカチーフを立て、

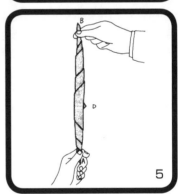

(6)中央あたりにある隅(D)を左手で持ちます。このとき、ハンカチーフの巻きが戻らないように気を付けて下さい。

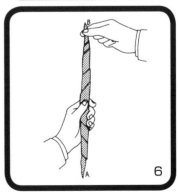

(7) 次に、両手でハンカチーフを上下に引っ張って、巻きを締め、右手をゆっくりとハンカチーフから放します。ハンカチーフはまるで「催眠術」に掛かったように、ぴ〜んと直立しています（上下に引っ張ることによって、何重もの巻きがきつく締り剛性化します）。

(8) 頭から髪の毛を1本抜き取ったふりをして、その想像上の毛をハンカチーフの上端(B)に結びつける演技をします。そして、髪の毛の一方の端を右手で持って、静かに手前に引っ張るジェスチャーをしながら、図のように左手の親指をゆっくりと下の方に押し下げていって、ハンカチーフを手前に傾けます。注：見えない糸を引く右手の動きとハンカチーフの傾いていく様子を、うまく同調させて下さい。

(9) 今度は、見えない糸の端を観客の方に向けて引っ張るジェスチャーで、左手の親指を上方に戻しながら前方に押して、ハンカチーフを前方に傾けます。

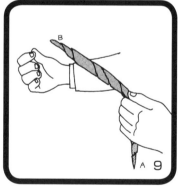

(10) この図は、方法(8)のときの左手の親指の動きを分かり易く右側面から見た図で、ハンカチーフの中央をどう左手の親指で引き下げて、上半分を手前に傾けるかを示しています。

(11)そしてこの図は、方法(9)のときの左手の親指でハンカチーフの中央を前方に押して、上半分を前方に傾けているところを示しています。

(12)以上の動作を2〜3回繰り返してから、ハンカチーフを7図の位置に戻します。そして、直立しているハンカチーフの真上に右手を図のようにかざして、催眠術を掛ける動作をします。

(13)一瞬間を取ってから、素早く右手を降ろして、ハンカチーフの上半分を左拳の上でくしゃと押し潰します。

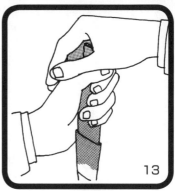

(14)間をおかずに、素早く右手を元の位置に戻しますが、このとき、右手の親指と他の指とでハンカチーフのまわりを掴んで、ハンカチーフを伸ばしていき、

(15)ハンカチーフを元の直立状態に戻して、右手をかざします。素早くスムーズに行うことで、ハンカチーフが跳ね上がって元に戻ったように見えます。

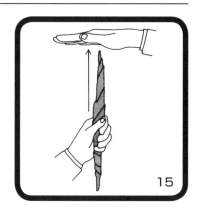

(16)ハンカチーフの隅を持って一振りして広げ、観客に改めてもらって終ります。

ハンカチーフの踊り子

効果
　マジックというより、談笑のひとときなどでのハンカチーフを使った寸芸のひとつ。マジシャンは、数年前スペインで見た情熱的なフラメンコ・ダンサーの話しをしながら、ポケットから取り出したハンカチーフの一辺に結び目を作り、2つの隅をくるくると巻いてダンサーの人形らしきものを作ります。フラメンコのリズムと口ずさむセリフに合わせて、ハンカチーフ人形は高く脚を上げ、見事な大回転でフィニッシュを飾ります。

秘密と準備
　紳士用の大振りのハンカチーフがあればいいので、特別な準備はいりません。いつでも、どこででも、ハンカチーフ人形の効果を表現できます。

方法
(1)ハンカチーフを広げ、

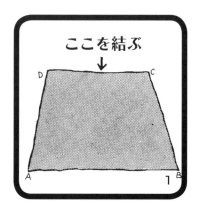

シルクとハンカチーフ・マジック

(2)一辺の真中をつまんで結び目を作ります。これが人形の頭部になります。結び目の中から上に出ている小さな「突起」部分は、後で必要になるので、はっきりと出しておきます。

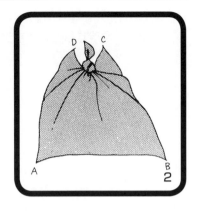

(3)注：決してハンカチーフの隅を結んだりしないように、結び目は必ず一辺の真中に作ります。

(4)次に、下辺の2つの隅（AとB）を、両手で1隅ずつつまんで持ち上げ、

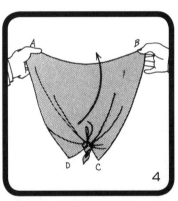

(5)両手を前方に大きく回転させて、AとBの隅をくるくると、何回も巻いて、しっかりと固く巻きます。

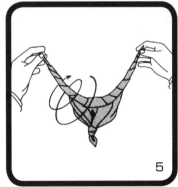

(6)巻き終ったら両手を合わせてAとBの隅を右手で一緒に持ち、左手で頭部の突起部分を摘み、

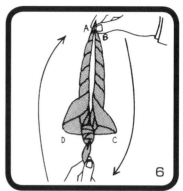

(7)上下を逆転して、左手で持っている頭部を上に、右手で持っている隅A、Bを下にします。隅A、Bが両脚で、隅C、Dが両手になります。

(8)この後、次のようなセリフとリズムに合わせて、人形を上下に引っ張り合ったり、押し戻したり、揺すったりしてダンスをさせます。
　　50セントの為に彼女は毎日踊っています……
　　（人形を小刻みに揺すります）
　　しかし、あなたのチップに依っては……
　　（脚を1つ放して）
　　脚を高く揚げて大回転をしてくれます。

(9)セリフの最後のところで、左手で頭部を引き上げ、右手で両脚を引き下げながら、その瞬間に1本の脚（A隅かB隅のいずれか）を右手から放すと、人形の脚がぴ～んと高く揚がり、ドラマチックにスピンします。

溶ける結び目

効果
　シルクの真中に作った結びが、マジシャンの魔法の息で、あっという間に空中に「溶け」て消えます。

秘密と準備
　45センチ角のマジック用のシルク（絹）・ハンカチーフ（以後シルクと呼びます）を使います。

方法
(1)対角の隅（A、B）を1つずつ両手の人差指と中指で挟んで持ち、

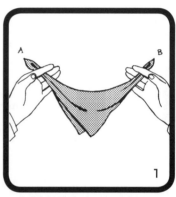

(2)軽く2〜3回巻いて（決してきつく巻かないこと）から、

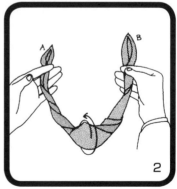

(3) 右手のB端を、左手の中指と薬指の間を通して、A端に重ね、

(4) B端を左手の親指と人差指の付け根のあたりで挟んで、シルクの輪を作ります。

(5) 次に、その輪の中に右手を図のように潜らせてA端を掴み、同時に、左手の薬指と小指を曲げてA端の下の方を押さえます。

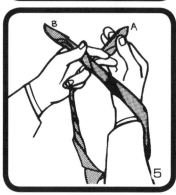

(6) そして、B端とA端が交差しているところ(X)を左手の中指で引っ掛けます。

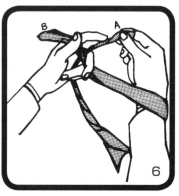

(7) ここからが重要な操作です。左手の親指と人差指でB端をしっかりと保持して、右手で掴んでいるA端をシルクの輪を通して手前に引き出してきます。同時に、左手の薬指と小指で押さえているところを放し、中指で引っ掛けているところ(X)を一緒に挟んで、図のように、ひだにして輪に潜らせて向う側に出します。

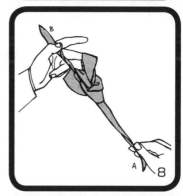

(8) A端をつづけて引いていって、左手の中指で保持しているひだ (X) のまわりに結び目を作ります。

(9) 結びが程よく結ばれたところで、左手の中指をひだ(X)から抜き出します。注：見たところは、シルクをひと結びしたように見えていますが、実際は、巧みに（そして密かに）「スリップ・ノット」と呼ばれている解ける結び目を結んだのです。もし、9図の状態から更に両端（A、B）を引っ張っていくと、結び目の中からひだ(X)が抜けて「溶ける」ように解けてしまいます。

(10) ここで一旦右手をA端から放し、左手でぶら下げて結び目を観客に示してから

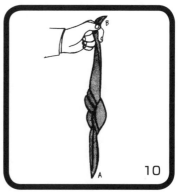

(11) もう一度右手でA端を掴んで体の前で水平に持ち、結び目に息を吹き掛けます。同時に両手を左右に引っ張って結び目を消します。

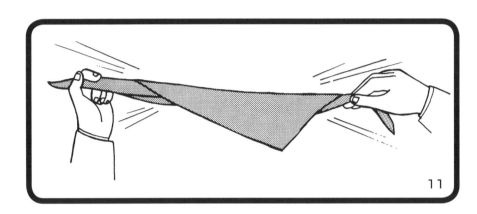

コメント

ひだ(X)のまわりに作った結び目（7～8図）から、ひだ(X)がするっと抜けると（スリップ）解けてしま結び目（ノット）から、スリップ・ノットの名で知られる古典的な基本技法の1つで、他の多くのシルク・トリックにも広く応用されています代表的な2つの例を次に紹介します）。本当に結ぶときと同じように、さらっと結べるように練習して下さい。

腕を通り抜ける結び

効果

マジシャンは、1枚のシルクを示してから、1人の観客に左腕を腰の高さで真直ぐ伸ばしてもらいます。マジシャンはシルクの対角の両端を両手に1つずつ持ち、軽く2～3回巻いて細長くしてから、観客の腕のまわりに巻いて結び付けます。このシルクをぐいっと上に引き上げると、観客の腕をするっと通り抜けます。シルクには損傷1つなく、結び目もそのままです。

秘密と準備

このトリックは、いつでもどこででも即興でできる魔法の1つで、絹製のシルク（45センチ角か60センチ角）1枚が必要です。そして、「スリップ・ノット」の学習が必須要件です。

方法
(1)シルクの対角の隅（A、B）を両手で1隅ずつ掴み、ゆるやかに2～3回巻いて細長くします。

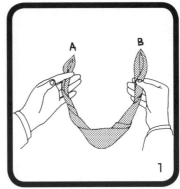

(2)そして、観客の手首に下からまわして、スリップ・ノットのときと同じように、A、B両端を交差させて左手に持ち、

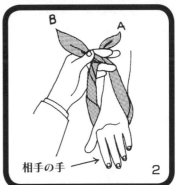

(3)観客の手首をそのままに、右手をシルクの輪の中に差し込んでA端を掴み、手前に引き出してスリップ・ノットで結んでいきます（3～4図）。

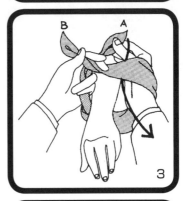

(4)追記：左手の中指にひっかけてあるひだ(X)をしっかりと保持したまま、右手のA端を右に引いて結びを締めていって、ひだ(X)が結び目と観客の手首の間にしっかりと挟みつけられたところで、左手の中指をひだから抜きます。

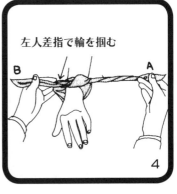

(5) 次に、右手のA端を図の矢印のように、観客の手首のまわりに巻いていきます。

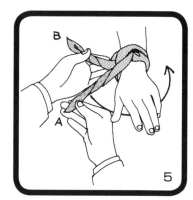

(6) シルクを観客の手首に1回結び付けた後、もう1回巻いて、二重に巻きつけたように見えています。

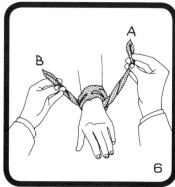

(7) そして、A、B両端をスリップ・ノットの上で本当に1回結び、

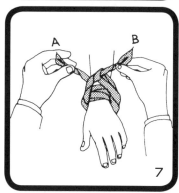

(8) 両端を1つずつ両手にしっかりと持って、上方やや手前に勢い良く両端を引き上げると、スリップ・ノットのひだ(X)が外れて結びが解け、シルクが観客の手首を貫通して外れます。演者の手には結ばれて輪になっているシルクがあり、説得力のある演技になります。

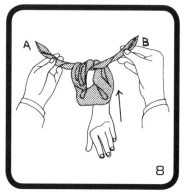

(9) 追記：方法(3)でA端を輪に潜らせてスリップ・ノットを結ぶとき、方法(4)の図のように、A端を長く引き出して、この後、観客の手首を更にひとまきする（5、6図）長さを確保しておきます。そして、両端を結んだ後で、観客に両手を合わせて握ってもらい、手首に結んだシルクが抜け出る道を閉じることによって、不思議を倍増する演出もあります。

コメント
　シルクさえあれば、いつでもどこででも、相手が1人でも多くの観客のいるステージでも行える価値のある即席トリックです。楽しんで下さい。

ハンカチーフの貫通

効果
　マジシャンは、1枚のシルクを巻いて細長くしてから、観客に両手の間で持ってもらいます。マジシャンはもう1枚のシルクを取り出し、同じように巻いて細長くしてから、観客に持ってもらっているシルクの真中に結びつけます。そして、観客にも持っているシルクを結んでもらって、2枚のシルクを鎖のように連結します。この一見不可能に見える条件下で、2枚のシルクを貫通させて、結び目を残したまま分離させます。

秘密と準備
　このトリックを学習するためには、まずスリップ・ノットを習得しておく必要があります。
　前述の「腕を通り抜ける結び」のバリエーションですが、2枚の対照的な色の45センチ四方のシルクが必要です。図では、1枚は白、もう1枚は暗色で示してあります。

方法
(1) 1枚のシルク（例えば白）の対角の隅を両手に1隅ずつ持って、軽く2～3回巻いて細長くしてから、観客に両手の間で持ってもらいます。

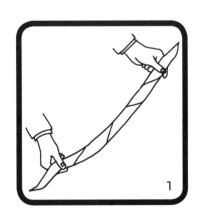

(2)もう1枚のシルク（例えば赤）も同じように巻いてから、観客に持たせてある白いシルクの下に持っていきます。

(3)注：2図以降6図迄の図では、状態をわかり易くする為に、白いシルクを持つ観客の手は省略してあります。その上で、2図、4図を良く見ると、前述の「腕を通り抜ける結び」の2図、3図のときの観客の腕が白いシルクに代わっているだけで、全く同じ状態であることに気つくはずです。

(4)そこで、まず「スリップ・ノット」で白いシルクを赤いシルクに結びつけ、

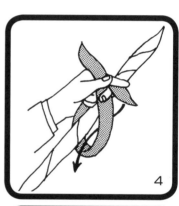

(5)つづけて、「腕を通り抜けるシルク」の方法(5)〜(7)と同じように、白いシルクをもう一度赤いシルクに巻いて結びます。

(6)次に、観客に頼んで、持っている白いシルクの両端を小間結び（2回結ぶ。真結びとも言う）で結んでもらいます。このとき演者は、初めに結んだ赤いシルクの結び目をしっかりと保持しておきます。その理由は2つあり、1つは偽の結び目（スリップ・ノット）が緩んで外れてしまうのを防ぐためです。もう1つは観客が赤いシルクの結びに強く縛り付けてしまうことを防ぐためです。もち論、両方のシルクを演者自身で結んで危険を回避する手もありますが、不思議さの効果面からは、一方のシルクを観客が結ぶことによって、効果は倍増します。

(7)観客に、白いシルクの両端を持ってもらい、演者が赤いシルクの両端を持ちます。演者は、持っている赤いシルクの両端を軽く左右に2～3度揺すって結びを緩めながら手前に引っ張り、同時に、観客にも白いシルクを引っ張るように指示します。赤いシルクはスリップ・ノットが解け、2回目の「本当の結び目」を残して白いシルクの輪から外れて、お互いに分離します。素敵な不思議感が漂います。

コップから抜け出るハンカチーフ

　家庭にある品物を使って即席でできるホーム・パーティー・トリックの1つです。シルク以外に必要なものは、透明なガラス（またはプラスチック）のコップ1個と紳士用の厚手のハンカチーフ（透けない物）1枚と輪ゴム1本だけです。

効果
　マジシャンは、透明なコップの中に1枚のシルクを入れ、ハンカチーフで、コップを覆います。次に、ハンカチーフ越しにコップの口元に輪ゴムを止めてコップの中にシルクを閉じ込めてから左手で持ちます。右手をコップの下に持っていった瞬間、マジシャンは、コップの中のシルクを抜き取ってしまいます。すぐに、ハンカチーフの下から空のコップを出し、全ての品物を調べてもらいます。不可能なシルクの脱出トリックです。

秘密と準備
　このトリックの成功、不成功の鍵は、シルク入りコップをハンカチーフで覆うときに、密かにコップをひっくり返してコップの口を下に向けるという単純な動作に掛かっています。図を理解して正しく習得して下さい（図は全て演者側から見たものです）。使用するコップは口と底の径が同じストレート・タイプのものが適しています。

方法
(1)口を上にしたコップの底を、右手の指先で図のように持ちます。

(2)シルクを示してコップの中に納めます。

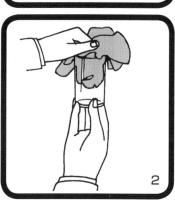

(3)次に、ハンカチーフの一辺を左手に持って広げ、コップの正面に持っていきます。こうしてコップが一時的に観客の視線から消えた瞬間に、次のような「秘密の操作」を行います。

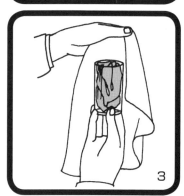

(4)コップの底を持っている右手の握りを若干緩め、親指と中指を対称軸にしてコップを回転させ、

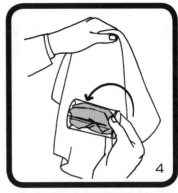

(5)口と底を逆転させます。

(6)注：コップの中に入れるシルクは、コップを逆さにしても落ちないような大きさの物を使います。

(7)ハンカチーフでコップを覆いながら、その陰でコップを回転させ、コップの底が完全に上を向いたときに覆い終るようにします。

(8) 覆い終ったら、左手でハンカチーフ越しにコップの口のあたり（実際は底）を掴み、

(9) 右手をコップから放してハンカチーフから出し、手に何も持っていないことを示してから、輪ゴムを取り出し、ハンカチーフの上からコップの口（実際は底）のまわりに掛けます。

(10) そして、右手をハンカチーフの下に伸ばし、コップの中のシルクを摘んで、真っ直ぐ下に引き出します。観客には、シルクがコップの底を貫通して出てきたように見えています。

(11) ここで、右手をハンカチーフの覆いの中に入れ、コップの口のまわりを図のように持ちます（方法(1)と同じ持ち方で親指と中指を対称軸にしてコップの口を持ちます）。

(12) すぐに左手の指先でハンカチーフのど真中を摘み、ちょっと引っ張り上げて、コップの底のまわりから輪ゴムを外し、そこで手を止めて少し間を取ります。──このとき、コップを回転させて口を上に向けます。

(13) すぐに左手のハンカチーフをコップから引き離し、全ての品物を観客に調べてもらいます。

ハンカチーフの出現

効果
　シルクを空中から「出現」させるときの代表的な折りたたみ方と技法を解説します。

秘密と準備
　マジック用の薄手のシルク（絹）ハンカチーフ（マジック・ショップで入手して下さい）を使用するのが最善で、次に説明する方法で小さく折りたたんだシルクを、大きく開いて出現できます。また、簡単に圧縮して小さく丸めて隠すことが出来るので、出現はもとより、消失させるときにも便利です。

折りたたみ方
(A)シルクを広げてテーブルに図のように置きます。

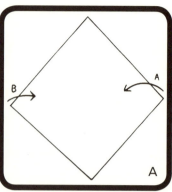

(B)A端とB端を中央に折って、互いの角がシルクの中心で接するようにします。

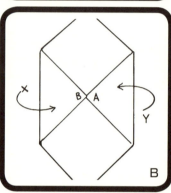

(C)次に、X辺とY辺が中央で接するように折り、

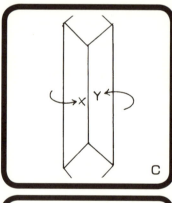

(D)もう一度XとYを縦半分に折りたたんでから、

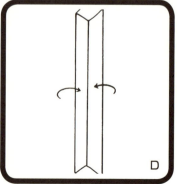

(E)さらに縦半分に折って、右半分を左半分の上に重ねて細長くします。

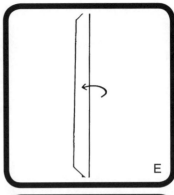

(F)次に、下端を図のように折って、つまみ（Tと標記します）をつくります。

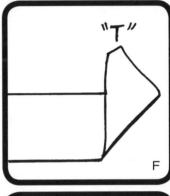

(G)そして、このつまみ(T)を芯にしてシルクをしっかりと堅く巻いていきます。

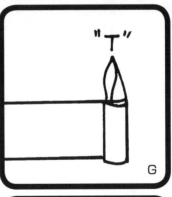

(H)巻き終ったら、楊子のようなもので最後の端を巻き目の間に挟み込みます。

(1)つまみ(T)を上にして、取り上げ易いところに隠しておきます。

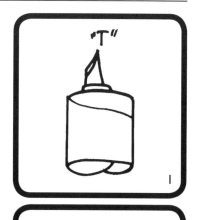

方法
(1)上記のように巻いて準備したシルクの玉を、右手(または左手)に軽く握って保持します(テーブルの上に準備したいくつかの小道具の背後とか、チョッキの裾の下とかに隠しておいて、必要なときに密かに取り上げる)。突き出ているつまみ(T)を、親指の付け根でしっかりと挟んで持ち、指を軽く伸ばして手をリラックスさせます。勿論手の甲側を観客の方に向けます。

(2)右手(または左手)を空中に伸ばして、何かを掴んだように手を握ります。そして、鋭く手首をスナップしながら手を開いてシルク玉を振り下げます(親指の付け根でつまみをしっかりと保持しておく)。シルク玉は素早く解けて開きます。

(3)直ぐに指を内側に曲げて、人差指と中指でシルクの端を図のように摘み、

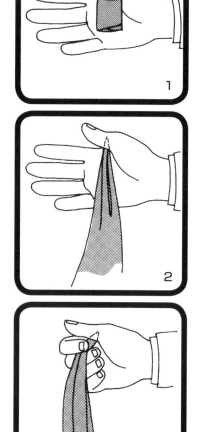

(4)指を伸ばし、手の平を上にしてシルクを示します。

コメント

　ここで説明したシルクの折りたたみ方と巻き方は、多くのマジシャン達が使用している基本的な方法で、読者がいろいろなマジックを習得するときに役に立つ知識です。

ハンカチーフの消失

　シルクを消失させる為には、「プル」と呼ばれている（日本では「引きねた」）下記のような特殊な用具が必要になります。マジック・ショップで入手できますが、自作も可能です。

秘密と準備

　シルク用の「プル」には、ボール状の物(A)とパイプ状の物(B)があります。

(A)ボール・プル：まず、手の中に納まる大きさの中空のボールを入手します（プラスチック製の練習用のゴルフ・ボールとかピンポン玉等）。このボールに、直径2センチ位のシルクを挿入する為の穴を空け、その反対側にゴム紐を取り付け、その先端に安全ピンを結び付けます。

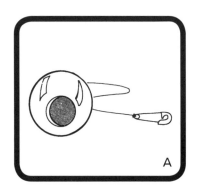

(B) パイプ・プル：直径3センチ、深さ5センチ位のプラスチック製の筒状の入れ物を入手して（カメラ用のプラスチック製のフィルム・ケースとか小物用容器等）、底の真中にゴム紐を取り付け、その先端に安全ピンを結び付けます。

(C) 注：以上の例の他にも、いろいろな種類の容器がありますから、読者の手に合った物を探して手作りして下さい。そして、容器を肌色か黒色に塗装しておくことを忘れずに。

(D) 最後に、ゴム紐の張力と長さを調整します。ズボンの後部のベルト通しに安全ピンを固定し、ズボン側面の縫い目付近にあるベルト通しのところで、プル本体がゆったりと止まっているようにします。そして、左手でプルを握って体の前に伸ばしてから、プルを放してみて、ゴム紐の張力を調整して下さい（注：図と説明は、右利きの人を対象にしています）。実演に当たっては、上着の着用が必須です。

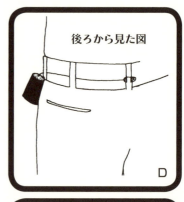

方法
(1) プルを左側面にセットしてあると仮定します。前述の「ハンカチーフの出現」で、左を向いて右手で空中からシルクを取り出します。図のように、演者の体の右側が観客の方に向いていて、左手は体の陰に隠れています。

シルクとハンカチーフ・マジック

(2) この機を利用して、左手に密かにプルを握ります。

後ろから見た図

(3) 体を少し右に戻しながら、右手のシルクに観客の注意を向け、左拳は軽く体に添えておきます。

相手から見た図

(4) さらに体を右に向けてから、左拳を伸ばして(体から20センチ位離す)甲側を観客の正面にします。

相手から見た図

(5) そして、右手に持っているシルクを左拳の上に置き、右手の指でシルクを左拳の中 (実際はプルの中) に押し込んでいきます。

(6) この図は、上記5図の操作を後ろから観察した図です。左拳の下から左腕の後ろを通って上着裏に流れているゴム紐の状態に注目して下さい。

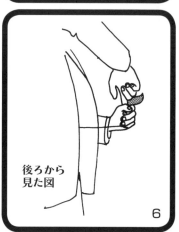

(7) シルクを全てプルに押し込んだところで、左拳の握りを緩めます。プルはゴム紐に引っ張られて、素早く上着の中に運ばれます。

(8) 注：プルが上着の中に引っ張り込まれた後も、左拳の中にシルクがあるかのように握っておいて、右手の人差指でシルクを左拳の中に押し込んでいる演技をします。

(9) 上記の演技を続けながら、正面を向き、両腕を体から僅かに離します。観客は、演者の左拳の中にシルクがあると思っています。

(10) 両手を開いて、手の中のシルクが跡かたもなく消えていることを示します。そして、上着の両袖をたくし上げて、観客の疑いを解消しておくことを勧めます。

コメント
　左拳からプルを放すとき、プルはゴムの張力によって自動的に上着の中に引き込まれるので左手は決して動かさないようにして下さい。手順を通して練習する中で、シルクを押し込む動作とプルを放すタイミングを習得しましょう。

万能バニッシャー

シルクだけでなく、コインや指輪等、小さな品物も消すことができるタイプのプルです。

秘密と準備

(A)黒い布で、入口5センチ、深さ5センチ位の小さな袋を作り、底に安全ピン付のゴム紐を縫い付けます。

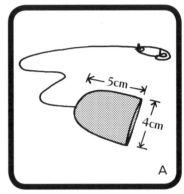

(B)袋の口の縁の内側に2本のプラスチックの細板（厚さ0.5ミリ、幅7ミリ、長さ5センチ）を縫い付けます。これで、袋を図のように持って、袋の縁（プラスチックの細板）の両側を親指の付け根と他の指とで押し合うことで口を開閉することができるようになり、挿入した指輪やコインを袋の中に確保しておけます。

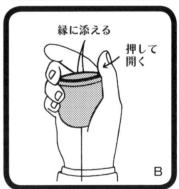

(C)前述の「ハンカチーフの消失」(D)の説明と同じように、万能プルをセットします。

方法

(1)ほとんど前述の「ハンカチーフの消失」でのプルの扱い方と同じです。体の右側を観客の方に向けて立ちます。テーブルからコイン（または消失させる品物）を右手で取り上げながら、密かに万能プルを左手に持ちます。右手の品物を観客に示しながら体の向きを変えて右向きになり、体の左側を観客の方に向けます。

(2)左手を軽く握って万能プルを絞って口を開け、右手に持っている品物を左拳の中（万能プルの中）に落とします。

(3)品物が万能プルの中に入ったら、左手の親指の圧を少し緩めて万能プルの口を閉じます。

(4)そして、前述のシルク消しと同じように、ゆっくりと左腕を前方に伸ばしながら（このとき、万能プルを上着の中に飛ばします）正面に向きを変え、両手に何も持っていないことを示します。

蛇行して解ける結び目

効果

　マジシャンは1枚のシルクを取り出し、軽く巻いて細長くしてから、丁度真中あたりに結び目をつくり一端を片手に持って示します。

　すると、シルクが蛇のようにくねくねと動き出し、自動的に結び目を解いてしまいます。

秘密と準備

(A)45センチ四方のシルク1枚と細い丈夫な黒い糸2メートル位を用意して次のように準備します。シルクの一方の隅に、黒糸の一端をしっかりと縫い付けます（以後この端をA端と呼びます）。そして、もう一方の端（B端）をテーブルの上に（図の矢印で示したあたり）画鋲で固定します。シルクを四つ折りにしてテーブルに置き結び付けてある黒糸を、蛇行させて図のように配置します。これで準備完了です。

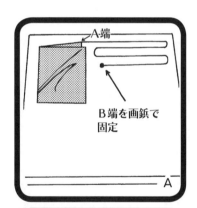

方法

(1)畳んであるシルクを取り上げて、テーブルの1メートル位の前方に立ちます。そして、シルクのA端を右手で摘み、シルクを体の前で広げます。黒糸は、右手の親指の上から体の右側を通ってテーブルの上に延びています。次に、垂れ下がっているシルクのB端を左手で摘み、両手をまわしてシルクを2～3度巻いて細長くします。

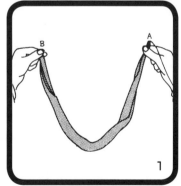

(2) そして、右手のA端を左手のB端の上に交差させて重ねます。このとき、A端から延びている黒糸を右手の親指の下を通して押さえておきます。

(3) 次に、左手の人差指と親指を、図の矢印で示したように潜ぐらせて、

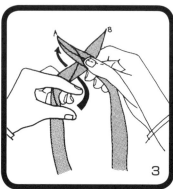

(4) A端（と黒糸）を掴かんで、B端の下から手前に引き出して結び目を作りはじめます。

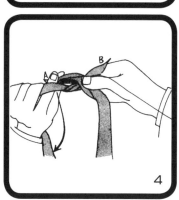

(5) 両手をゆっくりと左右に離しながら、シルクの真中にゆったりとした結び目を作ります。A端に縫い付けられている黒糸は、図で示したように、結び目の中を潜り抜け、右手の親指の下から手の上を通ってテーブルの方に延びています。

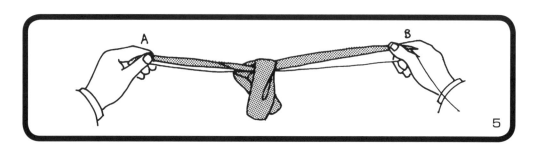

シルクとハンカチーフ・マジック

(6)左手のA端を放し、シルクを右手から垂らして持ちます。A端に縫い付けられている黒糸は、結び目の中を通って上方に延びていって、

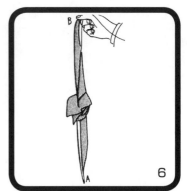

(7)右手の親指の付け根の上を走って右腕の下から体の右側を通ってテーブルの上まで延びています。

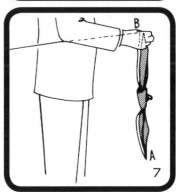

(8)ここで、黒糸の張り方をチェックします。もし弛みがあるようなら、やや前進して黒糸の張り具合を調整します。そして、ゆっくりと右腕を伸ばしていくと、A端が黒糸に引かれて結び目の方に上がりはじめます。

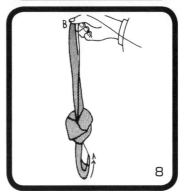

(9)腕をテーブルから遠くに離していくことで、A端は結び目の中を潜り抜けて上昇していきます。

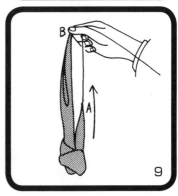

(10) 更に体を少し前方に動かしてA端を引っ張り上げて結び目を消し、A端が右手の中に入ってきたら、

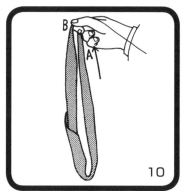

(11) A端を掴んで、すぐに右手に持っていたB端を放します。

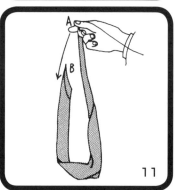

(12) こうして、ひとりでに結び目が解けてしまったシルクを示して終ります。

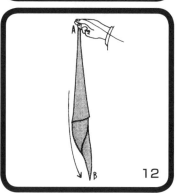

コメント

　観客には、蛇のようにくねくねと動きながら結び目を解く様を目の前にして、シルクがまるで生きているように見えます。マジックでは極めて希れなケースですが、繰り返して演じることも可能です。但し繰り返しは1度だけにしましょう。

　演技を終了するときには、シルクをくしゃっと丸めて、テーブルに置いて終ります。

蛇行して解ける結び目・別法

是非この別法でシルクの自動結び解けを試してみて下さい。原案より短か目の黒糸をシルクの端（A端）に縫い付け、他の端にプラスチックのビーズ玉（穴のあいた飾り玉）を結び付けたものを使います。原案のように黒糸をテーブルには止めずに、A端から垂れ下げておきます。真中に結び目を作った後、原案の5図のように右手の親指には掛けずに、結び目から床に垂らして、密かにビーズ玉を足で踏んで固定します。

結び目が解けていく理屈は原案と同じですが、別法では、腕を前方に動かす代わりに、上に持ち上げて結び目を解いていきます。別法の利点は、黒糸をテーブルに固定する必要がないので、どこでも演技できますが、真っ直ぐ垂れ下がっている黒糸が気付かれ易いので、ある程度の観客との距離が必要です。

幽霊ハンカチーフ

マジシャンは、ポケットからハンカチーフを取り出してテーブルの上で広げ、隅を折り畳んで袋状にします。マジシャンはその袋は幽霊を捕獲する罠だと言って、右手で空中を掴んで幽霊を捕らえ、ハンカチーフで作った袋の中に閉じ込めます。すると、袋に膨らみができて何者かの存在がハンカチーフ越しに確認できます。しかしマジシャンがハンカチーフを開くと、幽霊は一早く逃げ出したようで、ハンカチーフの中には何もありません。

秘密と準備
(A)縁に太目のヘム（折り返し）のあるハンカチーフの隅から、ヘムの中に針金（太さ2ミリ・長さ5センチ）を差し込んで、糸で縫い付けます。準備したハンカチーフを畳んでポケットしまっておきます。

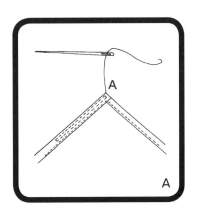

方法

(1)ハンカチーフを取り出し、テーブルの上で図のように広げます。針金を縫い付けてあるA隅が観客側です。

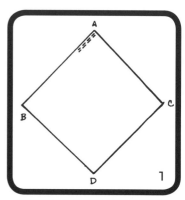

(2)まず、右手でA隅が真中に来るように図のように折り畳み、

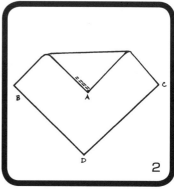

(3)次に、B隅を図のように折って、A隅の上に被せます。

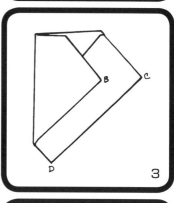

(4)つづけてC隅を左の方に折って、A、B隅の上に被せて袋のようなものを作ります。D隅のところが袋の口です。

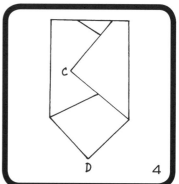

シルクとハンカチーフ・マジック

(5) ここで、右手を空中に伸ばして、何かを掴んだ振りをして、小さな「透明な幽霊」を捕まえたことを観客に告げます。しかし実際は何も持っていないことを、観客に暗に示しておく為に、右手を大きく開いて何も持ってないことを見せながら空中に伸ばして手を握るようにします。

(6) 左手で、A、B、C隅が重なっている袋の口元を持ち上げ、右拳を挿入して握っている幽霊をハンカチーフの袋の中に閉じ込めている演技をします。このとき、右手でA隅の針金を掴んで、袋の中で真っ直ぐに立てます。

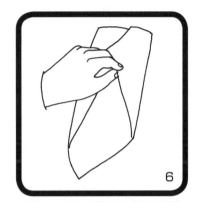

(7) 針金がきちんと立ったところで、右手を袋から抜き出し、左手でD隅を持ち上げてC隅の上に折り重ねて、幽霊を完全に閉じ込めてしまいます。針金は、布地の重量で上端を押さえられて、袋の中で直立しているので、まるで「幽霊」が袋の中に入っているように見えます。

(8) 間違いなく幽霊が入っていることを示すために、右手の平をハンカチーフの上から針金の上端に押し付け、円を描くように右手を動かして、ハンカチーフの中に固い球体のような不気味なものがいるような幻想を作り出します。

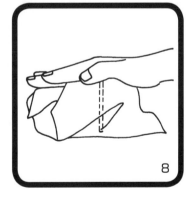

(9) 更に、右手にスプーンを持って、ボウル部分で秘密の針金の上端をハンカチーフの上から何回か叩いて、コツコツと音を聞かせて、袋の中のものが固い塊であることを証明してみせます。

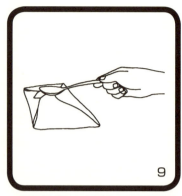

(10) スプーンを脇に置き、ハンカチーフの袋を開けると、幽霊は素早く逃げだしたようで何処にもいません。両手とハンカチーフを改めてから、ハンカチーフを畳んで、さり気なくポケットにしまって終ります。

マッチ棒の復元

効果

　マジシャンは、ハンカチーフをテーブルに広げ、その真中に1本のマッチ棒を置きます。そして、ハンカチーフの4隅を折り畳んで、マッチ棒を覆い隠してから、観客の1人に、ハンカチーフ越しに両手でマッチ棒を折って切り離してもらいます。しかしマジシャンがお呪いを掛けてハンカチーフを開けると、傷1つない元のままのマッチ棒がそこにあります。

秘密と準備

　このトリックも前述の「幽霊ハンカチーフ」で使用したハンカチーフと同じタイプの太目のヘムのあるものを使います。

シルクとハンカチーフ・マジック

(A)ヘムの端が開いているところから、タネのマッチ棒を差し込んでおきます。マッチ棒が入っている隅をAとします。この他にマッチ1箱が必要です。ハンカチーフを折り畳んでマッチ箱と一緒にポケットにしまっておきます。

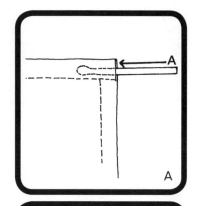

方法
(1)マッチ箱を示し、箱を開いて、観客にマッチ棒を1本取り出してもらいます。次にハンカチーフ(ヘムにダミーのマッチ棒の入っているもの)を取り出し、テーブルの上で、図のようにA隅を右下隅にして広げます。そして、観客が選んだマッチ棒を取り上げて、ハンカチーフの真中に縦に置きます。

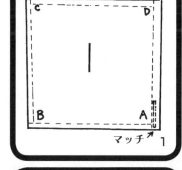

(2)そして、まずA隅を図のように折り畳みます。演者側から見たとき、図のように観客が選んだマッチ棒が垂直で、タネのマッチ棒が水平になっていることを記憶しておきます。

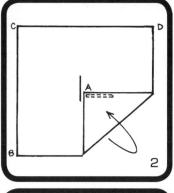

(3)次に、C隅をやや大き目に折り畳んで、A隅と観客が選んだマッチ棒の上に被せます。

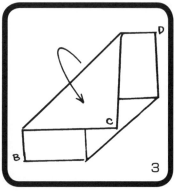

109

(4)更に、B隅を折り畳んで、A隅とC隅の上に被せます。

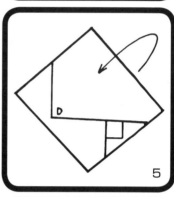

(5)更にその上に、D隅を折り重ねます。

(6)ここで、ハンカチーフの上にゆっくりと手を伸ばし、ハンカチーフの上からタネのマッチ棒を探り出してハンカチーフと共に摘み上げます。タネのマッチ棒は、演者に対してK平になっていることが分かっているので、簡単に手探りできます。

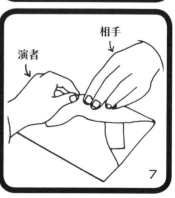

(7)摘み上げたマッチ棒を観客に手渡し、

シルクとハンカチーフ・マジック

(8)観客に、ハンカチーフ越しにマッチ棒を折って、切り離してもらいます。当然観客は、自分が選んだマッチ棒を折っていると信じています。

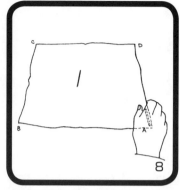

(9)観客の作業が終わったら、折り畳んであるハンカチーフの各隅を1つずつ(D、B、C、Aの順で)、ゆっくりと慎重に開けていきます。

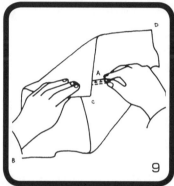

(10)そして、左手でC隅を開けるときに、右手をA隅の上にさりげなく置いて、折れたマッチ棒によって変形しているかも知れない縁をカバーしておきます。こうして4隅を全て開いたとき、観客は、自分が折り刻んだはずのマッチ棒が、無傷でそこにあるのを見てびっくりすることになります。

(11)すぐにマッチ棒を取り上げて観客に渡し、ハンカチーフの両隅(A隅とB隅)を両手に持って持ち上げ、ひと振りして裏表を改め、何もないことを示してからポケットにしまいます。

卵の取り寄せ

効果
　テーブルの上に、1枚のハンカチーフと籠が置いてあります。マジシャンはハンカチーフを取り上げ、裏と表を示してから、2つ折りにして、籠の真上で傾けると、中から卵が1つ転がり出てきて籠の中に落ちます。マジシャンは、同じ操作を続けていって、ハンカチーフの中から次々と卵を産み出して籠の中に溜め込んでいきます。ある程度溜った（と思われる）ところで、マジシャンは操作を止め、ハンカチーフを脇に置きます。そして、籠の中から卵を1つ取り出し、コップの中に割入れて本物であることを見せた後、籠を取り上げて、中身を空中にぶち撒きます。一瞬びっくりした観客が目にしたものは、美しく舞い散る紙吹雪なのです！

秘密と準備
(A)不透明な大判のハンカチーフ、中型の籠（または紳士用の帽子か同じ大きさの箱）、プラスチック製の卵と本物の卵、コップ、楊子等を1つずつと、少量の紙吹雪と細目の絹糸（またはテグス）が必要です。注：籠または箱は、中が透けて見えない物で、卵と吹雪を隠すのに十分な深さの物を用意します。プラスチック製の卵は、パーティ用グッズ店等で入手可能で、木製、発砲スチロール製もあります。

(B)準備：プラスチック卵の端の真中に小さな穴をあけ、

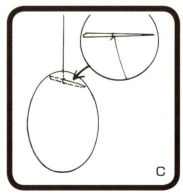

(C)30センチ位の黒糸（またはテグス）の一端に2センチ位に切った楊子を結び付け、卵にあけた穴から中に挿入して、図のように固定します（セロテープとか瞬間接着剤で固定することもできます）。

シルクとハンカチーフ・マジック

(D)黒糸の長さを下記の(E)のように調整してから、もう一方の端をハンカチーフの一辺の中央に縫い付けて止めます。

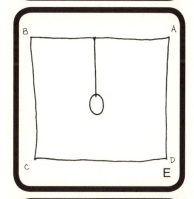

(E)黒糸の長さの調整：使用するハンカチーフの一辺の中央から垂らしたとき、卵がハンカチーフの丁度真中にぶら下がっている長さにします。

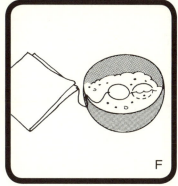

(F)紙吹雪適量と本物の卵を1個入れた籠をテーブルの中央に置き、その隣りに4つ折りにしたハンカチーフを置きます。プラスチックの卵は籠の真中に置き、糸を図のようにハンカチーフから籠の中に流しておきます。

方法
(1)テーブルの後ろに立ちます。ハンカチーフを取り上げ、CとDの隅を両手に1つずつ持って広げ、表と裏を見せて、何も無いことを示します。プラスチック卵は籠の中に隠したままです。

(2)次に、ハンカチーフを籠の真上に持ってきて、下辺A、B（糸がついている縁）を籠の口を横切るように置いて、両手で持っているC、D辺を籠の前方に垂らします。籠の口に掛かっているA、B辺の中央は、籠の中のプラスチック卵の真上にあるはずです。

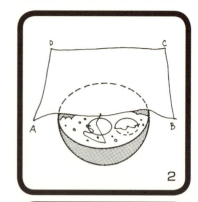

(3)両手を改めてから、AとBの隅を両手に1つずつ掴みます。

(4)そして、A、B辺をぴ〜んと張って、弛まないように気を付けながら持ち上げていって、籠の真上で広げて示します。この動作によって、籠の中にあったプラスチック卵は、自動的に、糸に引っ張られて、図のようにハンカチーフの裏にぶら下がります。卵の重さでA、B辺が弛まないように注意しましょう。

(5)次に、両手を手前で合わせてハンカチーフを2つに折りながら、A隅とB隅を一緒にして左手で持ち、プラスチック卵をハンカチーフの中に隠します。

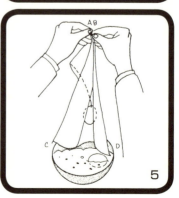

(6)すぐに右手を下げてC隅とD隅を一緒にして持ち、

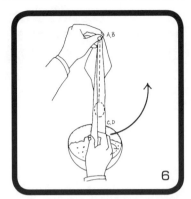

(7)右上に持ち上げて、2つ折りにしたハンカチーフを図のように示します。

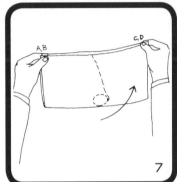

(8)そして、右手で持っている方（C、D隅）を少し持ち上げて、2つ折りのハンカチーフを左に傾け、右手でハンカチーフを小刻みに揺すってプラスチック卵を籠の中に滑り落とします。裏表を改めたハンカチーフの中から、魔法のように卵が出現しました！

(9)卵を籠の中に落としたところで、右手に持っているところ（CとDの隅）を、籠の前方にぽ〜んと投げ出してから、

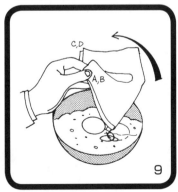

(10)左手で持っている2つの隅（A、B）の内の1つを右手で掴み、両手を左右に離してハンカチーフを広げはじめます。このとき、他の2つの端（CとD）は引き上げずに、籠の前方に垂れ下がっている状態にしておきます。

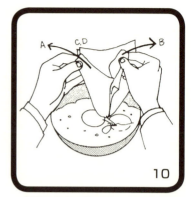

(11)AとBの隅を左右に広げてぴ〜んと張りながら持ち上げ、再びプラスチック卵を密かにハンカチーフの裏に持ってきます。

(12)方法(5)〜(8)を繰り返して、2つ折りにしたハンカチーフの中から、また卵を現わして籠の中に落とします。

(13)更に卵の出現を繰り返したい場合は、方法(9)から(12)までの手順に従って演技します。終りにしたいときには、方法(11)まで演技したところで、何気なくハンカチーフを畳んで、プラスチック卵を包み込んでテーブルの脇に置きます。

(14)ここで、籠の中を覗いて、何処からか現われてきた卵の1つを、籠の中から取り出したような演技で、本物の卵を取り上げ、コップの縁で割って中身をコップに流し込んで、出現した卵が本物であることを示します。

(15)そして、コップを脇に置き、何個か卵が残っていると思われている籠を持って観客席の方に進み、突然、観客の頭上に籠の中身を投げ上げて、一瞬びっくりした観客に、紙吹雪を散らせて演技を終ります。

ガラスコップの消失

効果
　マジシャンは、飲物用のガラスのコップを示し、よく改めた後、そのコップをハンカチーフで覆います。確かにハンカチーフの中にコップがあることを示してから、ハンカチーフ越しにコップを持ち上げます。突然、マジシャンがそのハンカチーフの包みを空中高く投げますと、コップは空中に消え、ハンカチーフだけがひらひらとマジシャンの手の内に落ちてきます。

秘密と準備
(A)このトリックを実行するには、「落とし穴」の付いているマジシャン用のテーブルが必要です。そして、テーブルの落とし穴に楽に納まる大きさのガラスのコップも必要です。

(B)使用するガラス・コップの口径より一まわり大きい円板を、プラスチック（または厚紙）で作ります。

(C)細い模様のあるハンカチーフを2枚用意して、1枚のハンカチーフの真中に、(B)で作った円板を貼り付け、

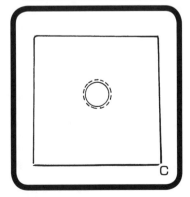

(D)もう1枚のハンカチーフでカバーして、四辺を縫い合わせてから、円板の周囲も縫っておきます。
　マジック・テーブルの上にコップと折り畳んだハンカチーフを置いておきます。

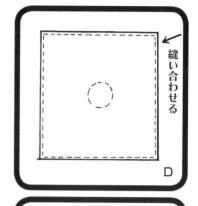

方法
(1)コップを取り上げて、普通のコップであることを示してからテーブルに戻します。このとき、「落とし穴」のすぐ前に置きます。そして、ハンカチーフを取り上げ、大きく広げて、何の仕掛も無いことを示してから、図のように、コップの後ろに持っていきます（図は観客の方から見た図です。以下のも同じです）。

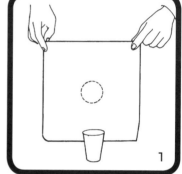

(2)ハンカチーフに縫い込んである円板をコップの口に合わせて、

(3)コップの上にハンカチーフを被せていきます。

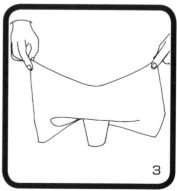

シルクとハンカチーフ・マジック

(4) 被せ終ったところで、ハンカチーフの上から、秘密の円板とコップの口を合わせて右手で掴み、少し手前にずらして「落とし穴」の上に持ってきます。

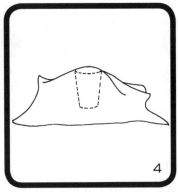

(5) 指先を緩めて円板だけを持ち、コップを密かに「落とし穴」に落とします。円板のお陰でハンカチーフの形状は変っていないので、コップはハンカチーフの中に有るように見えています。

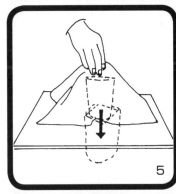

(6) 右手に持っているコップが中にある（ように見えている）ハンカチーフをテーブルの上から取り上げてテーブルの前方に進み出て、

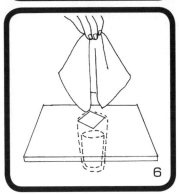

(7) ハンカチーフ（とコップ）を空中に投げ上げ、ハンカチーフの中のコップが、空気に溶け込んだように消え失せたことを示し、ひらひらと舞い降りてきたハンカチーフを受け取って恰好良く終ります。

コメント

あたかもハンカチーフ越しに品物を持っているように見せて、その品物を「消失」してみせる現象で使用しているハンカチーフのアイデアは、マジックの古典的な考え方の1つで、秘密の円板を他の形に取り換えることで、コップの他に、いろいろな品物の消失にも使えます。

ガラスコップの消失・2

効果
　テーブルを前にして座っているマジシャンは、空のコップをハンカチーフで覆ってから、それを取り上げて空中に投げ上げます。すると、コップは空中で消え、ハンカチーフだけがテーブルの上に落ちてきます。マジシャンは、テーブルの下に手を伸ばし、ハンカチーフの落下地点の真下から消えたコップを出してきます。

秘密と準備
　前述の「ガラスコップの消失」で準備した円板を縫い付けたハンカチーフとガラスのコップが必要です。現象も前述と同じコップの消失ですが、パーティーや親しい友人達との夕食の後などで、即席的に演じることが出来ます。

方法
(1) 演技は、テーブルを前にして椅子に座って演じることと、コップを「落とし穴」ではなく演者の「膝の上」に落とすこと以外は、前述の「ガラスコップの消失」とほとんど同じです。まず、前述の方法(1)〜(3)までを行って、コップにハンカチーフを被せます。

(2) コップにハンカチーフを被せたところで、ハンカチーフに縫い付けてある円板とコップの口とを一緒にして、右手でハンカチーフの上からコップを掴みます。

(3) 次に、左手を開いて手の平を観客の方に向けて「左手には何もありません」と言いながら体を起こし、両手をテーブルの端の方にずらして来ます。

シルクとハンカチーフ・マジック

(4)左手を改めながら、右手を更にずらしていって、コップの底がテーブルの端を越えた瞬間（このときハンカチーフの前方の下辺はテーブル面に触れています）、密かに、コップを自分の膝の上落とします。

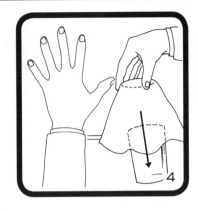

(5)右手は「秘密の円板」のヘリを持ったまま（コップの口を持っているように見えている）「空の」ハンカチーフをテーブルの上に戻します。

(6)「ハンカチーフの中にあるコップを見ていて下さい」と言うと同時に、ハンカチーフを空中に投げ上げ、落下してくるハンカチーフをキャッチして、ハンカチーフの裏表を示して、演者の前に落とします。

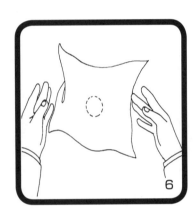

(7)両手を改めてから、「空中に消えたコップは、いつの間にかテーブルを通り抜けていました」と言って、右手をテーブルの下に入れながら、密かに膝の上からコップを拾い上げてテーブルの下、ハンカチーフが置いてある辺りに持って行きます。左手でハンカチーフを取り上げながら、同時にコップをテーブルの下から出してきて、テーブルの上に置きます。そして、ハンカチーフをポケットに戻して演技を終ります。

即席マジック

　いつでも何処でも即席で実演できるトリックは数多くあります。中には、パズル的なものであったり、曲芸的であったりするものもありますが、多くは、見ている人々を不思議な騙しの世界に惹き込む刺激的で楽しい作品です。

　少人数のパーティなどで、座が白らけてきたときなど、即興的でいくつかのトリックを演じることで、その場が和らぐことが良くあり、即席マジックの中には「冷えた場を温める」のに最適なトリックがいろいろとあります。グループ全員で楽しむことができるパズル・ゲーム的なトリックはその代表的なものの1つで、瞬時にお互いがフレンドリーになり、場の空気が一変します。

　友人たちの集まりでマジックを演じるときには、ちょっとした気配りが必要です。いくつかのトリックが終った後、彼らは気軽にトリックの種明しを迫ってくることがよくあります。時には、それを拒否することが難しくなることも考えられます。良いトリックを失うか、それとも良い友人を失うかの選択が必要な状況に陥る前に、全員が楽しめる即席マジックの1つ2つを取り入れることで、そのことから気を逸らすことができます。

　マジックの種明しは決してしないで下さい。これらの素敵な即興的なマジック効果を大切に、自分自身で維持して下さい。

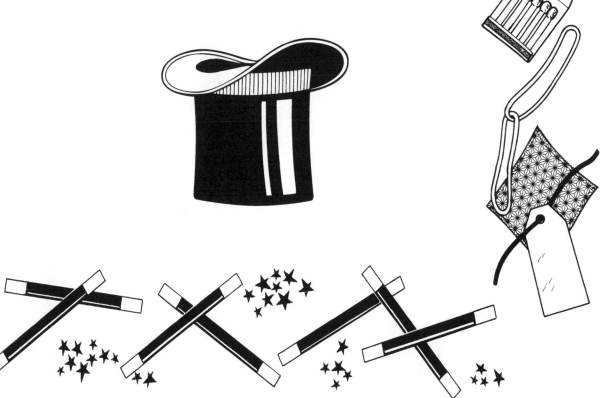

飛び移る輪ゴム

効果

(A)マジシャンは、人差指と中指のまわりに輪ゴムを掛けます。

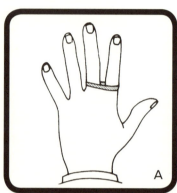

(B)そして、手を握ります。

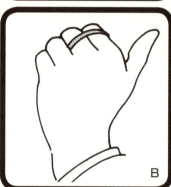

(C)マジシャンが手を開くと、輪ゴムは「魔法のように」薬指と小指のまわりに飛び移っています（図A、B、Cは観客側から見た図で、手を立てて指が上を指している状態です）。

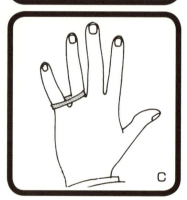

即席マジック

方法

(1)輪ゴムを人差指と中指のまわりに掛けます。図は自分の方から見た状態で、手の甲側を観客に示しています（以下同じ）。

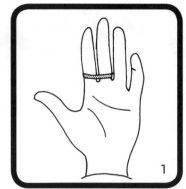

(2)右手の人差指の先で、輪ゴムを密かに図のように手前に引っ張って、矢印で示した輪の中に左手の4本の指先を挿入して握ります。

(3)同時に、引っ張っているところを放して、輪ゴムを4本の指先に掛けます。この図は演者の方から見た状態で、観客の方からはB図のように見えています。

(4)ここで、手をぱっと開いて指を真直ぐ伸ばすと、輪ゴムは自動的に薬指と小指のまわりに移ります。

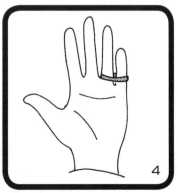

飛び移る輪ゴム・2

効果
　薬指と小指に飛び移った輪ゴムが、元の人差指と中指のまわりに戻ります。

方法
(1)基本的には、最初の飛び移りを逆にするだけです。輪ゴムが薬指と小指に飛び移った後、

(2)再び手を握りますが、そのとき、右手の人差指の先で密かに輪ゴムを引っ張って、4本の指を挿入する輪をつくります。

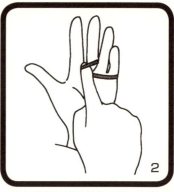

(3)図のように、左手の親指の先で輪ゴムを引っ張って輪をつくることもできます。気に入った方を採用して下さい。

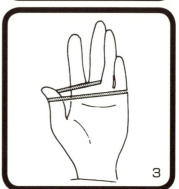

(4)最初の方法と同じように、左手の4本の指先を輪の中に挿入して握ります。

(5)左手を開いて指を伸ばすと、輪ゴムは自動的に人差指と中指のまわりに飛び戻ります。

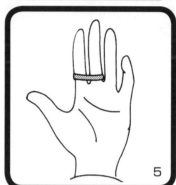

飛び交う2本の輪ゴム

効果
　色の異なる2本の輪ゴムを使って、2本が飛び交って、それぞれの位置が変わります。

方法
(1) 1本の輪ゴム（例えば白色）を、左手の人差指と中指のまわりに掛け、もう1本の輪ゴム（例えば赤色）を薬指と小指のまわりに掛けて示します。

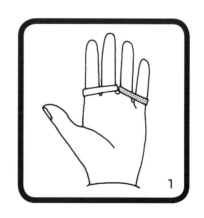

(2) 次に、左手を握りますが、その前に、左手の親指の先で薬指と小指のまわりに掛かっている赤色の輪ゴムを左の方に引っ張り、

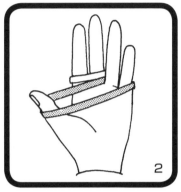

(3) 次に、右手の人差指の先で人差指と中指のまわりに掛かっている白色の輪ゴムを右の方に引っ張ります。

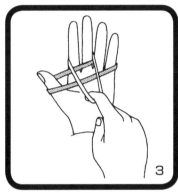

(4) そして、矢印で示したスペースに、4本の指先を挿入しながら左手を握ります。

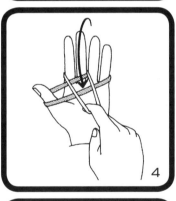

(5) 同時に、引っ張っているところを放して、赤、白2本の輪ゴムを4本の指先に掛けます。

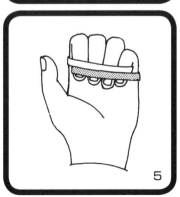

即席マジック

(6)ここで、観客に、白い輪ゴムが人差指と中指のまわりに、赤い輪ゴムが薬指と小指のまわりに掛かっていることを伝えて、しっかりと記憶していもらいます。6図は、5図を観客側から見た図です。

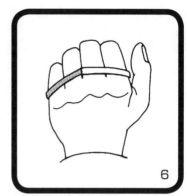

(7)左手を開いて指を真直ぐ伸ばして、2本の輪ゴムが位置交換していることを示します。

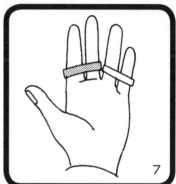

飛び交う2本の輪ゴム・2

効果
　現象も原理も最初の方法と全く同じですが、「秘密のスペース」の作り方が、最初の方法(2)と(3)よりはシンプルになっています。

方法
(1)前と同じように、白、赤2本の輪ゴムを指に掛けたら、

(2) 右手の人差指の先で、密かに2本の輪ゴムを一緒に引っ掛けて、

(3) 手前に引っ張ってきて、中指をその中に挿入して、図のように広げます。

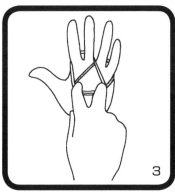

(4) 広げたスペースに左手の4本の指先を挿入して手を握り、右手を放して2本の輪ゴムを左手の4本の指先に掛けます。

(5) そして、手を開いて指を伸ばし、2本の輪ゴムの位置が入れ替わったことを示します。

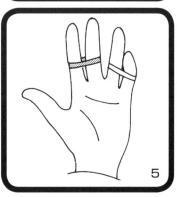

即席マジック

飛び交う2本の輪ゴム・続編

効果

飛び移る輪ゴムの効果を、更にランク・アップした作品で、別の輪ゴムで各指の先を個々に巻いて4本の指を連結させ、輪ゴムの移動を不可能に見せた上で、飛び交う2本の輪ゴムを実演します。

方法

(1) 2本の輪ゴムをそれぞれの位置に止めた後、図のように、別の輪ゴムで各指を巻いて連結させます。

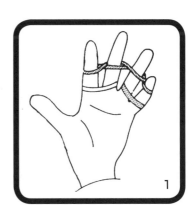

(2) この後は、前述と全く同じことをして、4本の指先を秘密のスペースに挿入しながら手を握り、手を開いて指を伸ばすことで、2本の輪ゴムは、位置を交換します。

別の輪ゴムで各指先を止めて、2本の輪ゴムを「閉じ込める」（ように見せる）アイデアによって、不思議さは倍増します。是非試してみて下さい。

連鎖するゼム・クリップ

これは、トリックとパズルを組み合わせた楽しいマジックです。

効果

ゼム・クリップ2個と1ドル札をテーブルに置きます。そして、1ドル札を取り上げ、三つ折りにして別々の位置にクリックを止めてから、1ドル札の両端を左右に引っ張っていきます。1ドル札は徐々に広がっていき、2個のクリップは接近します。そして最後に、

1ドル札を鋭く引っ張って広げた瞬間、2個のクリップが勢い良く1ドル札から飛び出し、空中で繋がってテーブルの上に落ちてきます。

方法
(1)紙幣を取り出して広げて持ちます。

(2)図のように、右の方に3分の1位折り、……

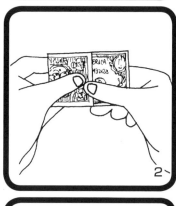

(3)……ゼム・クリップで止めます。

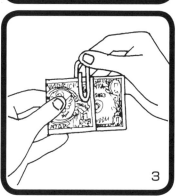

即席マジック

(4)クリップは、紙幣の折り畳んだ部分の端近くに、図のように深く止めます（浅く止めると失敗の原因になります）。

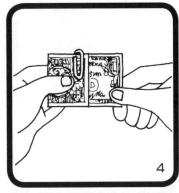

(5)そして、クリップを止めた紙幣を横に回転させて裏返してから、

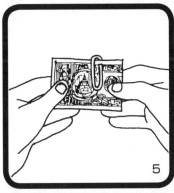

(6)紙幣の左端を、クリップの所から右の方に折ります。

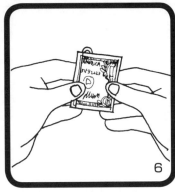

(7)もう1個のクリップを、裏面の折り目の間に通すようにして、手前の2枚に止めます。

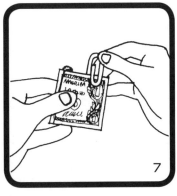

(8)最初のクリップのときと同じように、端近くで深く止めます。

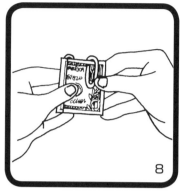

(9)注：2個のクリップの正しい止め方を、この図でチェックして下さい。

(10)両手で、紙幣の両端を1つずつ掴み、左右にゆっくりと引っ張って紙幣を広げていきます。

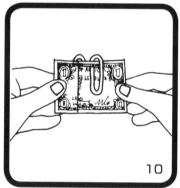

(11)2個のクリップは徐々に近付いていきます。図のように2個が重なり合ったところで、紙幣の両端を鋭く左右に引いて紙幣を完全に広げると、……

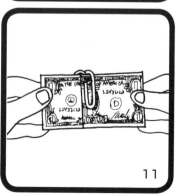

(12)……2個のクリップが連鎖して空中に飛び出して
テーブルに落ちてきます。

コメント
　トリックに使用するゼム・クリップは、大き目のものを使うことを勧めます。サイズが大きい程、丈が長くて幅が広いので、割りと簡単に連鎖します。サイズによっては、方法(11)で紙幣の両端を鋭く左右に引くときの力関係が違います。普通サイズのクリップでは、わずかな張力でOKです。あまり強過ぎるとクリップはテーブルを超えて飛んでいってしまい、トリック効果を台無しにしかねません。練習で会得して下さい。
　三つ折り紙幣の上縁の所定の位置に2個、それと同じ位置の下縁に小型のクリップをそれぞれ取りつけて演じると、それぞれのペアが連鎖して上下反対方法に飛び出してきます。試して下さい。

連鎖するゼム・クリップ・2

効果
　前述のゼム・クリップの連鎖現象に、一工夫付け加えた方法で、紙幣に掛けておいた輪ゴムに連鎖した2個のクリップが繋がってぶら下がる。という効果倍増の作品になっています。

方法
(1)前述の方法(1)から(4)までを行って1個目のクリップを止めたところで、

(2) 大き目の輪ゴムを紙幣に掛けます。紙幣が楽に通る位の大きさの輪ゴムが必要です。

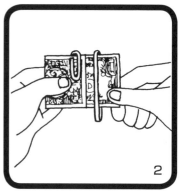

(3) つづけて、前述の方法(5)から(8)までを行って2個目のクリップを止めます。

(4) 次に、紙幣の両端を掴んで左右に引っ張って紙幣を開くと、図示したように、連鎖した2個のクリップが、紙幣に掛かっている輪ゴムに繋がります。

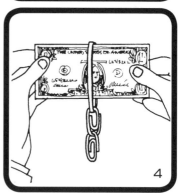

コメント

　何回かの練習を経て、「何故」連鎖したクリップが輪ゴムに繋がるのかを理解した上で、摘したサイズのクリップと輪ゴムを使って、クリップを止める正確な位置と最後に鋭く紙幣を開くときの勢いを身に付け、失敗なしで楽しく演じて下さい。

荷札の脱出

効果

マジシャンは、1枚の紙製の荷札と細紐を取り出し、観客に渡してどこにでもある普通の品物であることを確認してもらいます。そして、荷札の穴に紐を通してから、その紐の両端を2人の観客にそれぞれ持たせ、中央にぶら下がっている荷札をハンカチーフで覆います。マジシャンはハンカチーフの中に手を伸ばし、紐に通っているはずの荷札を、まるで「魔法」のように紐から抜き出してきます。

秘密と準備

(A)画用紙で、4センチ×7センチサイズの小さな荷札を2枚作ります。この荷札は、市販のものと形状はそっくりですが、1つだけ大きな違いがあります。それは、取り付け用の穴を補強していないことです。市販のものは、頑丈に補強してあって、めったなことでは破ることはできませんが、手作りの荷札は簡単に破ることができます。このことがこのトリックを可能にするものです。この他に、60センチ位の紐を用意して、1枚の荷札と一緒にテーブルの上に置きます。残っているもう1枚の荷札を上着の右袖の中に隠し、ハンカチーフを左ポケットにしまっておきます。

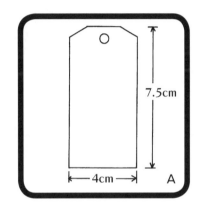

方法

(1)演技に入る前に2人の観客に手伝いを頼みます。そして、1人に荷札を、もう1人に細紐を渡してよく改めてもらってから、図のように、荷札の穴に細紐を通して、

(2)2人の観客に、両端を1つずつ持ってもらいます。

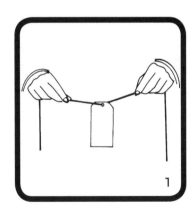

(3)次に、ポケットからハンカチーフを取り出し、裏表を改めてから荷札に掛けて覆い隠します。そして、両手をハンカチーフの下から入れて、荷札の穴のあるあたりを掴みます。

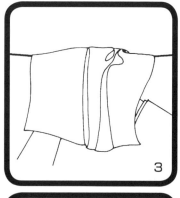

(4)観客に気付かれないように、慎重に荷札の穴の上を切り裂いて荷札を細紐から外します。

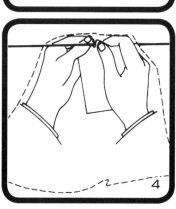

(5)注：両手をハンカチーフの下に入れたとき、ほんの少しハンカチーフを上げるようにして荷札から離しておくと、切り裂き作業が楽になります。

(6)細紐から外した荷札を右手の指先に持って、密かに上着の左袖の中に忍ばせてから、

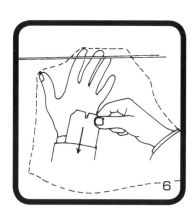

(7) すぐに、左手で右袖に隠しておいた荷札を引き出します。

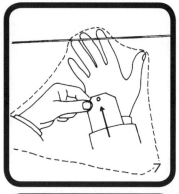

(8) クライマックスの始まりです。荷札を手にして、ハンカチーフの下から両手を出します。そして、観客の1人にハンカチーフの中を覗いてもらい、実際に荷札が消えていることを確認してもらいます。最後に、荷札、細紐、ハンカチーフ、全てを観客に改めてもらって演技を終ります。

穴あきキャンデーの脱出

効果

　マジシャンは、ポケットからキャンデーの包みを取り出し、観客の1人に包みをあけてキャンデーをテーブルに出してもらいます。そのキャンデーは、真中に穴があいている口中清涼タイプのキャンデーです。いくつかのキャンデーを紐に通して、紐の両端を2人の観客に1端ずつ持ってもらい、そのキャンデーをハンカチーフで覆い隠します。マジシャンは、ハンカチーフの覆いの中に手を入れ、紐に通っていたキャンデーを魔法のように取り出してきます。

秘密と準備

　必要なものは、真中に穴がある口中清涼タイプのミント・キャンデー1包みと、60センチ位の細紐と大判のハンカチーフです。以上の品物をポケットにしまっておきます。

方法

(1)キャンデーの包みと紐を取り出し、観客に渡して中身を全てテーブルに出してもらいます。

(2)紐を改めてから、キャンデーを1個取り上げ、紐に通して、真中あたりで紐を2つ折りにして、キャンデーを図のようにぶら下げます。

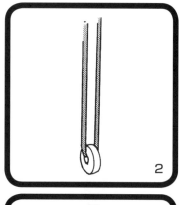

(3)そして、残りのキャンデーを2つ折りにした紐の両端から図のように通します。

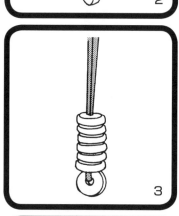

(4)そして、紐の2つの端を1端ずつ2人の観客に持ってもらいます。このとき、できるだけ端近くを持ってもらって、ハンカチーフを掛けるスペースを確保しておきます。

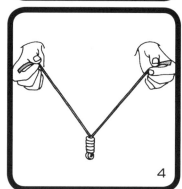

即席マジック

(5)ハンカチーフを取り出して裏表を改め、キャンデーを覆い隠します。

(6)両手をハンカチーフの下から中に入れ、

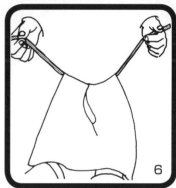

(7)一番下にあるキャンデーを掴み、密かに2つに分割します(7図、8図)。

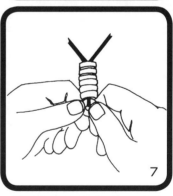

(8)注：分割するときに、細く割り過ぎて小片を床に落とさないように注意して下さい。

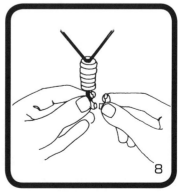

(9) 分割したキャンデーを右手に隠し持ちながら、滑り落ちてくる残りのキャンデー群を左手で受け取ります。

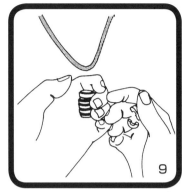

(10) ここで、右手で (壊れたキャンデーを隠し持っている) ハンカチーフを持ち上げて紐から外して、左手の上にあるキャンデー群を観客に示します。

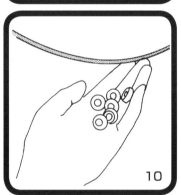

(11) そして、右手に持っているハンカチーフと隠し持っている壊れたキャンデーをポケットにしまって演技を終ります。

コメント

　このトリックで使っている品物は、全て普通に簡単に入手できるものばかりで、理想的な即席マジックの1つです。このトリックのポイントは、紐に通したキャンデー群の中の1個が無くなっていることを、誰れもが見逃してしまうところにあります。

指輪の大脱出

効果

　マジシャンは、2本の紐と1本の鉛筆を観客に良く調べてもらってから、鉛筆の真中あたりに、紐を縛り付けます。そして、2人の観客から指輪を借りて、紐の両端から1つずつ指輪を通して鉛筆と一緒に結び付けてから、紐の両端を観客に持っていてもらいます。このような状況下で、マジシャンはまず鉛筆を抜き取り、そしてその鉛筆に2つの指輪を

引っ掛けて、紐から抜き取ってしまいます。

秘密と準備
　このトリックで必要なものは、鉛筆と紐と指輪（2個）だけで、鉛筆と紐はどこででも調達可能です。あとは指輪を観客から借りるだけですから、特別な準備は必要ありません。

方法
(1)まず、指輪をしている観客を2人見付けておきます。次に身近かに居る観客に手伝いを頼み、鉛筆を渡して両手で両端を持ってもらいます。そして、2本の紐（A、B）を図のように鉛筆に掛けます。

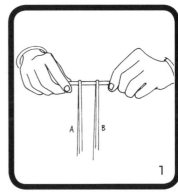

(2)次に、垂れ下がっている紐Aの両端を左手で、紐Bの両端を右手でそれぞれ掴んで、1回結びます。

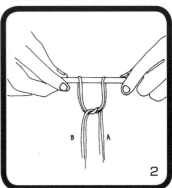

(3)鉛筆をしっかりと結んだところで、観客に一旦鉛筆から手を放してもらい、紐A、Bを左右に引っ張って鉛筆を垂直に立てます。そして観客に、今度は紐AとBを両手で1組ずつ持って左右に引っ張っていてもらいます。

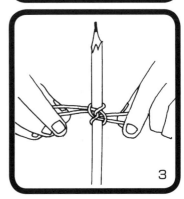

(4)ここで、当りを付けておいた2人の観客から指輪を借り受け、図のように紐A、Bに指輪を1つずつ通します。

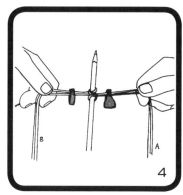

(5)次に、紐A、Bから1本ずつ取って1回結びます。こうすることで、A端とB端が交差して入れ替り、演者の持っているA端(とB端)が観客の持っているB端(とA端)の方に戻ることになります。

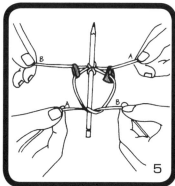

(6)結び目をしっかりと締めて、紐を観客に戻して、また2本一緒に持ってもらいます。

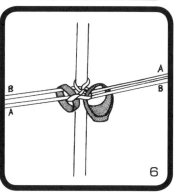

(7)右手で結び目を掴み、左手で鉛筆の下端を持ち、

即席マジック

(8)鉛筆を下方に引っ張って、結び目から引き抜きます。

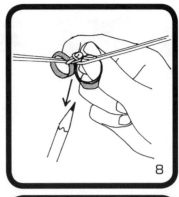

(9)そして、その鉛筆を2つの指輪に通します。
注：6～10図では、観客の手は省略してあります。

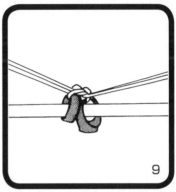

(10)観客に、紐の両端をしっかりと握って引っ張るように頼んでから、同時に、演者は右手に持っている結び目を放します。すると、結び目が解けながら紐がするっと指輪を通り抜けて鉛筆に移ります。

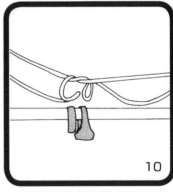

(11)観客の手に2本の紐だけが残ります。全ての品物を改めてもらってから、指輪の持ち主に感謝の意を表して指輪を返却します。

復元する紙ナプキンの秘密

効果

マジシャンは、紙ナプキンを細く破いて、それを元通りに復元させるトリックを「教える」と言って、2枚の紙ナプキンを示します。まず1枚の紙ナプキンをくしゃくしゃっとボール状に丸めて、それが「秘密」の紙ナプキンで、誰にも分からないように、密かに左手に隠し持っておく「持ち方」を説明します。次に、もう1枚の紙ナプキンを細く破って見せ、それを、隠し持っている秘密の紙ナプキンとどのようにしてすり替えるかを実演してから、すり替えた秘密の紙ナプキンを開いて復元したことを示します。この後でマジシャンは、今すり替えて隠し持っている破って丸めた紙玉は決して見せないように警告します。しかし、もし万が一見えてしまったときには、腹を括って広げてみよう。と説明して、マジシャンが隠し持っている紙玉を広げると、これもまた復元しています。

秘密と準備

(A) 3枚の同じ紙ナプキンを用意して次のように準備します。説明のために、1、2、3と番号を付けておきます。──2枚（1と2）のナプキンを広げ、ナプキン・1の上にナプキン・2を置きます。そしてナプキン・3を丸めて、広げてある2枚のナプキン（1、2）の下端の中央に置きます。

(B) 開いているナプキン（1、2）を、下端から軽く筒状に巻き上げていって、丸めてあるナプキン・3を包み込んでテーブルに置いておきます。

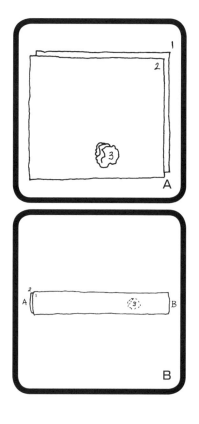

即席マジック

方法

(1) 右手でナプキンの筒の中央あたりを掴んで、B縁が上になるように取り上げ、左手を左縁に添えて、右手で筒を巻き戻すようにして筒を広げていきます。このとき、巻き込んである丸めたナプキン・3の所在を感じることができますから、ここを押さえながら広げていき、丸めたナプキン・3を、密かに右手の指で隠し持って、2枚のナプキン（1、2）を完全に開きます。

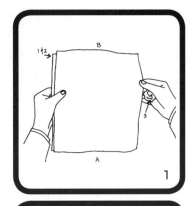

(2) 左手にナプキン・1を、右手（丸めたナプキンを隠し持っている）にナプキン・2を持って2枚を示し、紙ナプキンの復元トリックを解説することを観客に告げます。

(3) 2枚の内の1枚が「タネ」のナプキンで、時機がくるまで左手で隠し持っておきます。と説明して、左手のナプキン・1を、片手でくしゃくしゃっと丸めて左手の指で隠し持ちます。

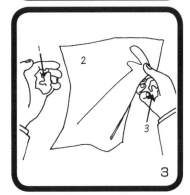

(4) 次に、右手のナプキン・2を示し、ここからトリックを始めることを告げて、何片かに破り裂いてから（4図）、軽く丸めて持ちます（5図）。

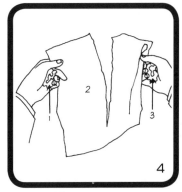

147

(5)注:ここで現状を確認しておきましょう。──親指と他の指とで摘んでいるのがナプキン・2で今破ったものです。左手の指で隠し持っているナプキン・1が「タネ」のナプキンで、右手の指で隠し持っているナプキン・3は、演者だけが知っている「秘密」のナプキンです。

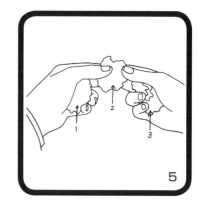

(6)ナプキン・2を丸めたところで、右手に隠し持っているナプキン・3を、密かにナプキン・2と合わせて右手で一緒に持ちます。

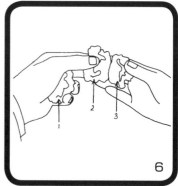

(7)そして、破って丸めたナプキンのように見せて堂々と示します。このとき、右手を軽く広げて、指先のナプキン以外には何も持っていないことを、それとなく示すようにします。

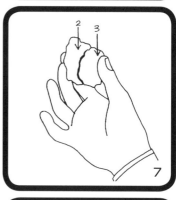

(8)そして、指先のナプキンをもう少し小さく丸めているような仕草の中で、ナプキン・2(破れている方)を右手の親指で右手の中に引き込んで、ナプキン・3だけを指先に残します。

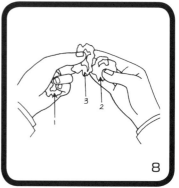

即席マジック

(9)指先にあるナプキン・3を左手の指先で摘み上げます。

(10)この図は、方法(9)を観客側から見た図で、観客は、破いたナプキンをボール状に丸めたものだと思っています。

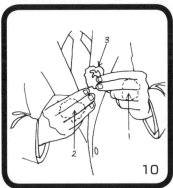

(11)ここで、観客に向って、「皆さんがこのマジックを友達に見せるときには、マジック・ウォンド（魔法の杖）の代用品として1ドル・コインを使って下さい」と説明しながら、右手をポケットに入れ、隠し持っているナプキン・2をポケットに残して、1ドル・コインを取り出してきます。

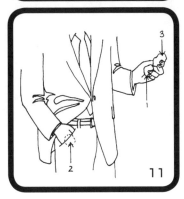

(12)注：演者がポケットに手を入れるための論理的理由を提示していることで、観客はその行動に何の疑いも持ちませんので、おどおどせずに、堂々と行動して下さい。

(13)観客は、左手の指先にあるのが破り裂いたナプキンを丸めたもので、手の中にあるのが、初めに準備した「タネ」のナプキンであることを信じていますが、実際は、両方共破れていないナプキン（1と3）です。

(14)ここで、コインを使う理由が、観客の目をコインを取り出す右手の方に引きつけておいて、その間に、左手に持っている2つのナプキンの位置を「入れ換える」為であることを観客に説明します。

(15)そして、左手に持っている2つのナプキン（1と3）を見せて、「入れ換え」操作を、次のように公開していきます。――左手の親指と他の指とで持っているナプキン・3を、ゆっくりと左手の中に引いてきて、

(16)親指の付け根で保持しながら、親指の先を「タネ」のナプキン・1に当てて、

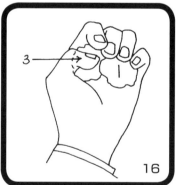

(17)ゆっくりと持ち上げていきます。

(18)そして、薬指と小指でナプキン・3を押さえます。方法(15)～(18)を意図的に左手の平を観客の方に向けてゆっくりと実行し、「入れ換え」の操作を解説した後、

(19)右手に持っている1ドル・コインで左手のナプキンにお呪いを掛け、コインをポケットに戻します。

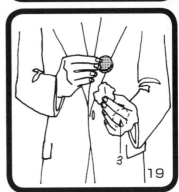

(20)後は「タネ」のナプキンを開いて、段取りどうり復元していることを示します。

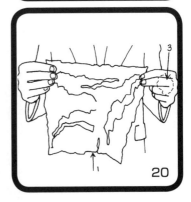

(21) そして、左手に残っているナプキン（観客は破り裂いたナプキンと信じている）を示しながら、このナプキンは決して見せないように常に気をつけてトリックを演じるように注意を促します。

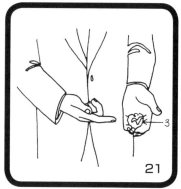

(22) しかし万が一見えてしまったときには、破れたところを復元するだけです。と言って、ナプキン・3を開いて、完全に復元していることを示して、観客をびっくり仰天させて下さい。

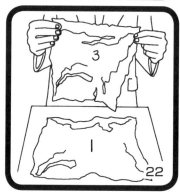

(23) 復元した2枚のナプキン（1と3）を両手に1枚ずつ持って裏表を示した後、観客に手渡して終ります。

ウォンドに通う指輪

効果

　マジシャンは、1人の観客から指輪を借用し、ハンカチーフに包んで、他の観客に持っていてもらいます。次に、マジシャンは空の紙袋を取り上げて、口元あたりに1本の鉛筆を突き通してから、もう1人の観客に持ってもらいます。ここでマジシャンは、ハンカチーフを預けた観客に、指輪が中にあるかどうかを、ハンカチーフ越しに確認してもらい、「はい有ります」と観客が答えた後、すぐにマジシャンがそのハンカチーフを引き取って広げると、指輪は消え失せています！そしてマジシャンは、紙袋の鉛筆を持っている観客に、鉛筆の両端をしっかりと持っているように指示して、その紙袋を引きちぎるようにして取り払うと、ハンカチーフの中から消えた指輪が、鉛筆の中央にぶら下がっていることを示します。指輪を持ち主に戻し、間違いなく本人の物で、傷一つ無いことを確認してもらいます。

秘密と準備

(A)秘密は、図示したような秘密のポケットのあるハンカチーフ「万能バニッシャー」を使用していることです詳しくは、マーク・ウィルソン・マジック大百科・クロースアップ・マジック編382頁・万能バニッシャー参照)。宝石などの飾りが付いていない結婚指輪タイプの安物を購入して、万能バニッシャーの秘密のポケットに入れておきます。この他に、小さ目の底のある紙袋と鉛筆を準備して、テーブルの上に置いておきます。万能バニッシャーは4つ折りに畳んで置きます。

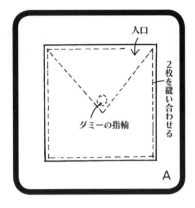

方法

(1)準備したハンカチーフ(万能バニッシャー)の秘密のポケットに入れてあるダミーの指輪に形状が良く似ている指輪を観客から借ります。後で確認してもらう為、借りた指輪を他の観客に渡して見せておきます。準備したハンカチーフを取り上げて、左手の平の上に広げて掛けます開口部の有るC端を右下隅にして、ダミーの指輪が手の平の真中になるように置きます)。

(2)次に、右手で借用した指輪を持ち、ハンカチーフの真中(ダミーの指輪の上)に置いて、万能バニッシャーの使い方(後段のコメント欄参照)で、ハンカチーフに包んだように見せて、ダミーの指輪とすり替え、本物は右手にフィンガー・パームします。

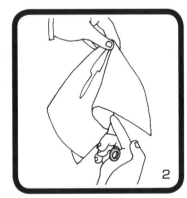

(3)そして、ハンカチーフで包んだ指輪(ダミー)を、ハンカチーフの上から観客に持っていてもらいます。ハンカチーフは、指輪の持ち主以外の人に持たせます。持ち主だと、微妙な違いを感じ取って自分の指輪ではないと気付いてしまう恐れがあります。

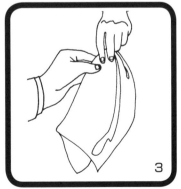

(4)本物の指輪をフィンガーパームしている右手で、紙袋の口の片側を持って取り上げ、もう一方の側を左手で持って紙袋の口を広げて中に何もないことを示します。紙袋の取り扱いの際に、パームしている指輪が指の間から見えたりしないように注意してください。

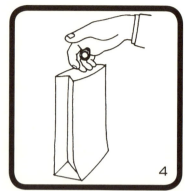

(5)右手にフィンガー・パームしている指輪を、4本の指を伸ばして紙袋の内側に押し付け、親指を外側から当てて保持します。左手を紙袋の口から放し、鉛筆をテーブルから取り上げて指輪のあるあたりに持っていきます。

(6)鉛筆の先端を紙袋の側面から内側にある指輪に通して、反対側の面から突き出します。

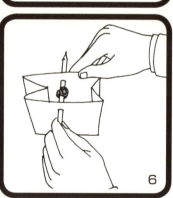

(7)注：鉛筆を紙袋に突き通す操作（6図）は、素早く、そしてスムーズに何気なく行って、客の注意を喚起させないようにします。

即席マジック

(8)鉛筆が通ったら、すぐに右手を外して紙袋の口をぎゅっと締めて閉じてから、鉛筆の両端を観客(指輪の持ち主がベストです)に持ってもらいます。

(9)すぐに、ハンカチーフを持っている観客の方を向いて、指輪を持っているかどうかを聞き、その観客の「有ります」という答えを得たところで、ハンカチーフの垂れ下がっている隅の1つ(B端)を持って、素早く下方に引いて取って、指輪が瞬間に消え失せてしまったことを示します。

(10)すぐに紙袋の方に目を向けます。右手で紙袋の底をしっかり掴んで鋭く引き下げ、鉛筆から紙袋を破り取って、

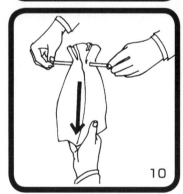

(11)消えた指輪が紙袋の中に瞬間移動して鉛筆に通って現われたことを示します。

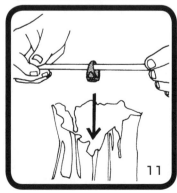

(12) 鉛筆を持っている観客（持ち主）に指輪を鉛筆から外してもらい、自分の物かどうかを確認してもらって演技を終えます。

コメント

　万能バニッシャーの使い方：Ⓐハンカチーフ（万能バニッシャー）を広げて、左手の平の上に掛け、借りた指輪を真中（ダミーの指輪の真上）に置いて示してから、右手の指先で借りた指輪とダミーの指輪とを一緒に持ち、Ⓑ両手を一緒に返して、ハンカチーフを右手に被せます（A図と全て逆になる）。Ⓒ左手の指先でハンカチーフとダミー指輪を掴んで持ち上げ、Ⓓ本物の指輪は右手にフィンガー・パームしてハンカチーフから外します（本文の2図参照）。

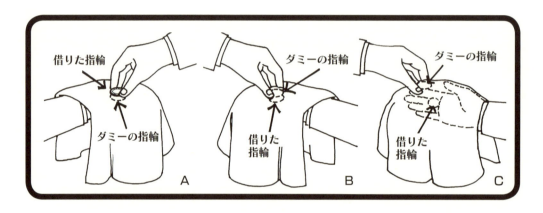

ジャンプするマッチ棒

効果

　マジシャンは、マッチ棒で脈拍をチェックする方法を発見したことを話しながら、マッチ箱の中から2本のマッチ棒を取り出します。そして、1本が「カウンター」だと言って左手の平の上に置き、もう1本が「発信器」だと言って右手の指先に持ちます。観客がカウンターを見ていると、マジシャンの心臓の鼓動をカウントしているかのように、左手の平の上にあるマッチ棒が、規則的に小刻みに跳ねていることが分かります。すると突然動きが止まり、マッチ棒は大きく跳ね上がって、左手の上から消えてしまいます。

秘密と準備

　台所用の軸木が太目のマッチ棒を入手してください。昔と違って、木軸のマッチを持ち歩く人がいなくなったので、あらかじめ準備しておいて下さい。このトリックの秘密は、「発信器」役のマッチ棒の波動によるもので、次のように行います。

方法

(1) 1本のマッチ棒を、「カウンター」だと言って左手の平の上に置きます。図のように、マッチ棒の頭部を手前にします。

(2) もう1本のマッチ棒を「送信器」と言って、右手の親指と人差指の先でマッチ棒の端を摘んで持ち、軸木の下に曲げて入れた中指の爪にしっかりと軸木を押し付けます。

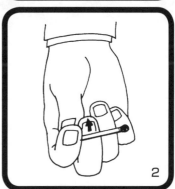

(3) そして、中指の方も爪で軸木を押し上げるようにしながら、ゆっくりと、わずかずつ、マッチ棒を2図の矢印の方向にずらしていきます。すると、マッチ棒に目に見えない位の小さな「微動」が生じます。

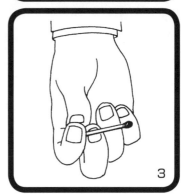

(4) そこで、右手に持っている「送信器」のマッチ棒の頭部を左手の平の上にある「カウンター」のマッチ棒の頭部の下に入れて、方法(3)で説明したように右手の中指の爪をずらしていくと、送信器のマッチ棒の微動が左手のカウンターのマッチ棒に波動して規則的に、小刻みに跳ね動かします。

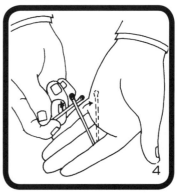

コメント

マッチ棒2本あれば、ポケット・トリックとして即興で演じることができます。うまくいけば、結構不思議な効果が得られます。右手の中指の爪の圧力と、ずらし加減によって、跳ねる度合が変わります。練習によって身に付けて下さい。

テーマを、静電気の話しに変えて、右手に持つマッチ棒を、上着の袖とかテーブル掛けに何回か擦り付けて帯電させてから、左手の上にあるマッチ棒をジャンプさせても面白いと思います。

飛行するマッチ

効果

マジシャンは、ブック型のマッチのフラップを開けて1本のマッチをちぎり取り、フラップを閉じます。ちぎり取ったマッチに火を点けて見せてから、火を吹き消します。その燃え残りのマッチを右手で握って本体の方に投げると、マッチは空中で消え、ブック・マッチ本体に戻っています。

秘密と準備

(A)ブック・マッチのカバーを開けて、前列の内の1本を、図のように手前に折り曲げてから、

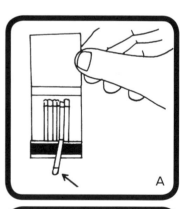

(B)カバーを閉じます。

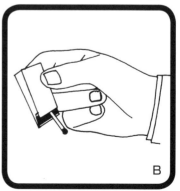

(C)折り曲げたマッチの上に左手の親指を置いてマッチを隠し、ブック・マッチを指先で持ちます。これで準備は完了です。

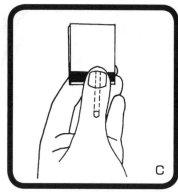

方法
(1)準備したブック・マッチのカバーを右手で開けて、観客の目の前で中にあるマッチの本数を数えて、観客に本数を覚えておくように頼みます。このとき、親指の下に隠してあるマッチの所在に気付かれないように注意して下さい。

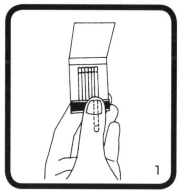

(2)注：現象を分かり易くする為に、マッチの本数を少し減らして、6～7本位残っているようにしておきましょう。

(3)右手の指で、折り曲げてあるマッチの隣りにある右端のマッチをちぎり取って、テーブルの上に一旦置いて、ブック・マッチのカバーを閉めます。

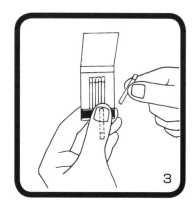

(4)カバーを閉じるとき、ブック・マッチを持ち上げて、裏面が観客の方に向くようにします。

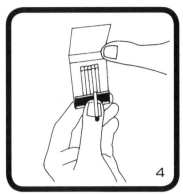

(5)そして、左手の親指で折り曲げてあるマッチを下から押し上げて元に戻し、

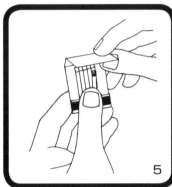

(6)カバーを閉じて、カバーの端を止めます。

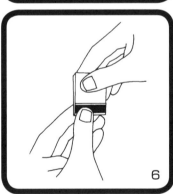

(7)ちぎってテーブルの上に置いておいたマッチを取り上げ、擦って火を点けます。頭部の薬品だけを燃やしたところで、すぐに吹き消し、テーブルの端近くに置き、ブック・マッチ本体の方をテーブルの中央に置きます。

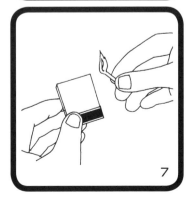

即席マジック

(8)テーブルの端に置いた頭部を燃やしたマッチの上に右手の4指を当て、テーブルの端までひきずってきて、

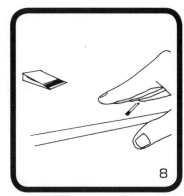

(9)取り上げる動作で、密かにマッチを膝の上に落としながら、右手の指先でマッチを摘み上げた振りをします。

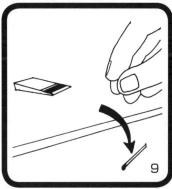

(10)そして、右手で摘み上げたマッチを(実際は右手は空)、ブック・マッチの方に「投げる」動作をして右手を開き、マッチが無くなっていることを示します。

(11)観客にブック・マッチを開けて中を見てもらい、ちぎって燃やしたマッチが戻ってきていることを確認してもらいます。

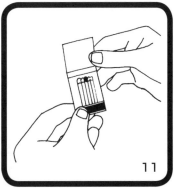

(12)そして、マッチの本数を数えてもらい、始めに数えたときと同じで数であることを確認してもらって終ります。

コメント
　ちぎって燃やした紙マッチが、空中に消え、ブック・マッチの元の位置に再現する現象は、数ある即席マジックの中でも抜群の不思議感があります。

不思議なドット
（パドル・ムーブ）

　マジシャンであることを知られるようになると、パーティ等での食事の後で、マジックを求められることが多くなります。以下に解説する「古典」的な技法（パドル・ムーブ）を使ったトリックは、食後のひとときに最適な一品です。

効果
　マジシャンは食卓ナイフを取り上げ、ナプキンでナイフの両面をよく拭いてから、刃の片面に小さな赤丸のシールを、1枚ずつ3枚貼り付けますが、1枚貼るごとに、ナイフの反対の面に同じ赤丸シールが現われ、最終的には、反対面に3枚の赤丸シールが現われます。マジシャンは、その不思議なナイフを観客に手渡して、両面に3枚ずつある赤丸シールの存在を確認してもらってから、マジシャンはそのナイフを回収して、3枚の赤丸シールを片面から剥がし取ります。すると、反対面の3枚の赤丸シールも煙の如く消え失せてしまいますが、突然、また赤丸シールが両面に3枚ずつ現われます。そこでマジシャンは、今度はナイフの片面から1枚ずつ剥がしていって、その度に反対面の赤丸シールは消えていき、全ての赤丸シールがナイフから消滅して、元の状態に戻ります。

秘密と準備
(A)このトリックに必要な円形のシールは、文房具店で入手出来ます。サイズ、色彩共に豊富ですから、使用する食卓ナイフの形状にもよりますが、直径8ミリ位のもので、色はお好きな色を選んでください。

即席マジック

(B) 食卓ナイフの片面に、図のように赤丸シールを3枚貼って、このトリックの中核である「パドル・ムーブ」の練習から始めましょう。

(C) パドル・ムーブ：クロースアップ・マジックの最も貴重で古典的な技法の1つで、この技法を習得することで、ナイフの刃の片面を見せずに、観客には、刃の両面をはっきりと見せているという印象を与えることができます。次のようにします。

(D) 赤丸を貼っていない面を上にしたナイフの柄を（刃の付け根のあたり）右手の親指と人差指、中指で摘んで持ちます。立った状態で、体の正面腰のあたりで、刃先を観客の方に向けて構えます。次に、右手を手前に返して、刃先が自分の方に向くようにナイフをひっくり返しますが、この動作の中で、次のE〜F図のように指先でナイフを横方法に半回転させて、赤丸が貼ってある面が露出しないようにします。

(E) 右手の親指を左の方に押し出しながら、同時に、人差指と中指を右の方に引いてナイフの柄を半回転させながら（E〜F図）手前に返して、

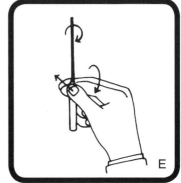

(F)刃先が自分の方に向くところまで返して、空白の面を示します。

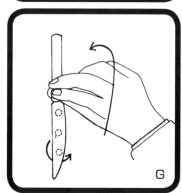

(G)そして、またナイフをひっくり返しながら、同時に(E)〜(F)を逆に行って、親指を右に引き戻し、人差指と中指を左に押し出してナイフを右に半回転させて、元の状態に戻して刃の空白面を再び示します（G〜D）。以上の操作を鏡の前でしっかりとチェックして、パドル・ムーブを習得して下さい。

(H)赤丸シール6枚を財布に入れて準備しておきます。夕食のテーブルに着いたら、機を見て、準備しておいた赤丸シール3枚を、密かにナイフの刃の裏面に張り付けておきます。以上で卓上の奇跡を作りあげる準備が整いました。

※パドル・ムーブ及び方法の解説図は、全てマジシャン側から上から見た図です。

方法
(1)演者は立ち上がって、ナイフを体の前で示します（D図）。「パドル・ムーブ」を行って（E、F図）、ナイフの刃の両面に何も付いていないことを示します（実際には、刃の裏面に3枚の赤丸が付いている）。つづけてパドル・ムーブでナイフを元に戻してから（G、D図）、ナイフの刃をナプキンで拭いて一旦テーブルの上にナイフを置きます。

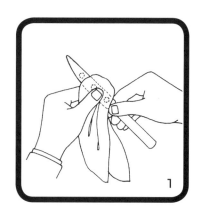

(2) そして、残っている3枚の赤丸シールを取り出します。ナイフを取り上げ、刃の真中に1枚の赤丸シールを貼り付けます。

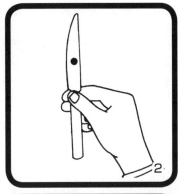

(3) 赤丸を付けたナイフを示し、パドル・ムーブを行って、刃の裏面にも赤丸があることを示します。観客には、刃の表面に貼った赤丸が、「魔法のように」裏面に複写されたように見えます。

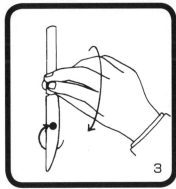

(4) ナイフをパドル・ムーブで元の位置（2図）に戻し、刃先の方に2枚目の赤丸を貼ります。

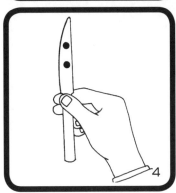

(5) またパドル・ムーブを行って、刃の裏面に2枚目の赤丸が複写されていることを示します。

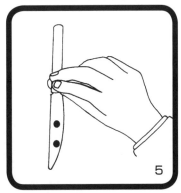

(6)ナイフを元の位置に戻して3枚目の赤丸を貼り、同様にして（パドル・ムーブ）、刃の裏面に3枚目の赤丸も複写されていることを示してから、ナイフを観客に手渡し、本当にナイフの両面に3枚ずつ赤丸が付いていることを見てもらいます。

(7)確認が終ったら、ナイフを取り戻し、刃の一面から3枚の赤丸を剥がしてポケットにしまいます。

(8)パドル・ムーブを行って、裏面に有るはずの3枚の赤丸が消えてしまったことを示します。

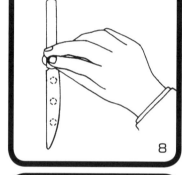

(9)そして、ナプキンを取り上げ、ナイフの刃をきれいに拭きながら、その拭く動作のカバーの下で、ナイフを半回転させて、3枚の赤丸が忽然と戻ってきたことを示します。

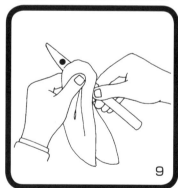

即席マジック

(10)パドル・ムーブを行って、裏面にも赤丸が戻ってきていることを示します。

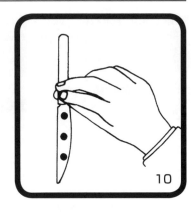

(11)今、10図のようにナイフの刃の片面に3枚の赤丸が付いていますので、方法(2)〜(6)を逆順で行って、1枚ずつ消していくことが出来ます。次のようにします。

(12)まず真中の赤丸を剥がし取り、パドル・ムーブを行って、他の面の真中の赤丸も消えたことを示します。

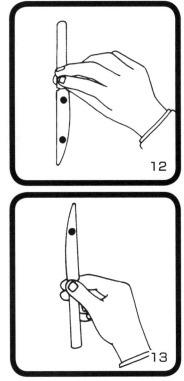

(13)そのままの状態で、柄元の赤丸を剥がし、パドル・ムーブを行って、他の面の赤丸も消えたことを示します。

(14)つづけて最後の赤丸も取り除き、ナイフの両面をゆっくりと示して、全ての赤丸が完全に消えて無くなっていることを観客に確認してもらって終わります。

コメント
　ナイフに貼り付ける赤丸シールの粘着力が強過ぎると、赤丸シールを剥がし取るときが

167

難儀です。出来れば、仮止め用の弱粘着のラベル用紙にお好きな色をコピーして、丸型パンチで打ち抜いた専用の円形シールの使用をおすすめします。

不思議なドット・即興版

　これは、円形シール無しで、全くの即興で上述のトリックを演じることが出来るアイデアです。

効果
　効果は上述と同じですが、赤丸シールの代わりに、紙ナプキンを小さな四角形に切ったものを使います。四角い小片は水で湿らせてナイフの刃に付着させます。

秘密と準備
(A) 3枚の四角い小片を、演技前にナイフに付着する機会がある場合は、前述の手順をそのまま演じることができますが、もし機会が無かった場合は、おおぴらに3枚の小片をナイフの刃に付着して、次のように演じて下さい。

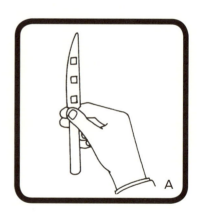

方法
(1) 食卓ナイフを改めてから、刃の片面に、3枚の四角い小片を湿らせて付着します。

(2) パドル・ムーブを行って、刃の反対の面にも四角い小片が現われたことを示します。

(3) 今度は普通にナイフをひっくり返して、四角い小片が消え失せていることを示します。そして、パドル・ムーブを行って、反対面にあった四角も消えたことを示します。

(4) ここでまたナイフを普通にひっくり返して、3枚の四角い小片を現わします。

(5)この後、前述の方法(12)、(13)、(14)を行って、四角い小片を1枚ずつ消していって終ります。

テーブルを貫通するコップ

効果
　マジシャンは、固形物をテーブルに貫通させてみせると言って、観客からコイン（例えば500円硬貨）を借りてテーブルに置き、その上にコップを伏せて被せ、集中力を高めるために、紙ナプキンでコップを包み、コップとコインを覆い隠します。マジシャンは、念力によってコインを「気化」させてテーブルを貫通させると説明しますが、何回か失敗した後で失敗の原因は、この実験で最も重要な手続きの1つを忘れていたことにあり、その手続きは、最初にコップの上部を叩いて、コインに振動を与えることであることを説明します。突然、マジシャンは、手を勢い良く振り下ろしてコップの包みを打ち砕いてぺちゃんこにしてしまいます。ナプキンを持ち上げると、コインはそこにありますが、コップが消えています！すぐにマジシャンはテーブルの下に手を入れ、コップを取り出してきます。

秘密と準備
　このトリックの秘密は、コップを包んだときのナプキンの形状が、コップを取った後でもその形状を保持しているという原理に基づいています。そして、ガラスコップの滑らかな面と適度な重さ、ラッパ状の形等によってナプキンの中から簡単に滑り落ちてくる特性を利用しています。
　ガラス製の一般的なコップと紙ナプキンを2枚用意しておきます。

方法
(1)このトリックを演じるには、テーブルを前にして座っている必要があります。テーブルの上にガラスコップとナプキン置いて始めます。

(2)テーブルにコインを貫通してみせようということで、観客からコイン (500円硬貨) を借り、テーブルの端から20～30センチ位のところに置き、マジシャンがコインに触れることが出来ないように、コップを伏せて被せます。

(3)次に、コインは「暗所」に保管しておく必要があると言って、2枚のナプキンを開いてコップの上に、図のように重ねて被せ、

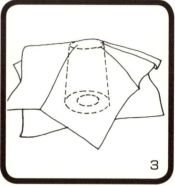

(4)両手で上からナプキンをコップに押さえ付けて、コップの形態を作ります。

(5)そして、左手でコップの上部 (底) を掴み、右手をコップの口のまわりに当てて、コップをねじってナプキンの端をコップにしっかりと巻きつけます。

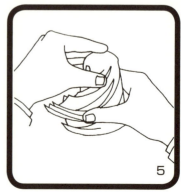

(6)ここで、ナプキンで覆われたコップを右手で取り上げて、コインがあることを見せます。

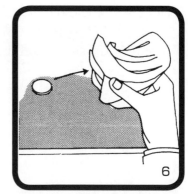

(7)ナプキン付コップを元通りにコインに被せ、「念力」によってコインをテーブルに貫通させるのでよく見ていて下さいと説明して、観客の目をナプキンで覆われたコップに集めます。

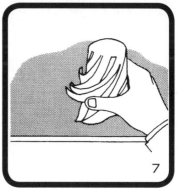

(8)数秒間気を集中して念を送っている演技をしてから、コインが貫通したと思っていることを告げます。そして、その成果を見せるために右手でナプキンに覆われたコップを持ち上げます。しかし、コインが依然としてテーブルの上にあるのを見て、驚いている演技をします。

(9)何かが間違ったようですね、と感想を述べながら、左手でコインを摘み上げます。同時に体を起しながら右手を手前に引いて、ナプキンに覆れたコップをテーブルの端まで持ってきます。——右手の動きは、コインが貫通しなかった原因を、コインを取り上げて目の前に持ってきて確認するという動作の中に組込まれていて、全く自然に見えます。——左手を2、3度返してコインの裏と表をしげしげと見付めたりして、演者の目線、身振り、全ての注意をコイン向けて、観客の関心もコインに向けます。

(10) ナプキンで覆われたコップをテーブル端で保持している右手の状態を側面から見た図で、右手がテーブル面に接していることに注意して下さい。

(11) このとき、「秘密の操作」をします。──観客の注意が演者の左手（コイン）にある瞬間、右手の握りを緩めて、ナプキンの包みの中からコップを両膝の間に落します。コップ自体の重量とガラスの滑らかさによって、コップはスムーズにナプキンの中から滑り出ます。

(12) ナプキンの形状は、コップが抜け出た後も変らずにあるので、コップは依然としてナプキンの包みの中に有るように見えています。

(13) 方法(11)のときに、図のように両踵を上げて両膝を少し高く持ち上げるようにして、落ちてきたコップが滑り落ちないようにガードしておきます。

即席マジック

(14)この図は、「秘密の操作」を実行している瞬間の観客側から見た光景で、体の前方で構えた左手の指先にあるコインを強調している図です。

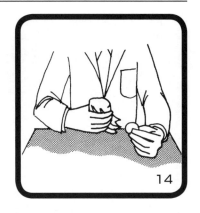

(15)コップを膝の上に落としたら、すぐに左手に持っているコインをテーブルに戻し、右手のナプキン（コップが入っているように見えている）でコインを覆います。

(16)そして、失敗の原因は、コップの上を叩くのを忘れていたことであることを説明して、左手を開いてコップの上で構えます。

(17)直ぐに、左手でナプキンを叩き潰してぺちゃんこにしてしまいます。素速く、そして激しく叩き潰す程、観客の驚きの反応は高くなります。

(18)ちょっと間を取ってから、左手でナプキンを摘み上げて、依然としてコインがテーブルに有ることを見せます。同時に、右手を下げて膝の上のコップを掴んでテーブルの下（コインの有るあたり）に持っていって、下からテーブルを叩いて音を立てます。

(19)そして、コップをテーブルの上に置き「今思い出したのですが、このトリックでテーブルを貫通させる固形物は、コインでは無く、ガラスのコップだったのです」と言って終ります。

メンタル・マジック

　この章で取り上げるマジックは、物を消して出現させたり、切断したものを元通りに復元したりする手練技を必要とするマジックとは違って、人の考えを読み取ったり、透視、予知予言やテレパシーなどの超常現象を人工的な手段で行うユニークなマジックで、最近では、ＥＳＰ（超感覚による知覚）の話と相まって、この種のマジックは人気が高くなり、メンタル・マジックのパフォーマーのことを「メンタリスト」と呼んでいます。

予知テスト

人の心を読み取ることは、神秘的な力を証明する最も効果的な方法です。この方法では、3人の観客の心を読んで、数分後の行動をそれぞれ予測します。普通のトリックよりも若干面倒な練習が必要ですが、「超感覚による知覚」の効果は抜群です。

効果
(A)五感(視覚、聴覚、嗅覚、味覚、触覚)以外のもう1つの知覚(ESP)を使った3つの異なるテストをします。最初のテストは、観客の1人がポケット(または小銭入れ)に持っている小銭の合計金額の透視です。

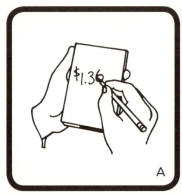

(B) 2番目のテストは、2人目の観客が取り上げようと考えている品物をテレパシーで読み取るテストです。

メンタル・マジック

(C)そして、最後のテストは、3人目の観客が選択する図形の予測です。
　小さなメモ帳と鉛筆を準備して演技に入りましょう。

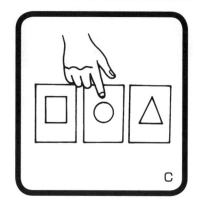

方法
　始めに、ESPでの3つの異なる実験をすることを話し、その実験に携わる3人を観客の中から選んで手伝いを頼みます。次に、その部屋にある小物を4～5品位集めて、手伝ってくれる3人の内の1人の前に置きます。

(1)その観客の前に置かれた品物は、灰皿、ペン、紙マッチ、ペーパークリップの4品だったとします。

(2)次に、メモ帳を取り上げ、3枚のメモ用紙を引き剥がして、1枚目に円、2枚目に四角、3枚目に三角を描いて、次の観客の前に横一列に並べて置きます。

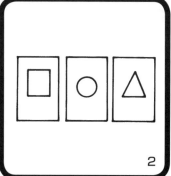

177

(3)最後の観客に、ポケットに手を入れて、中にある小銭を数えたり見たりせずにまとめて握り、ポケットから出しておくように頼みます。

(4)以上で実験を始める準備が整いました。ここで、最初に行う実験は、隠されている品物を見る能力「透視」のテストであることを説明します。

(5)メモ帳と鉛筆を取り上げて、メモ用紙に書いたものが誰にも見えない位置に立ち、小銭を握っている観客に向かって、「これから、あなたが手の中に握っている小銭を透視して、その総額をメモっておきます」と言って、観客の拳の中を透視している演技をしてから、メモ用紙に「○」印（第2の観客の前に並べてある3つの図形の内の1つ）を書き、

(6)そのメモ用紙を剥がし、4つ折りにして（書いたものを誰にも見せないように注意）、「この透視テストを、テストAと呼び、メモ用紙の外側にAと記入しておきます」と言って、実際は「C」と書きます。

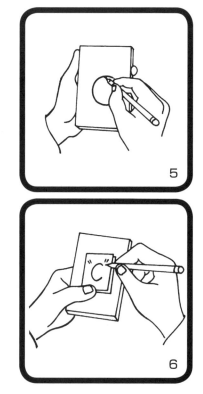

(7) Cと記入した4つ折りのメモ用紙を、コーヒーのマグ・カップのような器の中に入れて、観客から見えないようにします（Cの文字が見えないように注意）。

(8) マグ・カップの代わりに、灰皿とか深目の皿をテーブルに伏せて置き、その下に4つ折りのメモを挿入してもいい。とにかく隠しておけばいいので、メモを入れる器は重要ではありません。

(9) メモをマグ・カップに入れたら、テストAの観客に、握っている小銭を全てテーブルに出して合計金額を出すように頼みます。1ドル36セントだったとします。

(10) 次に、4つの品物が置いてある観客に目を向け、「あなたとは、テレパシーのテストをしてみようと思います」と言って、テーブルの上にある4つの品物のうち、取り上げようとしている品物を1つ決めて、その品物に強く集中するように頼みます。しかし、私がその思考をテレパシーによって感じ取り、メモするまで、その品物は取り上げないように念を押しておきます。

(11) テレパシーで「精神感応」をしている演技でメモ用紙に書きますが、書くのは品物でなく、テストAでテーブルの上にある小銭の合計額＄1.36を書きます。

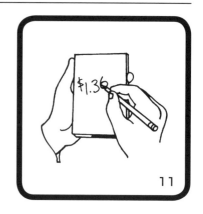

(12) このように、前のテストで得た情報を次のテストの中で秘密裡に使用するやり方をワンアヘッド・プリンシプル (ONE-AHED PRINCIPLE) と呼んでいます。

(13) メモ用紙を剥がして4つ折りにして、テストBですと言って、前と同じように、4つ折りにしたメモ用紙にBと記入しているように見せますが、実際は「A」と書き、

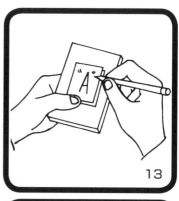

(14) テストAのメモ用紙入れたマグ・カップの中に一緒に入れます。

メンタル・マジック

(15)そして、その人に、考えていた品物を取り上げるように指示します。例えば、紙マッチを取り上げたとしておきます。

(16)3人目の人には、あなたがこれから何をするかを予測する、予知能力のテストをしますと説明してから、

(17)メモ用紙に予言を書いているように見せて、実際は、テストBで取り上げた品物(この場合は紙マッチ)の名を書きます(ワンアヘッド・プリンシプル)。

(18)メモ用紙を剥がして4つに折りたたみ、テストCですと言って、メモ用紙には、図のように「B」と書き、

(19)前の2つのメモ用紙と一緒のマグ・カップに入れます。

(20)次の仕事は、その観客の前に置いてある○□△の図形の中から「○」を選択させることです。それも、観客が自分の意思で自由に選んだと思わせる方法「マジシャンズ・チョイス」と呼ばれている方法で次のように行います。

(21)まず観客に、異なる図形を描いた3枚の紙に注目してもらい、その内の1枚を指差すように依頼します。結果は、いくつかの状況が発生しますが、1つ1つの状況に合わせて説明していきます。

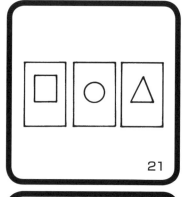

(22)第1の状況:観客が「○」を指差している場合、「あなたが選んだその紙片を取り上げて下さい」と言います。

(23) 彼がその紙片を取り上げたら、演者は残りの2枚を取り上げ「必要のないこの2枚は捨てます」と言って、2枚を破り捨てます。

(24) 第2の状況：彼が「□」または「△」を指差している場合。彼が指差している紙片（□または△）を演者が取り上げて、

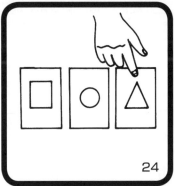

(25) 「分かりました。指示された紙片を捨てて2枚を残します」と言って、その紙片を破り捨てます。

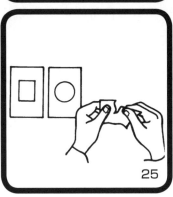

(26) 「それでは、残っている2枚の内の1枚を、取り上げて下さい」と言って、今回は取り上げてもらいます。ここでまた、2つの状況のいずれかが起ります。

(27) その1つ、彼が「○」を取り上げたときは、

(28)「OK、あなたが選んで取り上げたのは○です」と言って、残っている紙片を破って捨てます。

(29) もう1つのケース、○以外の紙片を取り上げたときは、

(30)「OK、その紙片を破って捨てて下さい」と言って、テーブルの上に1枚の紙片(○)を残します。

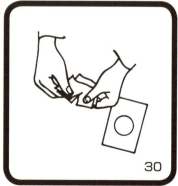

(31)以上のようにして目的の図形（この場合は○）を選ばせたところで、いよいよ締めくくり」です。マグ・カップを取り上げて、4つ折りのメモ用紙をテーブルに撒きます。そして、3人の観客にA、B、Cと記してある3片の内の自分のテストに該当する紙片を取り上げて開き、テストの結果が全て正しいことを確認してもらいます。

コメント

　この非常に強力なマジックに必要なものは、鉛筆と何枚かの紙片だけで、「手練」も特別な「仕掛け」も必要なく、どこででも演技は可能です。しかし、記憶と段取りが重要になり、現況で得た情報を次の段階でスムーズに処理することができるようになるまで学習しなければなりません。習得後には、優れた「メンタリスト」としての評価が待っています。

マガジン・テスト

　メンタル・マジックの中で、全てが観客自身の判断で進行していて、演者の技や企みなどが一切入り込む余地がないようなものほど高く評価することができます。マガジン・テストはこのカテゴリーに分類されます。

効果

　マジシャンは、封印されている1枚の封筒と一般的な1冊の雑誌を示してから、1人の観客に封筒を手渡し、その封筒の中には1つの文字が書いてあるカードが1枚入っていることを説明します。もう1人の観客に手伝いを頼み舞台に上がってもらいます。マジシャンは、その観客に雑誌を渡します。頁の選択に影響を与えないように、観客は雑誌を背後にまわして持ち、適当なところで雑誌を開き、その頁にサイン・ペンで大きな×印を書いてからその雑誌を閉じてもらいます。ここでマジシャンは封筒を預けた観客に封を開けて、中にあるカードに書いてある文字を読み上げてもらいます。その後で、観客に雑誌を開けて×印のある頁を開いて、×印の交差点にある文字を確認してもらうと、予感は正確で、文字は一致しています。

秘密と準備

(A) 一般的な週刊誌の最新号を購入します。中央付近を開いて、右側の頁に、フェルト製のサイン・ペンで図のように大きく×を描きます。このとき、×の交点に1つの文字が掛かるように描きます。この文字が、観客が偶然に選んだ（ように見える）文字になります。

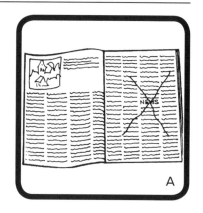

(B) 注：×を描く前に予備の雑誌を自分の背後に持っていって、適当に頁を開き、実際にサイン・ペンで×を大きく描いてみて、どのような線の太さ、形になるのか、何回かの試行を勧めます。後ろ手で描いたときのわずかな線の震え、不規則な外観等を真似て、本番で使用する雑誌に(A)で説明したように×を描きます。このとき、×の交差点が「選ばせる」文字の中心にならないように、少々ずらすように描いて自然に見えるようにして下さい。

(C) 白いカードの一面に上記の「選ばせる」文字を書き、予言の封筒に入れて封印ておきます。

(D) 最後は使用するペンの加工です。フェルト製のサイン・ペン（または鉛筆）を2本同じ物を用意して、1本のペン先を接着剤で固めて筆記不能にしておきます。観客はこのペンで雑誌に×を描きます（実際は何も描けません）。そして、もう1本の同じペンを使って雑誌に(A)のように×を描きます。このペンは上着の右ポケットに忍ばせ、筆記不能ペンは内ポケットに挿しておきます。

メンタル・マジック

方法

(1)封印た封筒を1人の観客に手渡し、封筒の中に1つの文字が書いてあるカードが入っていることを説明します。次に雑誌を右手に持ち、親指で頁を弾いていって適当な所で止めて雑誌を開き、左手に持っている方を後ろに折り畳んで左手で一緒に持ち、上になっている右側の頁に×印を描くように実演して見せてから、実際は、雑誌を背後にまわし後ろ手に持って行うように指示します。

　注：雑誌を開いた後、「左手の頁」とか「右手の頁とは呼ばずに、演技だけで左手に持っている頁を後ろに折り畳むところを説明して下さい。

(2)観客が上記の手順を理解したことを確信したら、雑誌を観客に渡し、後ろ手に持って任意のところで開いて（左手に持っている）後ろに折り畳んだところで、準備したペンのキャップを取って観客に渡します。観客は右手で受け取り、背後に持っている雑誌（右側の頁）に大きく×を描きます。勿論、インクは付着しません。

(3)観客に、雑誌を閉じてから、体の前に出してもらいます。演者は、ペンと雑誌を受け取り、ペンにキャップをして上着のポケット（細工していないペンが有る）にしまいます。

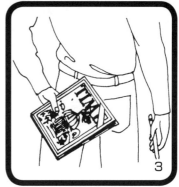

(4) ここで、封筒を持ってもらっている観客に注意を喚起して、雑誌に×印を付ける前に封筒を渡してあったことを強調します！そしてその観客に、封を破ってカードを取り出し、カードに書かれている文字を大声で読み上げてもらいます。

(5) そして、手にしている雑誌を×印を描いた観客に戻し、雑誌を開いて、彼が×を描いた（と思っている）頁を見付けてもらい、×印の交差点に当っている文字を見て、封筒の中の予言のカードに書かれている文字と一致していることを確認してもらいます。

偶然の一致

　信じられないような精神的な驚異を演ずるときには、華麗な技の披露やびっくりさせるような驚きは厳禁です。「偶然の一致」の手順は極めて大胆ですが、泰然とした自然な動作で演じ切ることが大切です。

効果
　有名なマジシャン4名の名前が書いてある4枚の紙片1組と同じ名前が書いてあるペアの4枚の紙片1組を示してから、1組の紙片を観客に渡し、ペアの組を演者が持って、それぞれに紙片を紙袋の中に入れます。次に、観客と演者は、袋の中から1片ずつ紙片を取り出して互いの紙片を交換します。まず、演者が紙片を開いて名前を読み上げ、次いで観客が持っている紙片を開くと、名前が一致しています。同じことを後3回繰り返しますが、全て一致しています。

秘密と準備

(A)普通の底付きの紙袋2つと4人の有名なマジシャンの名前を、1枚に1名ずつ書いた紙片2組を使います（有名な歌手や役者、政治家、都市など、テーマに合わせた名前や言葉を使うことも可能です）。4人の名前（ダニンジャー、サーストン、フーディニー、ケラー）を書いた紙片を1枚ずつ名前を内側にして4つ折りにしてから、A図で示したように、それぞれの紙片の右下隅をほんの少し折り返して目印にします。ケラーは右下隅を3枚、フーディニーは2枚、サーストンは1枚折り返し、ダニンジャーは何もしません。この目印によって、どの紙片に誰の名前が書いてあるのかが一目で判断できます。※A図では説明の為に紙片の表に名前が書いてありますが、実際は紙片の内面に書いてあります。

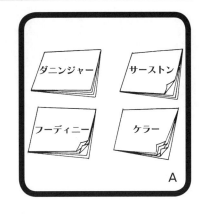

方法

(1) 目印の付いていない方の4枚の紙片のセットを紙袋の中に入れて、観客に渡します。そして、目印の付いている4枚のセットをもう1つの紙袋に入れて演者が持ちます。

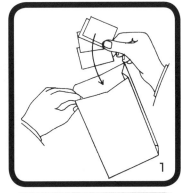

(2) 観客の紙袋の中から、4つ折りの紙片の1枚を取り出すように指示します。演者も同様に自分の紙袋から1枚の紙片を取り出します。このとき、目印を見て、取り上げた紙片に書いてある名前を知ります。例えば、図のように右下隅が2枚折れている「フーディニー」の紙片を取り出したとします。

(3) 取り出した紙片を観客の前に置きます。

(4) 観客も指示に従って1枚の紙片を取り出していますが、紙片は開かないように注意します。

(5) 観客が取り出した紙片を演者に渡してもらい、その代わりに、テーブルに置いてある演者の紙片を取り上げてそれを広げるように言います。しかし、書いてある名前はまだ言わないように注意しておきます。

(6) 演者も、観客から受け取った紙片を広げ、「あなたが選んだのは、○○○です」と読み上げます。演者は、目印のおかげで観客が今広げて見ている紙片に書かれている名前を知っていますので（この場合はフーディニー）、持っている紙片に書いてある名前が誰であっても（例えばケラーだったとします）、演者は、目印で知った名前「フーディニー」と読み上げますこの行為をミスコールと言います）。観客は、自分が持っている紙片の名前（フーディニー）を見て偶然の一致に驚きます。ミスコールした後、持っている紙片を元通りに4つに折り畳み、テーブルの傍らに置きます。

(7)残っている3枚の紙片でも同じ手順で行います。時には、本当に偶然に一致することもありますが、そうでない場合には、方法(6)と同様に目印で知った名前をミスコールします。

コメント
　本当の偶然の一致があったとしても、紙片を見せたり、照らし合わせたりしないことが重要です。使用した紙片は、4つ折りにして乱雑にテーブルの傍らに置いていって、どれとどれが一致していたかの手掛りを消しておくようにしよう。

100万分の1

効果
　マジシャンは、表に赤丸のシールが貼ってあるカードをテーブルに、表裏交互に赤丸、赤裏、赤丸……赤裏と10枚のカードを横一列に並べます。そして、観客の1人に青色を強く思ってもらってから、その人に1から10までの数の内の1つを言ってもらいます。その数に対応するカードを抽出してひっくり返すと、そのカードだけが唯一の青いカードです。

秘密と準備
(A)名刺大の白い厚紙を10枚用意して、内8枚の表に赤丸のシールを貼り、裏面を赤く塗ります。

(B)残りの2枚の内の1枚を、赤丸で青裏、もう1枚を青丸で赤裏のカードにします。

(C)上記の10枚を次のように表、裏交互に重ねて揃えます：一番上から赤丸（赤裏）、赤裏（赤丸）、赤丸（青裏）、赤裏（青丸）、赤丸（赤裏）、赤裏（赤丸）……以下同じように赤丸、赤裏の順で揃えます。上から3枚目と4枚目だけが(B)のカードです。

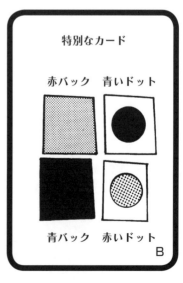

方法
(1) 準備した10枚のカードを左手に持ち、上から1枚ずつ、左から右に横1列でテーブルに並べます。1図のように、赤丸と赤裏が交互に並び、特別な2枚は左から3枚目と4枚目にありますが、赤色の面が上になっているので、10枚全てが赤色1色で並びます。

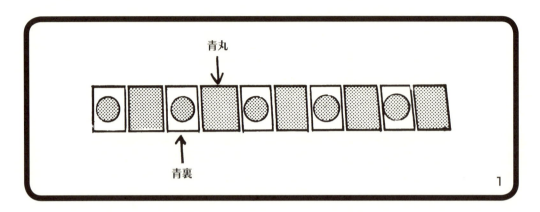

(2) カードを並べ終わったら、観客の1人に「青色」を強く思い浮べるように依頼します。さらに、その人に1から10の数の内の1つを言ってもらいます。そして、言われた数を使って2枚の特別なカード（青色）の内の1枚を次のようなやり方で抽出します。

(3) 観客が言った数1〜10までの内の1つを、以下のように数えて2枚の内の1枚を抽出します。
- 1―1のスペルを左端から右にO―N―Eと綴って、3枚目のカード（青裏）を選びます。
- 2―同じように。T―W―Oと綴って、3枚目のカードを抽出。
- 3―今回は1―2―3と数を数えて、3枚目のカードを抽出
- 4―これも1―2―3―4と数えて、4枚目のカード（青丸）を抽出。
- 5―F―I―V―Eとスペルを綴って、4枚目のカード（青丸）を抽出。
- 6―S―I―Xと綴って、3枚目のカードを抽出。
- 7―今回は右端から左に数を数えて、右から7枚目（青丸）を抽出
- 8―右端から左に8つ数えて、8枚目のカード（青裏）を抽出。
- 9―N―I―N―Eとスペルを綴って、左端から4枚目のカード（青丸）を抽出。
- 10―T―E―Nと綴って、左端から3枚目（青裏）を抽出。

(4) スペル又は数で抽出したカードを取り上げ、観客の意思によって自由に選ばれた1枚であることを強調してから、カードを裏返して、青丸（または青裏）であることを示します。そして、次の(5)または(6)につづけて、本当に10枚の内の1枚であることを証明します。

(5) 選ばれたカードが3枚目（青裏）のとき：残りの赤丸カード（4枚）を全て裏向きにして、選択されたカード以外の9枚全てが赤裏であることを示します。

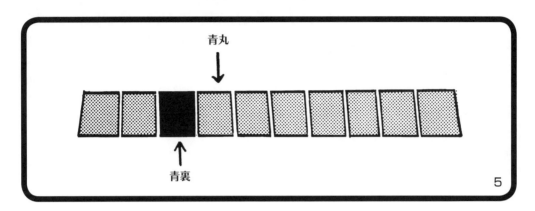

(6) 選ばれたカードが4枚目（青丸）のとき：残りの裏向きの4枚を全て表向きにして、選択されたカード以外の9枚全てが赤丸であることを示します。

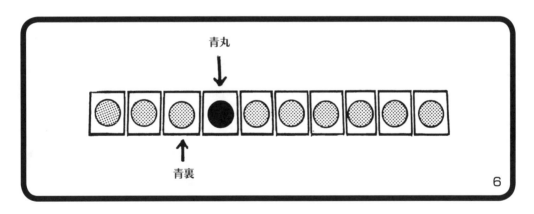

(7) 上記で。選択された1枚以外は全て同一であることを示した後、もう1枚の特別なカードの存在に気付かれないように注意して全てのカードを集めて揃えておきます。

コメント
　ESPのテストの他に、予言のマジックとしても演じられますが、繰り返して演じることは厳禁です。

ジプシーの秘法
(サイコメトリー)

　サイコメトリー (PSYCHOMETRY) のテーマは、その人に所属する器物、特に愛用している物は、その人から離れていた所にあっても、その物の持ち主の人物像を割り出すことができるという考え方に基づいて、古くからヨーロッパを中心とした民族に伝わる秘法の1つでもありました。今日では、多くの人々にESP（超感覚的知覚）の一種とみなされていることもあって、メンタル・マジックのテーマの1つになっています。

効果
　5つの封筒が観客に配られ、受け取った人は持参している小物の1つをそれぞれ自分の封筒の中に入れて封をします。観客の1人がその封筒を集めて、よく混ぜてからマジシャンに戻します。マジシャンは封筒を透明なガラスの器の中に入れてから「サイコメトリー」の基本的な考え方を話し、その品物から受ける印象から持ち主を割り出してみます。と言って、マジシャンはガラスの器の中から、封筒を1つ取り出して自分の額に押し当てます。間髪を容れず、封筒の中にある品物の持ち主は若い女性であることを発表します。そして、封筒を開けて中の品物を自分の手の平の上に落とし、その品物から何かを感じ取るかのようにもう一方の手をその品物の上にかざします。そして、持ち主の特徴を細く詳細に語り始めます。最後に、マジシャンは観客の間をゆっくりと歩いて持ち主の若い女性の前に立ち、丁寧に品物を返却します。
　残りの4つの封筒についても、同様に繰り返して品物の持ち主を正確に割り出します。

秘密と準備
(A)やや厚手のはがきサイズの白い角封筒を5枚用意します。この内の4枚の封筒のフラップのある面の4隅に、1枚ずつ別の隅（左上、右上、右下、左下）に鉛筆で小さな点を付けます。

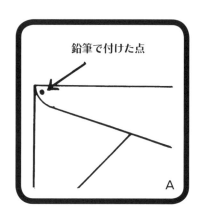

(B)左上隅に点を付けた封筒（A図）を一番上にして、次に右上隅、その次が右下隅、左下隅と点の位置が時計まわりになるように重ね、一番下に、無印の封筒を置きます。

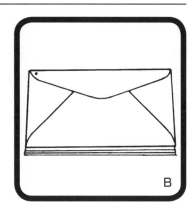

方法
(1)準備した5枚の封筒の束を、観客の1人に手渡し、左から右に順送りで封筒を上から1枚ずつ取っていくように頼みます。このとき、誰がどの封筒を手にしたかを覚えておきます。

(2)ステージに戻った後、封筒を持っている5人の人に、何か小さな品物を封筒に入れて封をして、その封筒を別の観客に渡すように指示します。そして、封筒を受け取った観客に、5枚の封筒をよく混ぜてステージの方に持ってきてもらうように頼みます。

(3)演者は、受け取った封筒を透明な容器に入れます。まず1枚目の封筒を取り出し、フラップが上になるように持って、目印の点で誰の封筒かを判断します。

(4)その封筒を額に当て、何かを感じ取った演技で、例えば次のように発表します。「この封筒から非常に強い刺激を感じます。この刺激は、多分男性のもので……そう！20代後半から30代前半の紳士のものです」

(5)ここで封を切り、中の品物を左手の上に落とします。そして、封筒を処分してから右手を左手の品物の上にかざして、その人物の詳細を明らかにしていきます（封筒を配っているときに覚えていたこと、またはその人物をちらっと見て特徴を喋ります）。

(6)上述の演技をしながら観客の方に歩き始め、持っている品物に導かれたように所有者の前に歩み寄ります。

(7)残りの4つの封筒でも同じ演技を繰り返します。

センター・ティア

これは、間違いなく、観客が書いた、単語、数字、伝言等を透視する方法の中で、最も簡潔で、最も賢明なものの1つです。

効果
観客にメモ用紙と鉛筆を渡し、名前とか番号あるいは短い伝言を、メモの真中あたりに書くように言ってから、演者は後ろ向きになります。観客が書き終わったら、そのメモ用紙を4つ折りにしてもらいます。演者は前に向き直り、4つ折りの紙片を受け取り、細く破り裂いて灰皿の中で焼き尽くしてしまいますが、演者は、炎と立ち昇る煙から心象を読み取り、それを明らかにします。

秘密と準備
(A)ブック・マッチ（紙マッチ）を左ポケットに、灰皿をテーブルの上に準備します。

(B) 8センチ四方のメモ用紙を用意して、真中に直径3センチ位の円を書いておきます。以上の他に鉛筆を1本用意しておきます。

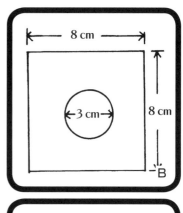

方法
(1)準備したメモ用紙と鉛筆を観客に渡し、真中の円「魔法のサークル」の中に、思い浮んだ単語とか番号、または短い伝言を記入するように指示してから、演者は後ろを向きます。

メンタル・マジック

(2) そして、記入が終ったら、観客にそのメモ用紙を、文字を内側にして真半分に折り畳むように指示します。

(3) もう一度折って、4分の1の正方形に折ってもらいます。

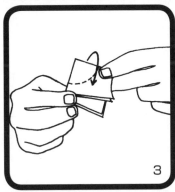

(4) 観客が折り終ったところで前に向き直り、折り畳まれたメモ用紙を受け取ります。そして、メモ用紙の「魔法のサークル」のある中央の隅を見つけます。
注：一度自分で折ってみれば、中央の隅の折られている状態が分かり、すぐに見つけることができます。

(5) 中央の隅をみつけたら、そこを右上隅にして持ち、まず図のように縦に半分に裂きます。「魔法のサークル」のある方は右半分の方に残ります。

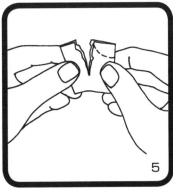

(6)破り終わったら、左手に持っている紙片を右手に持っている紙片の前方に重ねるようにして全てを左手に持ちます。中央の隅のある紙片は、図のように一番手前になります。

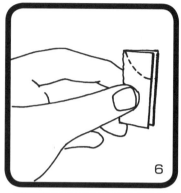

(7)左手に持っている紙片を右に傾けて横向きにして両手で持ち（中央の隅は右手の親指で押さえています）、もう一度半分に引き裂きます。

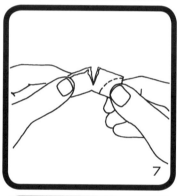

(8)また左手に持っている紙片を右手の紙片の前方に重ねて、今度は全て右手の指先に持ちます。中央の隅のある紙片は依然として一番手前にあり、右手の親指で押さえたままです。

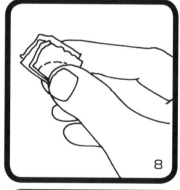

(9)右手の紙片を灰皿の上に持ってきて、全ての紙片を灰皿の中に落としたように見せて、右手の親指で押さえている中央の隅の紙片だけを、密かに右手の中に隠して残します（親指で一番手前にある中央の紙片を手の中に引きずり込んで、中指に押し当てるようにして保持します）。

メンタル・マジック

(10)右手に隠し持っている紙片以外は全て灰皿の中に落ち、数多くの紙片が灰皿の中に散らばっているので、観客は右手に残っている紙片（文字が書いてある部分）の存在に気づいていません。

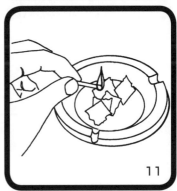

(11)すぐに、左手で準備したブックマッチを取り出し、右手で補助しながら左手でマッチを1本ちぎって火を点け、灰皿の中の紙片を燃やし始め、右手でブックマッチ本体をテーブルに置きます。

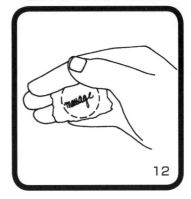

(12)観客が燃えている紙片に集中しているときに、右手を何気なくテーブルの下に下げ、隠し持っている紙片を親指で密かに広げて、書いてある文字（または数字）を読んだらすぐにくしゃっと丸めて持ちます。そして、紙片が燃えつづけている間に、右手でテーブルの上からペーパーマッチを取り上げて（隠し持っている丸めた紙片と一緒に）、右ポケットにしまいます。炎と煙に集中している演技で、記入してあった文字（または数字）を発表します。

コメント
　注意しなければいけないことは、紙片を隠し持っている右手の動きです。リラックスして、ごく自然に紙片をパームします。そして炎と煙を注視しながら何気なく手をテーブルの下に下げて、紙片を広げ、さり気なくちらっと文字を見るようにします。
　センター・ティア（CNTER TEAR）の名で知られているこの方法は、マジシャンだけでなく、古くから怪し気な霊媒や超能力者たちによって使われてきた方法です。その強みは特別な道具を使うことなく、普通の品物だけで行えることにあります。適切なふるまいによってごく自然な動作の中でセンター・ティアを行えるように努力して、本当の奇跡を手に入れて下さい。

センター・ティアの別法
（立って演じる場合）

　その場の状況で、テーブルから離れて立って演じるようになったときのアイデアです。

方法
(1)右手に隠し持っている紙片の上にマッチ・ケースを置いて、左手でマッチに火を点けます。

(2)テーブルの方に歩み寄って、右手のマッチ・ケースをテーブルに置きながら、灰皿の中の紙片に火を点け始めますが、

(3)意図的に、紙片に火が点かない振りで、マッチの火を消してしまいます。この演技の間に右手に隠し持っている、紙片を密かに広げます。

(4)すぐに、その右手でマッチ・ケースを取り上げ、左手でケースのフラップを開けてマッチの軸をちぎり取って火を点け、再び灰皿の中の紙片に火を点けます。このときに、右手に隠し持っている紙片に記入されている文字を密かに読み取ります。時間は十分にあります。

(5)読み取ったらすぐにマッチ・ケースの下に紙片を隠してマッチ・ケースと一緒に右ポケットにしまいます。

色紙の予言

効果
　演者は、それぞれ色の違う8枚の厚手の色紙をテーブルの上に広げて、全員に見せます。そして、メモ用紙に何かを書き4つ折にして、あることを「予言」しましたと言って観客の1人に預けます。次に、もう1人の観客に色紙を集めてもらい、演者が持っているハンカチーフの中に入れてもらいます。そして、そのハンカチーフの中から1枚の色紙を取り出してもらいます。ここで、「予言」の紙片を持っている人に紙片を広げて大きな声で予言を読み上げてもらいます。予言が正確であることが立証されます。

メンタル・マジック

秘密と準備

(A) 色の違う8種類の厚手の色紙、例えば黄、青、緑、赤、紫、茶、黒、白などの8色で、3センチ平方の四角い色紙を作ります。この他に、全て同じ色（例えば全て赤色）の同じ大きさの色紙が必要です。

(B) 上記の他に「隠しポケット」のある大判のハンカチーフが必要です。次のように作ります。大判の柄物のハンカチーフ2枚を重ねて、図の点線のように縫い合わせます。

(C) 「X」が中心で、「XY」と「XZ」で縫い付けた右上4分の1のスペースが「秘密のポケット」で、隅「A、B」が開くことができます。この「A」と「B」の隅に小さいビーズを縫い付けておきます（図の矢印）。このビーズは、素早く手探りでも秘密のポケットの入口を見つけることができる目印です。

(D) この隠しポケットの中に8枚の同じ色（例えば赤）の色紙を入れ、A、Bの隅を一緒に持ってハンカチーフを小刻みに振って、色紙を中心の方に寄せおきます。このハンカチーフを4つに折り、A、Bの隅を上にして上着の内ポケットにしまっておきます。

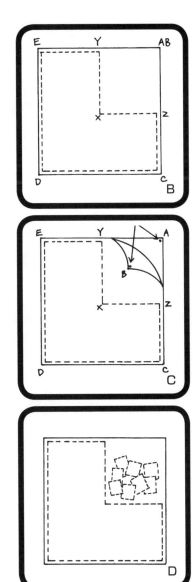

(E) 色の異なる8枚の色紙を揃えて、メモ帳と鉛筆と一緒にテーブルに置いておきます。

方法
(1) 色紙の束を取り上げ、テーブルの上で大きく広げて、いろいろな色紙が8枚あることを示し、この8枚を使って超能力のテストをすることを伝えます。まず、メモ帳を取り上げ、観客に見られないようにして次のように書きます。「あなたは、赤色を選びます！」と書いてメモ帳から剥がし、4つ折りにして1人の観客に預けます。

(2) 次に、右内ポケットから準備したハンカチーフを取り出し、ビーズが付いているAとBの隅を一緒に右手に持ち。E隅を左手に持ってハンカチーフを広げ、軽くハンカチーフの裏表を示してから、4隅をE、D、Cの順で右手に集めて「袋状」にして図のように右手で一緒に持ちます。

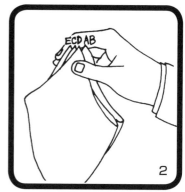

(3) 観客に、テーブルの上に広げてある8枚の色紙を集めて取り上げてもらいます。演者は、左手の親指と人差指でハンカチーフのD隅を摘んで図のように垂らし、観客が取り上げた8枚の色紙をハンカチーフの袋の中に入れてもらいます。

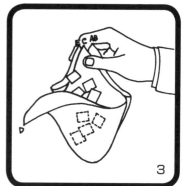

(4) D隅を元に戻して右手で一緒に持ち、ハンカチーフの袋を上下に振って8枚の色紙を良く混ぜます。そして、今度は左手でA隅を持ってハンカチーフの袋の口を少し開いてから（実際は秘密のポケットが開いている）、観客に、ハンカチーフの袋の中に手を入れて色紙を1枚取り出してくるように言います

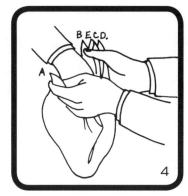

(5) 観客が色紙（赤）を取り出したら（秘密のポケットに準備した8枚の赤の内の1枚を取り出すことになります）、A隅を右手に戻してハンカチーフをポケットにしまいます。

(6) 観客に、預けた紙片を広げてもらい、予言が正しかったことを証明して終ります。

コメント
　大切なことは、ハンカチーフの扱いです。ハンカチーフは、紳士なら誰でも持っている一般的な品物で、テストを進行するための付属的な物として、身近にあったハンカチーフをたまたま使ったといった感じで扱い、主役の8枚の色紙に注意を集中させ、最後も、赤色の1枚の色紙と予言の紙片で仕上げます。
　同じ柄のハンカチーフをもう1枚用意しておいて、いくつかの事前の演技等でそれを使って、それとなく普通のハンカチーフであると思わせておくのも1つの手です。
　予言の色紙も、赤色のグループだけでなく、他の色のグループも何種類か作っておくことをすすめます。

数字の予言

色の代わりに、8枚のボードに1〜8までの数字を書いて行う方法で、超能力テストを、即席で行うという演出になっています。

効果
マジシャンはメモ帳を取り出し、その場で1から8までの数字を1枚に1つずつ公然と書いてから、1枚ずつ4つ折りにして、袋状にしたハンカチーフの中に入れます。その後、マジシャンは、メモ用紙の1枚に「予言」を書き、誰にも見せないように折り畳んで観客の1人に預けます。次に、もう1人の観客に、ハンカチーフの袋の中にある8枚の紙片の中の1枚を取り出すように依頼します。紙片が取り出された後、マジシャンはハンカチーフを広げて、残っている7枚の紙片をテーブルに出し、ハンカチーフをポケットにしまいます。「予言」を預けた観客に予言を読んでもらい、「自由に選ばれた数字」と一致していることが示します。

秘密と準備
秘密は、前述の「色紙の予言」と全く同じですが、色紙の方は、大きなグループのときでも、はっきりと確認できるように特別に作った用具「厚紙の色紙」を使っているのに対して、この方法では、全ての小道具が日常品で、即興的にその場で公然と書いたものを使うという点で、神秘感がより強まった作品になっています。

演技の前に、8枚のメモ用紙に同じ数字（例えば「5」を書き、4つ折りにして、隠しポケット付のハンカチーフの秘密のポケットに入れておきます（201頁B〜D図参照）。

方法
(1) メモ帳（同じ数字「5」を書いたメモ用紙と同じ紙のもの）を取り出し、1から8までの数を1枚に1つずつ書きます。まず一番上の紙に「1」と書き、メモ帳から剥がして4つ折りにしてテーブルの上に置きます。次に「2」と書いて剥がして4つ折りにして、最初の紙と一緒のところに置きます。同様にして、番号順に書いて、1から8まで8枚の4つ折りの紙をテーブルの上に置きます。

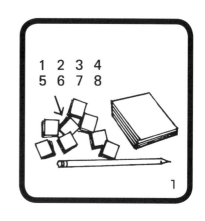

(2)準備したハンカチーフを取り出し、4隅を右手に袋状にしてから、テーブルの上の8枚の紙片をハンカチーフの袋の中に入れます。

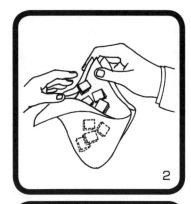

(3)そして、これから観客にしてもらうことを次のように実演付きで説明します。まず、ハンカチーフの1隅を開けて（ハンカチーフ本体）手を入れ、1つの紙片を取り出し、このように紙片を1つ選んで取り出し、しっかりと握っているように説明してから、取り出した紙片をハンカチーフの中に手を入れて戻しますが、このとき、持っている紙片を密かにフィンガー・パームして保持し、空の手のように見せてハンカチーフから出します。

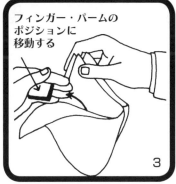

(4)注：観客は説明に集中していて、まだ何も始まっていない状態に見えているので、秘密の行動（フィンガー・パーム）は、気楽に行って下さい。

(5)そのまま手をポケットに入れ、パームしている紙片をしまって鉛筆を取り出しながら、右手に持っているハンカチーフの袋を一旦テーブルに置いてメモ帳を取り上げ、予言の数字「5」を書いて4つ折りにして他の観客に預けます。

(6)テーブルからハンカチーフの袋を取り上げて4隅をまとめて一緒に持ち、秘密のポケットのある隅を開き、最初の観客に、ハンカチーフに手を入れて紙片を1枚取り出すように言います（当然観客は、5の紙片を取り出します）。

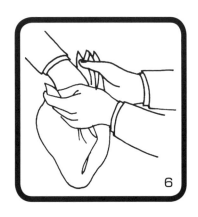

(7) すぐに、ハンカチーフを一旦閉じてから、右手で秘密のポケットの2つの隅A、B (201頁B、C図参照) を一緒に持ち、他の隅を開いてハンカチーフ本体に残っている7枚の紙片をテーブルに落とします。

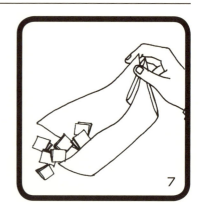

(8) ハンカチーフをまとめてポケットにしまいます。そして、テーブルの上に散らばっている7枚の紙片を右手で1枚ずつ取り上げ、そのまま広げずに左手に数えながら渡し7枚しかないことを示して、ポケットにしまいます。

(9) 予言の紙片を預けた観客に紙片を開けてもらい、そして、まず書いてある数字を大声で読み上げてもらい、次に、最初の観客にハンカチーフの中から自由に選んでもらった紙片を開けて読んでもらいます。2つの数字は一致しています！

カラー・ボール

　これはコメディ・タッチの超能力もので、大勢の中のたった1人の観客だけが騙され役で、残りの観客達は、その騙されっ振りを楽しんでいるというトリックです。

効果
　マジシャンは、3組の色の異なる小さなボールを示します。白のペア、赤のペア、青のペアの3組6個です。6個のボール全てを紙袋に入れてから、2人の観客に手伝いを頼み、演者の左右に立ってもらいます。マジシャンは紙袋を体の正面に持って左側の観客の方に

メンタル・マジック

向き、袋の中を覗かずにボールを1つ選んで、誰にも見せないように握り込んで袋から取り出すように指示します。次に右側の観客に同じようにボールを1個取り出してもらいますと、不思議なことに2つのボールの色は同じ色です！2つのボールを袋に戻し、同じことを行いますが、何度やっても結果は同じです‼ 結果は超不思議ですが、多くの観客達は、皆楽し気に笑顔で見ています。

秘密と準備

　秘密は、使用する紙袋の片面の下部に大きな「窓」があることと、左側の観客1人を除いて、他の全ての観客がこの窓を通して紙袋の中のボールの状況を知り、このトリックがうまくいくことを見ていることです。

(A)底のある「ランチ・バック」位の大きさの不透明な茶色の紙袋を用意して、底が折り畳まれている面（A図）の、折り畳まれて隠れている部分に穴をあけて内側に透明フィルムを貼り付けて窓を作ります。

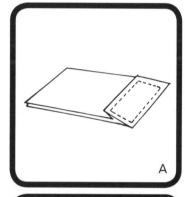

(B)図は紙袋を開いたところで、「窓」のある面からは、紙袋の中をはっきりと見通すことができますが、反対側の面はありふれたランチ・バックといったところです。

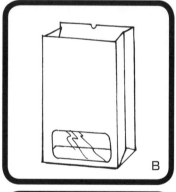

(C)ピンポン玉をスプレー塗料で着色して色の異なる3組のカラー・ボールを作ります。ゴム・ボールやおもちゃのプラスチック・ボールでも代用できます。3組のカラー・ボールのペアを透明な容器に入れてテーブルに置き、その傍らに窓を隠して平らに折り畳んである紙袋（A図）を置いて、コメディ・ミステリーの準備完了です。

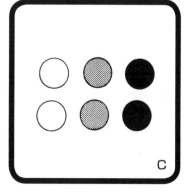

方法

(1) 2人の観客に手伝いを頼み、演者の左右に立ってもらいます。まず、白、赤、青のボールが2個ずつあることをはっきりと見せます。次に、平らに折り畳んである紙袋を取り上げて「普通」の紙袋であることが分かるように何気なく裏表を改めてから、「窓」を観客席の方に向けて（左側の人には窓の存在に気付かれないようにして）紙袋を開き、6個のボールを袋の中に入れます。観客はすぐにボールが落ちてくる様子を見て（左側の観客は除く）窓の存在を知り「何で？」と考えますが、そのことには頓着せずに演技をつづけます。

(2) 次に、左側の観客に話し掛け、袋の中に手を入れて、中を見ずに1個のボールを選び、誰にも見せないように手の中に握り込んで取り出して下さいと伝えてから、紙袋の外側（窓の無い方）を左側の観客の方に向けた状態で、左側の観客にボールを1個握って袋から取り出してもらいます。

(3) 今度は、右の方を向いて、右側の観客に、気を集中して今左側の観客が握っているボールの色と同じ色のボールを取り出すことにトライしてみて下さいと言って、窓のある方を右側の観客の方に向けて図のように立ちます。観客は窓の存在に気付き、すぐに演者の意図を察して、手を袋の中に入れ、窓から残っているボールの状態を見て、1個だけ半端になっているボールを取り出してくれるはずです。

(4) ボールが取り出されたところで、左側の観客に手を開いてボールを公開してもらいます。右側の観客が正しいボールを取り出していれば、2つのボールの色は一致しています。

(5) 両方のボールを紙袋に戻して、何回か繰り返しますが、トリックが成功する度に、一見不可能な一連の「偶然の一致」に左側の観客の戸惑いは高まっていきます。

コメント

　このショーの終りに、紙袋に手を入れ、それとなく窓のある面を左側の観客の方に向け、中で手を振って見せたりして、1人だけ呆然としている観客にいたずらの秘密をユーモラスに種を明かします。そして、手伝いをしてくれた2人の演技力で楽しいショーになったことに感謝を表して席に戻ってもらいましょう。

　パーティ等のショーで、参加者全員が集るのを待っているときなど、次のような演出で楽しむことも出来ます。まず1人目の左側さんを困惑させた後、遅れて来た人が何人か集ったところで、その中の1人を左側さんにして、前の左側さんに右側さんの役でトリックを繰り返して、どのようにして騙されていたのかを楽しく分かってもらうようにするのです。この手順は、新しい参加者と繰り返すこともでき、その夜のショーの為の素敵な序章になります。

　注意：このトリックで一番気を付けなくてはいけないことは、左側役の人を怒らせたり侮辱したりするようなことを絶対にしないという心構えが大切で、思いやりのあるユーモラスなスタイルで努めるようにして下さい。

封筒スタンド・1

　カードや封筒などを使ったメンタル・テストの補助用具のように見えていて、実際は特別な仕掛けのあるスタンドで、封筒の展示によく使われることから「ENVELOPE STAND／封筒スタンド」と呼ばれています。

効果

　マジシャンは、1から5までの番号付きの封筒をきれいに並べられた飾りスタンドを示し、この5つの封筒の内の1つの封筒だけに紙幣が入っていて、残りは全て空の封筒であることを発表した後、紙幣の入っている封筒の番号を観客が選ぶことを予告します。そして、観客に自由に好きな封筒を1つ選んでもらいます。選ばれた封筒を開くと、予言通りその封筒には紙幣が入っています。

秘密と準備

(A)実際には、5つの封筒は全て空ですが、飾りスタンドのお陰で、どの封筒を選ばれても紙幣が出てくるようになっています。約27センチ×36センチの厚紙（封筒のサイズによって決めて下さい）で、図のような寸法で折り線を入れ、中央の折り線の内側の中央に小さな窓を切り取り、その上方に半分に切った封筒の下部を貼り付けます。

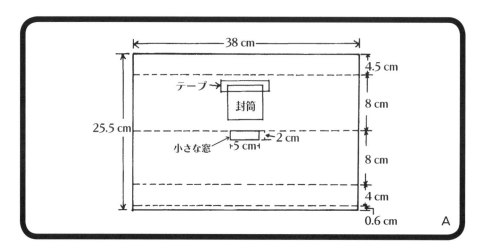

(B)貼り付けた半分の封筒が内側になるように折り線で折ってのり付けして、三角形の飾りスタンドを作ります。

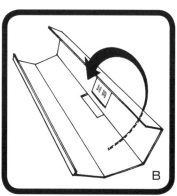

(C)この図は、完成した飾りスタンドの図で、スタンドの前端に折り上がっている1センチの縁が、封筒の滑り止めです。

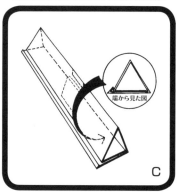

(D)横方向で4つ折りにした紙幣を半分の封筒の中に入れてから、1から5までの封をした空封筒を配置します（封筒は、名刺用の6.5センチ×10センチ位の小型の物を準備します）

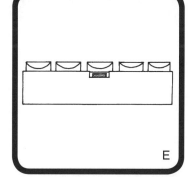

(E)D図を裏側（演者側）から見た図です。スタンドの中央の窓から4つ折り紙幣が少し突き出ていますが、上端はスタンドの上縁の5ミリ位下にあって、観客側からは見ることはできません。

方法
(1)スタンドに展示した5枚の封筒を示し、事前に1枚の封筒だけに紙幣を入れておいたことを発表してから、その封筒を観客が選ぶことを予言します。そして、観客に1枚の封筒を自由に選んでもらいます。

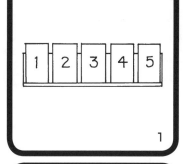

(2)選ばれなかった封筒を1枚ずつスタンドから取り上げてテーブルに捨てていきます。最後に残った封筒（ここでは4番の封筒）を取り上げ、

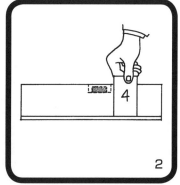

(3) スタンドの秘密の窓のある前に一旦置き直します。

(4) これは3図を演者側から見た図で、封筒の真後ろに紙幣があることに注目して下さい。

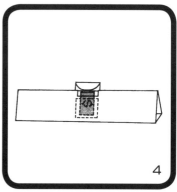

(5) ここで改めてスタンドに残っている選ばれた封筒を右手で取り上げますが、封筒の前面に親指を当て、他の指を裏面にまわして封筒と一緒に紙幣の上端を摘み、封筒の後ろに紙幣を隠して取り上げます（この図と次の6、7図共に演者側から見た図です）。

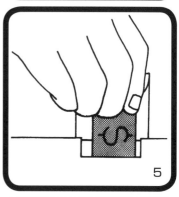

(6) 右手の封筒（と紙幣）に左手を添え、左手の親指で紙幣を封筒に押し付けるようにしてしっかりと保持してから、右手で封筒の封を破り取ります。このときには、まだ紙幣を見せないように注意して破ります。

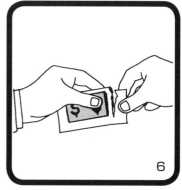

(7)右手の人差指と中指の先を破り口から封筒の中に入れ、あたかも封筒の中から紙幣を引き出して来るように見せて、封筒の後ろにある紙幣を、親指と人差指、中指とで挟んで引き出し、紙幣を広げて予言が成功したことを示します。

(8)そして、テーブルに捨ててある4枚の封筒を観客に渡して調べてもらい、全てが空の封筒であることを示します。

封筒スタンド・2
（バンク・ナイト・バージョン）

効果
　同じスタンドを使ったゲーム仕立ての作品で、マジシャンを含めた5人で行います。マジシャンは、5枚の封筒をスタンドに立てて示し、この内の1枚の封筒に壱万円札が、他の4枚には、白紙が入っていることを告げてから、4人の観客にそれぞれ封筒を1枚ずつ選んでもらいます。残った1枚の封筒がマジシャンのものです。ここで、選んだ封筒を残っている封筒と交換したい観客にはそのチャンスが与えられます。こうして全てが観客の意志によって進められますが、各観客が封筒を開けると全員白紙で、一番最後に残ったマジシャンの封筒の中に壱万円札。という結果になります。

秘密と準備
　封筒スタンド・1と同じスタンドと5枚の小型封筒（中が透けて見えないもの）の他に、壱万円札と同じサイズの白紙5枚を用意して、4つ折りにして5枚の封筒にそれぞれ1枚ずつ入れ、封をして番号を書き、4つ折りの壱万円札をセットしたスタンドに配置してテーブルに置きます。

方法
(1)スタンドに展示してある5枚の封筒を指示しながら、5枚の内の1枚の封筒に壱万円札が入っていて、その封筒を運良く選んだ人にはその壱万円札を贈呈することを説明します。

(2) 4人の観客に参加してもらい、1人ずつ選んだ封筒の番号を言ってもらい、演者はその封筒をスタンドから取り上げて、1人ずつ渡していきます。

(3) 4人の観客それぞれに封筒を渡し終ったところで、残っている1枚の封筒を取り上げて、スタンドの中央（隠してある壱万円札の真ん前）に置きます。

(4) 観客の意思によって自由に封筒が選ばれたことを強調してから、1人ずつ順に選んだ封筒を開けさせていきます。こうして、封筒の中身を1枚ずつ明らかにすることで徐々に期待感を高めていきます。

(5) 一番期待感が高まる最後の4人目の観客が封筒の中身を取り出すときに合わせて、スタンドに残っている封筒（と壱万円札）を右手で取り上げます。

(6) 取り上げた封筒を開き、中から（本当は後ろから）壱万円札を取り出します。

(7) 残りものに福がありました。と言いながら壱万円札を右手に持ち、左手で封筒（白紙が入っている）を握り潰してテーブルの上に捨ててから両手で壱万円札を広げて観客に示します。

パズル・マジック

　見た目は、マジックというよりはパズルとかクイズ風なので「パズル・マジック」としました。原題は「Ｂｅｔｃｈａ」で、3枚のコインをテーブルの上に並べ、一度に2枚一緒にひっくり返して、三度目で3枚全てを表向きにできますか？といったパズル的な問題を出し、マジシャンは実際にその解答を実演して見せたうえで「賭けをしよう」となり、観客が実例通りに行うのだが、結果は失敗！といった、パズルの解答にひねりを利かしたゲーム仕立てのトリッキーなマジックです。

不可能な通過

効果

マジシャンは2枚の1ドル札を、それぞれに細く巻いて2本の円筒を作り、1本ずつ両手の親指の付け根に挟んで持ちます。そして、それぞれの親指と中指を、逆の手にある円筒の両端に当てて掴み、両手をゆっくりと離していきますと、2本の円筒はぶつかることなく、魔法のように互いをすり抜けて離れます。しかし不思議なことはこの後で、何人かの観客がチャレンジしますが、誰1人再現することができないことです。

方法

(1) 2枚の1ドル札を、それぞれに細く巻いて2本の円筒を作り、図のように両手の親指の付け根で挟んで持ちます。

(2) 1図の矢印のように左手を手前に返してから、右手の親指を左手の円筒のA端に当て、中指をB端に当てて持ちます。同時に、左手の親指を右手の円筒D端に、中指をC端に当てて持ちます。

(3) 方法(2)のようにして互いの円筒を持ち替えると、3図のようになりますから、

(4) 右手を手前に、左手を向こう側にまわしながら両手を離していきます。

(5) 2本の円筒は、魔法のように互いにすり抜けて通過したように見えます。

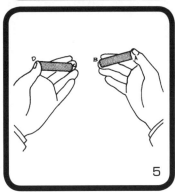

コメント
　1ドル札の代りに、画用紙を巻いて作った直径1センチ・長さ6センチ位の円筒でもいいし、短い鉛筆とかコルク栓でも代用できます。いずれを使うにしても、「手練」の技に見せて行うか、それとも「パズル」的に行うかです。後者の場合は、出題として模範演技を行い、同じ現象が出来るかどうかを何人かの観客に挑戦してもらうようにします。1回見た位ではなかなか出来ないものですが、何回か繰り返している内には「正解者」が出てきます。

不可能な結び目

演者が行った通りに観客も行うが、結果は大違い！というタイプのトリックは、ユーモラスで常に効果的ですが、1メートル位のロープ2本だけで観客と一緒に行うこの作品はその中でも傑作の1つです。

効果

マジシャンは1本のロープの両端を両手に1つずつ持ちます。別のロープを観客に渡し同じように持ってもらいます。持っているロープの端を放さずに、このロープの真中に結び目を作ってみましょうと言って、マジシャンは両端を両手に持ったまま、ロープをゆっくりと両手首に絡ませます。観客にも全く同じ手続きでロープを絡ませてもらいます。そして、両端を手に持ったまま、絡めたロープを両手首から振り落とします。すると、ロープの真中に結び目が出来ています。しかし観客のロープの方は、全ての手続きを完全にコピーしていたにも拘らず空振り、結び目の影も形もありません？

方法

(1) ロープの両端を両手に1本ずつ持ちます。図のように親指と人差指で端近くを持ち、矢印に従って、

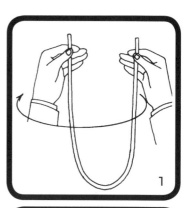

(2) 右手を手前から左手首の上を通過させ、

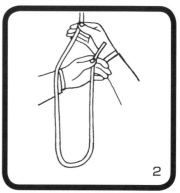

パズル・マジック

(3) ロープを左手首に掛けて輪をつくりながら右手を下げて手前に持ってきます。

(4) 次に、出来た輪の中に右手を挿し込み（右端は持ったまま）、連続した動作で図の矢印に従って輪の向こう側でUターンさせて右の方に引いて右手を元の位置に戻します。

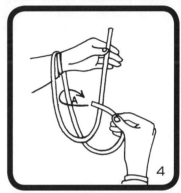

(5) 以上のように操作すると、4図のA点が右手首に掛かって図のように両手首にロープが絡みます。実際にロープを手に持ち、図に従って練習を繰り返してスムーズに5図の状態を作れるようにします。

(6) 次に、両手を前方に傾けて、両手首に掛かっているロープの輪を両手首から滑り落としながら、次の方法(7)～(9)のようにして、右手に持っている端を密かに放してB点に持ち替えます。

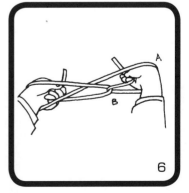

(7) ロープの輪が両手首から落ち始めたら、右手首を深く内側に曲げながら中指、薬指、小指、を伸ばしてB点に当て、

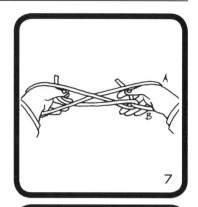

(8) 両手のロープの輪が完全に両手から外れる瞬間に、B端を右手に握り込みながら（8図）親指と人差指で持っている端を放し（9図）、

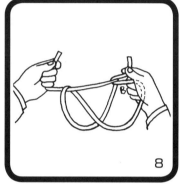

(9) 自然に輪（X点）から抜けた右端を右手の親指と人差指で持ち直しながら両手を元に戻します。
※方法 (7)(8) での右手の秘密の操作は、ロープの輪を振り落とすために、右手首を深く内側に曲げたときの右手の中で瞬間に行われ、観客に気付かれる心配はありません。

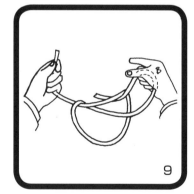

(10) 同時に、左手首の輪も左手から滑り落ちます。このときロープの左端が輪を潜り抜けることで（7図、8図の左手）、ロープの真中に結び目ができます。

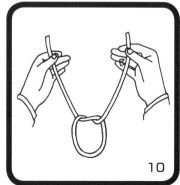

コメント

　両手に1本ずつ持った両端を決して放さずに、演者と一緒に、観客も全く同じようにロープを両手に絡め、それを振り解くと、演者のロープには結び目ができますが、観客のロープは元のままです。方法(1)～(5)までを1つ1つ分かり易く、段階をふみながら観客と一緒にロープを操作していってまず5図の状態を作ります。後は両手に絡んだロープを振り落とすだけですが、秘密の持ち替えを知らない観客には謎だけが残ります。使っているロープを交換したりして何度か行い、失敗を繰り返して観客が諦めかけた頃合いを計って、次の「自分自身で確かめて！」につづけます。

自分自身で確かめて！

　何回やっても結び目が出来ない事実にしょげかえっている観客に、結び目がいかに簡単に出来るかを見せるために次のようにします。マジシャンはゆっくりと、分かり易くロープを自分の手に絡めます。そして、ロープの両端を観客に持ってもらいます。マジシャンが絡んだロープから両手を外すと、観客が持っているロープの真中に結び目が出来ています。

方法

(1)観客によく見ているように言って、前項の「不可能な結び目」の方法(1)～(5)までを1つ1つ分かり易く行って、両端を両手に持ったままでロープを両手首に絡めます。

(2)そのままの状態で両手を観客の方に伸ばし、観客にロープの両端を1つずつそれぞれの手で持ってもらいます。そして、演者の両手をゆっくりとロープの絡みから外し、観客に手渡したロープの真中に結び目が出来ていることを示します。

コメント

　以上のようにして、実際に、いかに簡単に結び目ができるかを観客全員に理解してもらったところで、もう一度「不可能な結び目」を行いますが、やはり失敗。
　この後、「結び目を作るコツをほとんどつかみかけていると思うので、もう一度だけやって見よう！」と言って、観客が両手にロープを絡めたところで（前項の不可能な結び目の5図）、そのロープの両端を演者が持ち、観客の両手をロープから外してもらって、結び目が出来ていることを見せ、絡め方は間違っていないことを示します。ロープを観客に返し、再びトライしてもらいますが、やっぱり駄目？ロープを多数用意しておいて、「パーティー」等で、皆で一緒にトライしてもらうのも一興です。

3個のコップ

効果

マジシャンはテーブルの上にコップを横一列に並べます。このコップを2個同時に「3回」ひっくり返して、3個共口を上にするという問題です。このようにします。と言って、すぐにその通りに行動して、3個のコップを全て口を上にして見せます。見たところは簡単そうなのだが、観客がやってみると、3個のコップは全て口が下になってしまいます。何回やってもマジシャンと同じ結果に達することが出来ないというトリック。

方法

(1) 3個のコップを、図のように左から下向き(A)上向き(B)下向き(C)に並べます。

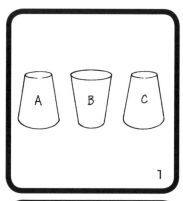

(2) 両手の親指を下にして2個のコップ(BとC)を図のように持ち、親指が上になるように両手を同時に返してコップをひっくり返して手を放します。

(3) 1回目のひっくり返しで、コップは左から下向き(A)下向き(B)上向き(C)になります。

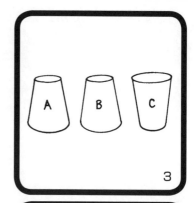

(4) もう一度親指を下にして、今度は両端のコップ（AとC）を掴み、ひっくり返して手を放します。

(5) 2回目のひっくり返しで、コップは左から上向き(A)下向き(B)下向き(C)になります。

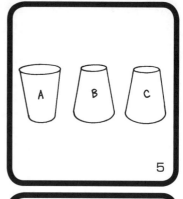

(6) 最後に、真中と右端のコップ（BとC）を掴んでひっくり返すと、

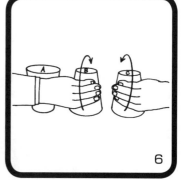

(7) 3個のコップ全てが上向きになります。

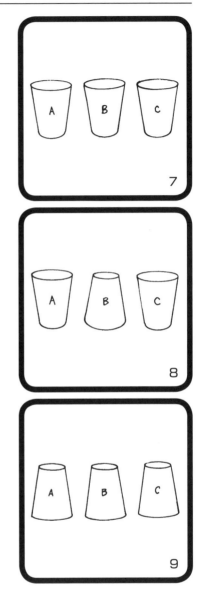

(8) 次に、観客にトライしてもらうために、図のように真中のコップ(B)をひっくり返して初めの位置に戻します。一見すると演者が始めた最初の並べ方と同じに見えていますが、実際は大きく違っていて、演者のときには、上向きが1つ下向きが2つ (1図) で、この状態から始めれば必ずうまくいきます。しかしこの図のように上向き2つで下向きが1つで始めたたのでは、決して演者と同じ結果を出すことは出来ません。

(9) 観客が演者と同じ操作で2個ずつ3回行うと、3個のコップ全部下向きという結果になります。

(10) そこで、この後、真中の1個をひっくり返して元の状態（8図）に戻したように見せて1図の状態に戻し、もう一度同じ操作を行って3個全て上向きにして見せます。

(11) そこでまた、真中の1個をひっくり返して（8図になる）観客にトライしてもらうが、またまた失敗ということになります。

コメント
　同じ観客を相手に何回も続けて行うと、最初のコップの並べ方の違いに気付かれてしまう恐れがありますので、2回位に留めておくことが賢明です。

輪ゴムの解放

マジシャンがやるといとも簡単に出来るのに、他の誰も同じことが出来ないという妙技の１つです。

効果

マジシャンは、１本の輪ゴムを示し、両手の人差指に引っ掛けてくるくるとまわしてから、右手の親指と人差指との先を左手の親指と人差指の先に接触させて指を広げると、すぐに輪ゴムがテーブルの上に落ちてきます。しかし観客が同じ事をやっても輪ゴムは指に引っ掛かって落ちて来ません。何人かにトライしてもらいますが、結果は同じ、誰１人出来る人はいません。

方法

(1)両手の人差指を輪ゴムに通して、図のように保持します。

(2)そして、輪ゴムを両手の人差指で上下に軽く引っ張り合いながら、図の矢印のように指を動かして輪ゴムを回転させます。

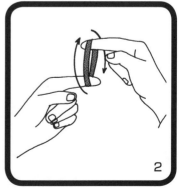

(3) 5～6度まわしたところで回転を止め、両手の親指を同じ手の人差指の先端に付けて、輪ゴムを両手の指先で持ちます。

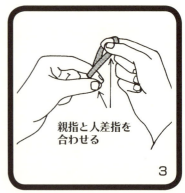

親指と人差指を合わせる

3

(4) ここがこのトリックの重要な動きです。右手を前方に、左手を手前に1/4位まわしながら両手を近付け、左手の人差指の先を右手の親指の先に、左手の親指の先を右手の人差指の先に接触させます。但し、輪ゴムは依然として両手の指先で保持したままです。

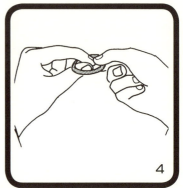

4

(5) 注：両手の指先で輪ゴムを保持（3図）したまま1/4回転で親指と人差指を接触させることが秘訣です。この後、観客が演者の動きを真似て再現しようとするとき、3図のように両手の指先で輪ゴムを保持したまま行動していることを見逃し、2図の後すぐに両手の親指と親指、人差指と人差指を接触させてしまい、次につづく結果を不可能にしてしまいます。

(6) 指先を接触させたまま図のように広げて

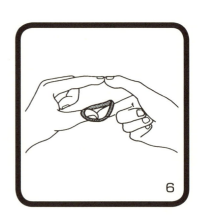

6

(7)輪ゴムをテーブルに落とします。

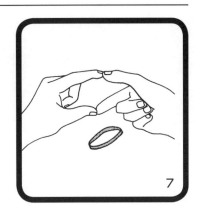

(8)大切な箇所を見逃している観客の輪ゴムは、指に引っ掛かったままという結果になります。

コメント
　とまどうことなく、全体の流れをスムーズに行うことが大切です。特に方法(3)から方法(4)への移行をさり気なく行うようにして、友達相手に楽しんで下さい。

ハンカチーフ結び

効果
　両手でハンカチーフの両端を持ち、持った端を放したり、持ち換えたりせずに、そのハンカチーフの真中に結び目を作って下さい！という問題を出します。一見不可能に思えるこの問題に何人かがハンカチーフを持って試してみますが、全員ギブアップといったところで、マジシャンが思ってもいないやり方で、簡単にハンカチーフの真中に結び目を作って見せます。

方法
(1)まずハンカチーフを捩って、ロープのように細長くしてテーブルの上に図のように横たえます。

(2) 次に、腕を深く組んで

(3) 両手でハンカチーフの両端を1つずつ持って取り上げます。

(4) そのまま腕組みを解いていくと、ハンカチーフの両端が腕の中を交差して通り抜け、ハンカチーフの真中に結び目が出来ます。

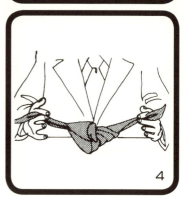

(5) 結び目の出来たハンカチーフを観客に渡し、間違いなく本物の結び目であることを確かめてもらいます。

手作りマジック

　プロ・マジシャンの多くは、自宅にワークショップ（作業場）を持っていて演技に必要な小道具などを手作りしています。
　この章では、やさしく工作できて、パーティーなどのショーでマジック効果の高い作品を選んで、手作りのための簡単な作業計画と製作したトリックの扱い方を解説してあります。そのほとんどが、ハサミやカットナイフ、接着剤、着色用の絵の具、筆記具などが揃っている引き出し付きのテーブルがあるご家庭でも製作が可能なものですが、なかには専用の工作器具を使うものもあります。もし、特別な作業が必要と感じた場合は、その部品だけ注文するか、既製の物を購入して下さい。自作の楽しさとパフォーマンスを楽しんで下さい。

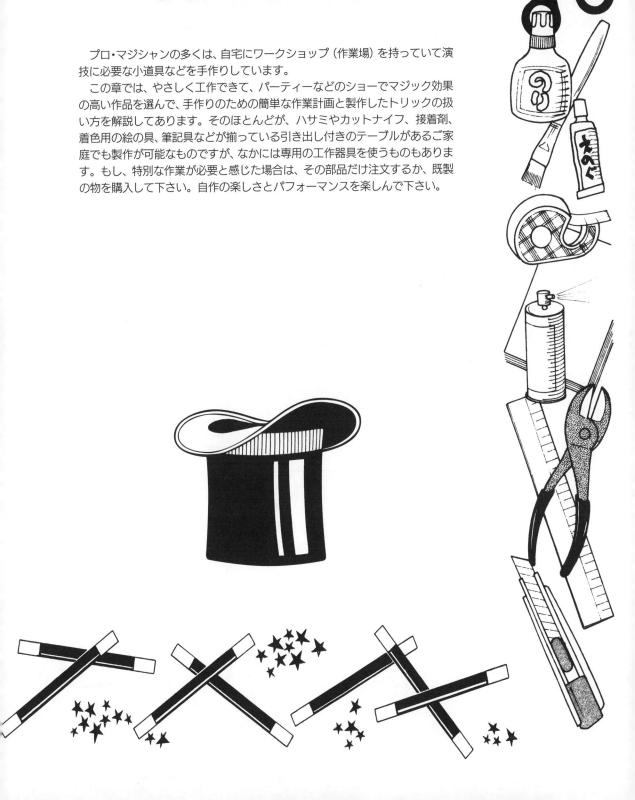

不思議な花瓶

効果

　マジシャンは、魅惑的な花瓶と１本のロープを示します。そのロープの端を花瓶の口に差し込んで、入れたり出したりして、花瓶の口径よりロープの方がずっと細いことを見せてから、ロープの端を花瓶に入れたまま、花瓶をひっくり返してロープから手を放しますと、不思議なことに、ロープは落下することなく花瓶の口から垂れ下がっています。マジシャンは垂れ下がっているロープの下端を掴んで上に上げながら花瓶から手を放しますと、今度は花瓶がロープの先にぶら下がり、振子のように前後に揺れ動きます。最後に、マジシャンは、ロープのパワーを解いて花瓶の口からゆっくりと抜き取って、花瓶と一緒に観客に渡して改めてもらいます。

秘密と準備

　このトリックに必要な品物は、首が細長い一輪挿しの花瓶（または徳利）と50センチ位のロープ1本とコルクまたはゴム製の小さなボール1個です。花瓶は不透明なもので首の口径が使用するロープの太さの2倍位の物が必要です。ロープは堅めの物を準備してください。

　ボールは、花瓶の口径の半分より少し大き目な物を用意します。東急ハンズ等で入手できます。材質やサイズも、コルク、木、ゴム、プラスチック等いろいろと揃っています。消しゴムを削って作ったボールでも可能です。このボールを花瓶の中に潜ませておきます。

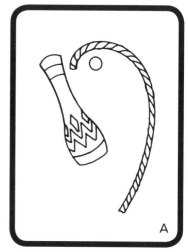

方法

(1) 秘密のボールが入っている花瓶とロープを観客に示します。花瓶を大きく傾けない限り秘密のボールが花瓶から飛び出してくることはないので、出来るだけ気軽に扱うようにします。そして、片手で花瓶を持ち、もう一方の手でロープの中頃を持って端を花瓶の口に差し込んで、

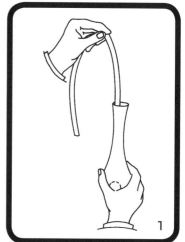

(2) 出したり入れたりして、ロープが楽に花瓶に出入り出来ることを何気なく示します。

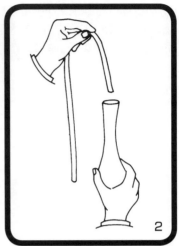

(3) 2～3回ロープの出し入れを繰り返したところで、最後にロープを深く花瓶に差し込みます。

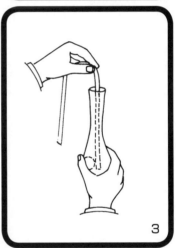

(4) そして、花瓶とロープをゆっくりとひっくり返して花瓶を上下逆さまにします。こうすると、「秘密のボール」が口の方に転がって来て、ロープと花瓶の首の内壁の間に挟まって止まります。このとき、ロープをちょっと引いて、ボールが挟まっていることを確認しておきます。

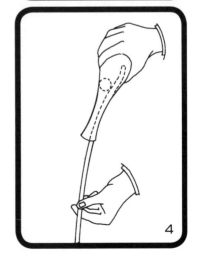

(5)ゆっくりとロープから手を放し、魔法の力(実際はボールによって)でロープが花瓶に吸着してぶら下がっていることを示します。

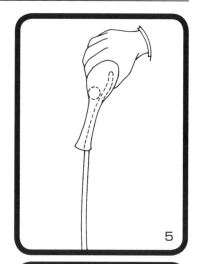

(6)再び、ロープの真中あたりを掴んで、花瓶を上向きに戻します。そして、今度は花瓶から手を放して、花瓶をロープに吊り下げ、大きく前後に揺り動かしてみせます。

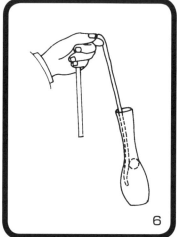

(7)頃合いを見て、花瓶を掴みます。そして、ロープを花瓶の中に押し戻すようにして挟まれているボールを花瓶の底に落とします。これでロープは自由になります。

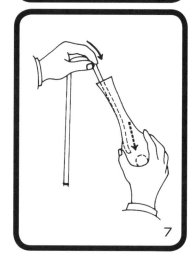

(8)近くに観客が居るときには、観客の1人にロープを持たせて花瓶から引き出してもらいます。そうでないときには、演者自身でロープを引き出して観客に渡しながら、花瓶の首の方を持って花瓶の底を観客に示します。このとき、花瓶を傾けて秘密のボールを転がしてフィンガー・パームして、花瓶も観客に渡して調べてもらいます。

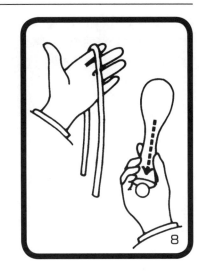

コメント
　ボールの材質と大きさ、ロープの太さ硬さによってボールの止まりに違いが出るので、いろいろと試してみて、最も効果的なボールとロープを見付けて、いくつか備蓄しておきましょう。

アフガン・バンド

　マジシャンは、帯のような幅広な布地の輪を観客に示し、この輪を縦に2回引き裂いて3つの輪を作り、その内の1つを観客に渡し、もう1つを脇に置いてから、マジシャンは手元に残った3つ目の輪を、今度は縦に真半分に引き裂いて2つの輪を作ります。そして、観客に渡した輪を同じ要領で真半分に引き裂いてもらいますが、何故か？2つの輪は連結しています。

　マジシャンは観客にもう一度チャンスを与えるために、脇に置いておいた布の輪を渡します。観客がその輪を真半分に引き裂くと、何と、びっくりするような事が起こります！2つに引き裂いたはずの輪が、突然1つの大きな輪に変わってしまうのです。

秘密と準備
　晒し木綿のような、簡単に一直線に裂けるタイプの布が必要です。布を購入する必要のある場合は、シーツなどに用いる軽量の綿織物を勧めます。簡単に避けますし、廉価で柄も豊富です。一番のお勧めは、使い古しのベットシーツの一部を使用することです。

(A)生地を手に入れたら、長さ1メートル、幅15センチに切り取り、一方の端に図のように5センチ幅で7センチ位の切れ目を2本入れて3等分した端を作ります。この端をA、B、Cと呼びます。

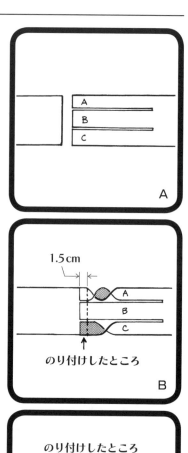

(B)そして、A端を2回捻じって(360度まわす)、反対側の端にのり(布用ボンドか両面テープ)で接着します。1.5センチ位重ね合わせて接着します。次に真中のB端を捻じらずにそのまま接着し、最後に、C端を1回捻じって(180度まわす)接着します。

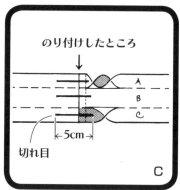

(C)のりが乾いたところで、A、B、C端それぞれの中央にのり付けしてある箇所を含めて、約5センチ程の切れ目を入れておきます。以上で準備完了です。

手作りマジック

方法
(1)準備した布の輪の捩じりのある部を右手に持って、幅広で長い布の帯が輪になっていることを見せてから、

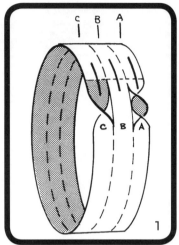

(2)左手でCの輪を引き裂いて本体から離して（図の点線のように裂きます）、右肘に掛けます。

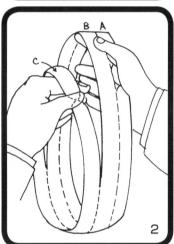

(3)次に、Bの輪とAの輪を引き裂いて離し、Aの輪を観客に渡し、Bの輪を演者が持ちます。そして、それぞれの輪の中央に5センチ位の切れ目があることを教えて、観客に、その切れ目のところからAの輪を縦に引き裂いて2つに分割するように指示してから、演者はBの輪を引き裂いて2つに分割してみせます。

(4)捩りのない演者のBの輪は、図のように真っ二つに分かれて同じ輪が2つ出来ますが、

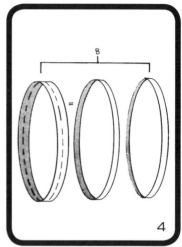

(5)観客が持っている2回捩じってあるAの輪の方は、真っ二つに裂かれた2つの輪は、何故か？奇妙なことに連結しています。

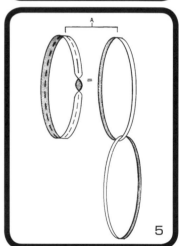

(6)演者は、残っているもう1本（Cの輪）を右腕から外し、もう一度チャンスをあげますからトライして下さい！と言って、Cの輪を観客に渡し、同じように真っ二つに引き裂いてもらうと、2つになるはずの輪が、大きな1つの輪になっているというクライマックスになります。

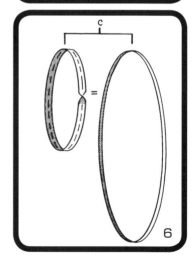

手作りマジック

コメント
布の代わりに紙を使っても出来ますが、輪を引き裂く代わりに、ハサミで切断することになります。

ユーティリティ・コーン

これは、紙で作ることが出来る巧妙な消失用の小道具の1つです。ケント紙とか新聞紙などで簡単な作業で作ることが出来ます。カード、切手などといった平らな小品やシルク・ハンカチーフの消失用として実用的です。

効果
マジシャンは、1枚の紙の裏表を示してからコーンの形に折り畳み、その中にシルク・ハンカチーフを入れます。直ぐにコーンを開くと、シルクは完全に消え失せています。

秘密と準備
(A)新聞紙を使うことにして説明します。同じ頁を2枚用意してぴったり重ねて、図の点線で折り畳んでいきます。
※注：新聞紙は、アメリカの新聞と同じ大きさのタブロイド判（夕刊フジとか日刊ゲンダイ等）を使ってください。

(B)まず下辺を折り上げ、

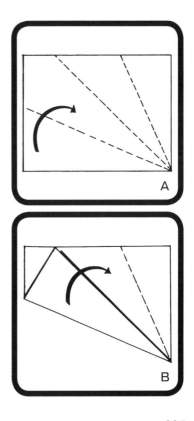

(C)次の点線で折り重ねます。

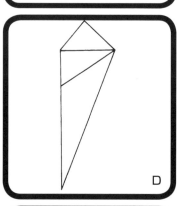

(D)もう1回折り畳んで、図のようなコーン形にします。

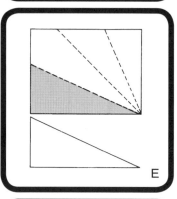

(E)折り畳んだ2枚を開いて、上に重なっている1枚を取り、一番下の折り線に沿って切り取ります（図の灰色の三角の部分）。残りの部分は破棄します。

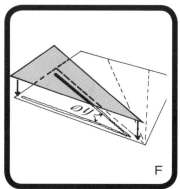

(F)切り取った三角形を、もう1枚の新聞紙の同じ場所にぴったり重ね、2つの長い辺（a、bとa、c）に沿って接着して秘密のポケットを作ります。

手作りマジック

方法
(1)準備した新聞紙をテーブルから取り上げ、秘密のポケットの口を右手で持ち、軽く裏表を改めてから、左手を添えて折り目に沿って折り畳みます。そして、ポケットの開口部が手前になるようにします。

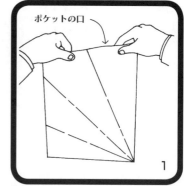

(2)左手でコーンを持ち、右手をコーンの中に入れて広げているように見せて、密かに秘密のポケットの中に右手の指を入れてポケットを開けます。

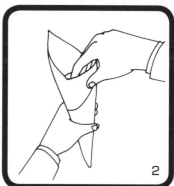

(3)秘密のポケットを開けたら、右手をコーンから外し、テーブルから(又は胸ポケットから)シルク・ハンカチーフを取り上げ、コーンの中(秘密ポケットの中)に押し込みます。

(4)シルクを秘密ポケットの中に押し込んだら、秘密のポケットの口を閉じて、右手の親指と他の指とで秘密のポケットの口と本体の上端を一緒に持ちます。

(5) そして、左手の指（4本）をコーンの内部に入れて、コーンを広げていきます。このとき、右手は動かさずに左手だけで広げていきます。

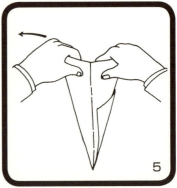

(6) 完全に広げて、中に入れたシルクが消え失せていることを示します。

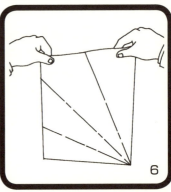

(7) そして、左手を放し、右手首を返して新聞紙の両面を示します。

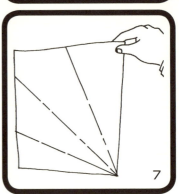

コメント
　方法(7)の後、新聞紙を両手でくしゃっと潰し、適当に丸めてテーブルの上にポンと投げて終ることもあります。こうすることで、使った新聞紙は何の仕掛けも無い普通の新聞紙であることを暗に示すことにもなります。演技全体を通して、単なる新聞の一頁として扱うようにします。「普通の紙」を使っているように見える「ユーティリティ・コーン」は、パーティ・マジック等で理想的なマジック用具の1つで多くの用途が考えられます。次に解説する「魔法の切手帳」もその良い例です。

手作りマジック

魔法の切手帳

　マジシャンは、テーブルから1冊の切手帳を取り上げ、パラパラと頁をめくって、未だ何にも貼ってない新品の切手帳であることを示してから、テーブルの上の飾り台に立て掛けて、全員がはっきりと見ることができるようにします。そして演者は、集めたいろいろな切手がばらばらに入っている透明な袋を取り出し、これらの切手を紙のコーンの中に入れます。袋の中の切手を全てコーンに入れたら、コーンを切手帳の上で軽く振ってお呪いを掛けます。コーンをパッ！と開くと、中の切手が全て消えて無くなっています。直ぐにマジシャンは切手帳を取り上げ、ゆっくりと頁をめくっていきますと、今消えた切手が全頁にびっしりと貼り付いています。

秘密と準備
(A) A4サイズ（21センチ×29.7センチ）の黒色のラシャ紙20枚を用意して次のように切手帳の台紙を作ります。10枚ずつ2つの組に分け、1組の方の紙の右端を図のように斜めに切断します。図は分かり易いように誇張して描いてありますが、AとBの間は、4〜5ミリ位です。

(B) もう1組の方の紙は(A)とは逆の角度で右端を斜めに切断します。勿論CとDの間は4〜5ミリ位です。

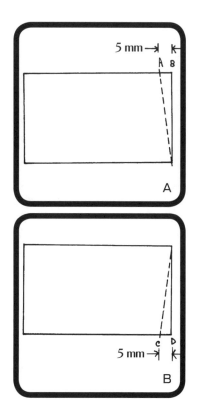

241

(C) 切断が終ったら、Aの組の1枚を一番上にして、残りを交互に組合わせて一緒にします（A、B、A、B、A……Bの順で揃えます）。

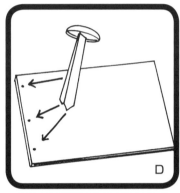

(D) 組合わせた20枚の台紙片を揃え、色の異なる別の紙2枚を表紙として上下に付け加えて左端を割ピンで綴じます。

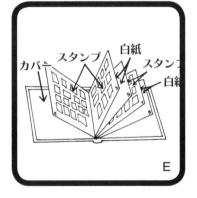

(E) 次のステップは、使い古しの安価な郵便切手の大量入手です。切手ショップとか中央郵便局などで扱っていると思いますが、玩具の切手でも構いません。1,000枚位用意して、上記で作った切手帳の台紙の1枚目の裏（2頁）と2枚目の表（3頁）に切手をきちんと並べて貼り付けます。そして、2枚目の裏（4頁）と3枚目の表（5頁）は空白のままにします。つづけて3枚目の裏（6頁）と4枚目の表（7頁）に切手を貼り、4枚目の裏と5枚目の表（8、9頁）を空白というようにして、見開き頁に交互に切手を貼っていきます。切手を貼る頁は、2と3、6と7、10と11、14、15、18と19で、空白頁は、1、4と5、8と9、12と13、16と17、20です。

(F)以上の作業が終ったところで、出来具合をテストします。左手で切手帳の背（綴じてある方）を持ち、反対の端を右手の指先で持って親指の先から頁を弾き出しますが、まず、F図のように右下隅のあたりを持って台紙を弾き出して、全ての頁が空白に見えることを確認します。反対方向に端を斜めに切断された紙片（A、B図）が、C図のように交互に組合わされていることによって、右手の親指に触れるのは空白頁（1、5、9、13、17、21、25、29、33、37）だけで、その下にある切手の貼ってある頁は親指に触れることなく前頁と一緒に弾き出されるので、全頁が空白に見えるのです。

(G)切手帳を元に戻し、今度は右上隅のあたりを持って台紙を弾き出し、全ての頁がG図のようにびっしりと切手が貼ってある頁に見えることを確認します。

(H)次に、残っている切手を透明な封筒またはビニール袋に乱雑に入れておきます。

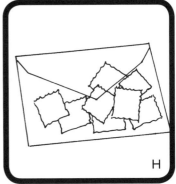

(I)最後に、前項で説明した「ユーティリティ・コーン」を作っておきます。

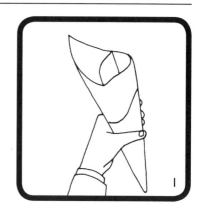

(J)準備した切手帳をテーブルの上の飾り台に、その傍らにユーティリティ・コーンを置きます。ばらの切手の入った透明封筒は上着のポケットに入れておきます(またはテーブルに置いておく)。

方法
(1)まず切手帳を取り上げて観客に示します。未使用の切手帳であることを話しながら、下図のように台紙を弾いて「空白」であることをはっきりと見せます。

(2)切手帳をテーブルの上の飾り台に戻し、全員に良く見えるように立て掛けて飾っておきます。

(3)次に、右手で上着のポケットからばらの切手の入った封筒を取り出し、左手でユーティリティ・コーンをテーブルから取り上げます。そして、コーン(秘密のポケット)の中に封筒の中の切手を全て注ぎ込みます。

(4) ここで、コーンを切手帳の上で軽く振ってお呪いを掛けてから、コーンを開いて、切手が消えてしまったことを示します。

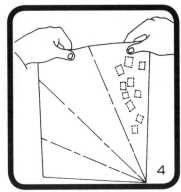

(5) コーンを折り畳んでテーブルの上に戻し、切手帳を取り上げます。図のように右上隅あたりを右手で持って台紙をパラパラと弾き出し、コーンから消えた切手が「魔法」のように全ての頁に飛行していることを見せます。

コメント
　安い写真用アルバムを購入して切手帳を作る手もありますが、その際、枚数が少なくとも20枚位あって、台紙が黒い色のものを選んで下さい。ほとんどの写真アルバムは、台紙を簡単に取り外し出来るので、準備A～Cが容易です。

切り抜いた新聞紙の切断と復元

効果
　マジシャンは、細長く切り抜いた新聞のコラムを示し、半分に折って、折ったところをハサミで切り取ってしまいます。そして、2分割したコラムを広げると、切り分けた端が、不思議な力で自然「治癒」したかのようにぴったりと繋がって元に戻っています。この奇妙な出来事に戸惑いを見せたマジシャンは、紙片をもう一度折り直して、今度は斜めに切断します。それを広げると、紙片は再び復元していますが、切り口に従って、2片はくの字に曲がって繋がっています！そこでまた折り戻して直線で切り揃え、再び始めの形に復元させて終ります。

秘密と準備

(A)この「切断と復活」のアイデアは、本書の前編『マジック大百科 クロースアップ・マジック編』461頁の「インフレーション」のコメントの項に記載した原理に基づいています。まず新聞の一部を細長くカットします。ハサミで一気に切ることができる、幅4～5センチ・長さ40センチ位が適当です。

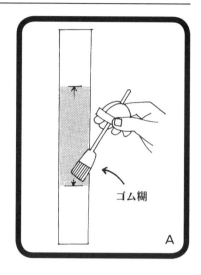

(B)この紙片をテーブルに置き、片面の中央部にゴム糊（自転車のパンク修理用）を薄く均一に塗ります。糊が乾燥したところで、タルカン・パウダーか白粉を振り掛けて、ティッシュペーパーか柔らかい刷毛で糊面に塗り広げます（パウダーで糊の表面を覆うことで、この紙片を2つ折りにしたときに、糊面同士が互いに接着することを防ぐことができます）。以上で準備完了です。

方法

(1)新聞の切り抜きを示し、例えばテレビ番組を切り抜いたのであれば、今夜の見どころを語ったりします。また、広告頁であれば、その商品にまつわる話などをユーモアを交えて話します。

(2)そして、切り抜き紙片の真中から半分に折ります（糊を塗布した面を内側にして折る）。

手作りマジック

(3)今読み終った部分を切り捨てるといった感じで、折り返しから1センチ位下をハサミで真横に一直線で切断します。公然とそしてゆっくりと切り落とすことで、観客は本当に2つに切断されたと思います。

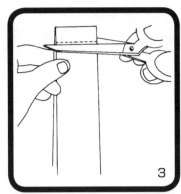

(4)直ぐに紙片を慎重に開き、1枚に復元していることを示します。紙片の切断面が塗布してあるゴム糊によって接着して、テレビ欄が元に戻ったように見えます。

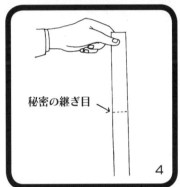

秘密の継ぎ目

(5)ここで、他の番組を紹介してから、再び半分に折って、折り目の下を、今回は図のように斜めに切り落します。

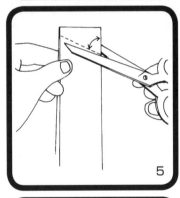

(6)紙片を開けて、再び1枚に復元していることを示しますが、今回は上半分が右に傾いてくの字になっています。

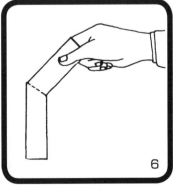

(7)そこで、切断線に合わせてもう一度2つ折りに戻して、今度は左斜め下に切断します。

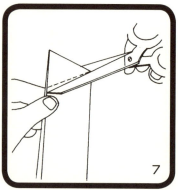

(8)しかし、紙片を開けると、前回とは逆方向に上半分が左に傾斜しています。

(9)そこでもう一度半分に折って、最後に真横に一直線で切り落とします。

(10)紙片を開けて、元のように真っ直ぐになっていることを示します。

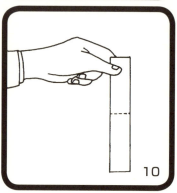

(11)演技を終了するときには、使用している新聞を小さく折りたたんで（またはくしゃっと丸めて）観客の手の届かないところに処理するようにします。

コメント
　紙片がとんでもない形で復元しているのを見て、大げさに驚いて、また「ミス」を繰返してしまう、といったコメディ・タッチの演出で観客の楽しみを倍増させましょう。

魔法の額縁

効果
　マジシャンは、1組のカードをテーブルの上から取り上げ、観客にカードを1枚選んでもらい、そのカードをポケットにしまってもらってから、何も飾っていない空白の額縁を示し、その額縁を布で覆います。ここで観客に、ポケットから選んだカードを取り出し、他の観客にも披露してもらいます。マジシャンが額縁に掛っている布を取り払うと、観客が選んだカートと全く同じカードの絵が額縁の中に現われています。

秘密と準備
(A)写真とか絵を飾る普通の額縁を「魔法の額縁」に仕立てます。20センチ×25センチ位のサイズで枠が細く（図Ⓐ）前面がガラス板（図Ⓓ）で脚の付いた裏板（図Ⓑ）がある普通の額縁で、ⒷⒹを枠Ⓐに差し込む形式の物を購入します。

(B)黒色の不透明な布地（フェルト）を用意して、裏板Ⓑより3～5センチ位長目に裁断します（図Ⓒ）。

(C)そして、裏板Ⓑの表面を黒色に塗装します。

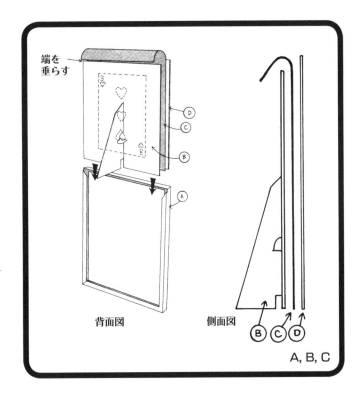

(D)次に、1枚のジャンボ・カードを表向きで裏板Ⓑの表(黒色の面)に貼り付けます。

(E)裏板Ⓑとガラス板Ⓓの間に黒いフェルトⒸを挟み(正面図)、枠Ⓐに上から差し込んで(前頁の背面図)セットします。このときフェルトの上端を、裏板Ⓑの上端を越えて裏側に垂らしておきます。

(F)正面から見ると、ジャンボ・カードの前にある黒色のフェルトⒸによって、空白の額縁に見えます。

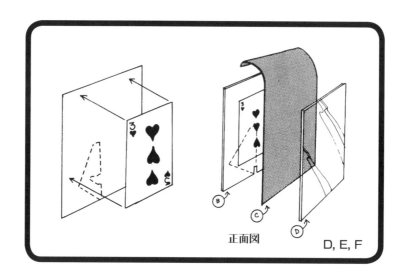

(G)以上のようにセットした額縁をテーブルに立てて置きます。

(H)以上の他に、額縁が十分に隠れる大きさの魅力的なスカーフを1枚とカード1組(デック)が必要です。スカーフは折り畳んで額縁の横に、デックと一緒に置いておきます。

(I)額縁内に準備したジャンボ・カードと同じ表(図の例ではハートの3)のカードを「フォース」する為にデックのトップに置いておきます。以上で準備完了です。

方法
(1)テーブルからデックを取り上げ、観客にカードを1枚選んでもらいますが、額縁内に隠してあるジャンボ・カードと同じ表のカード(例えばハートの3)を「フォース」します。フォースに関しては『マジック大百科 クロースアップ・マジック編』のフォーシングの項・123頁～137頁を参考にして下さい。

(2)カードを観客に選んでもらったら(実際はフォーシングで選ばせた)、そのカードを観客のポケットにしまってもらいます。演者は残りのカードをケースに入れ、テーブルに戻しておきます。

手作りマジック

(3)観客の注意を額縁の方に向け、何も飾っていないことを強調してから、スカーフで覆います。

(4)ここで観客に、選んだカードをポケットから取り出し、他の観客全員に表を見せてカードの数値を明らかにするように要請します。

(5)観客全員にカードが知れ渡ったところで、額縁を覆っているスカーフを取り外しますが、そのとき、額縁の上縁の後ろに垂れている黒いフェルトの上端を一緒に掴んで枠から引き出し、スカーフの中に隠して取り去り、額縁の中に、選択されたカードと同じ表（ハートの3）のジャンボ・カードを現わします。

コメント
　額縁は、写真や賞状、免状等を飾る金属製の細枠の額縁で、ガラスの前面と厚紙の裏面が枠の底面から取り外す仕組になっているものを、事務用品店とか画材店入手して下さい。この額縁の枠を反転させて、上下を反対にして準備(A)〜(E)に従って「魔法の額縁」を作って下さい。

二重の紙袋

　この項は、タイトルが示唆しているように、一部が二重で秘密のポケットになっている紙袋の作り方の説明で、トリックそのものではありません。この紙袋は、ある品物を他の品物に変化させたり、小さな品物を完璧に消し去ったりするときの実用的な「マジック」用の小道具の1つです。この紙袋の強みは、効果を完了した後で半分に引き裂いて袋の中を示すことが出来ることです。

秘密と準備
(A)「ランチ・バック」サイズの底のある薄茶色の紙袋を2枚用意します。その内の1枚を図の点線に沿って切り分けて、Ⓐの部分を捨てます。

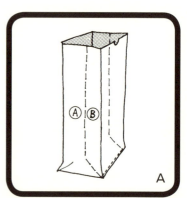

(B)残したⒷの部分をテーブルの上で平らに広げ、図で示した縁に糊を着け、

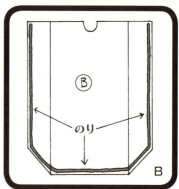

(C)もう1枚の紙袋の中に慎重に挿入して、外袋と同じ位置に切り抜きⒷを接着します。

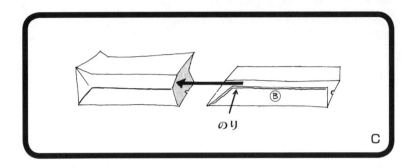

(D)こうして、見た目は普通のランチ・バックで、秘密のポケットの有る紙袋を作ります。

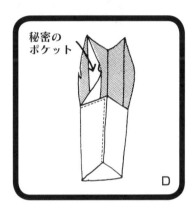

(E)作った紙袋は平らに折りたたんでおきます。ポケットにしまっておくときには、更に2つに折ります。これは観客に普通の紙袋であるという印象を与えるのに役立ちます。そして演技の最後には、紙袋を引き裂いて紙袋の中には何も無いことを観客にはっきりと示すこともできます。この使い勝手のいい小道具の多くの用途のいくつかを説明しておきます。

二重の紙袋の使い方・消失

　二重の紙袋は、紙とか布製の物を完全に消失させたように見せるときに便利な小道具です。ここでは、紙幣を消し去ることにして説明します。

方法

(1) テーブルの上から紙袋を取り上げ、秘密のポケットのある面を手前にして紙袋を開いて、左手の親指を袋の外、人差指を秘密のポケットの中、他の3本の指を紙袋本体に入れて持ち、若干手前傾けて二重の端が見えないようにします。

(2) 右手で紙幣を取り上げ、紙袋の中に（秘密のポケット）入れます。

(3) その紙袋を、テーブルの上の全員がよく見える所に袋の口を手前に向けて置きます。

(4) 紙幣の消失を示すときがきたら、左手で紙袋の口を掴んでテーブルから取り上げ、

(5) 閉じている秘密のポケットの入口を、左手の親指を袋の外側、他の指を袋の内側に入れてしっかりと掴んで持ちます。

(6)紙袋にお呪いを掛けてから、紙袋の前面の上縁を右手で掴み、下方に引っ張って袋を半分に引き裂いて広げ、袋の中を全て曝して紙幣が消えて無くなっていることを示します。

(7)紙袋が空であることを示したら、両手でくしゃと潰して、テーブルの上にポンと投げて処理します。

二重の紙袋の使い方・変化

　二重の紙袋の中で、ある物を全く別の物に変化させることもできます。紙袋の取り扱いは殆ど同じです。

秘密と準備

(A)シルク・ハンカチーフを1枚のカードに変化させることにして説明します。二重の紙袋の本体の方にカードを1枚入れ、袋を平らに折りたたんでテーブルに置いておきます。

方法

(1) 準備した紙袋をテーブルから取り上げ、前項の「消失」の方法(1)と同じように左手で、秘密のポケットの口を開けて紙袋を持ちます (254頁参照)。

(2) 右手でシルクハンカチーフを取り上げ、紙袋の秘密のポケットの中に挿入します。

(3) 秘密のポケットの口を閉め、袋の口を手前に向けてテーブルの上に置きます。

(4) 変化現象を示すときがきたら、左手で紙袋口を掴んでテーブルから取り上げ、閉じている秘密のポケットの口を親指と他の指で掴んで持ちます (254頁4図参照)。

(5) 右手を袋の中に入れ、準備しておいたカードを取り出し、観客に示してからテーブルの上に置きます。

(6)次に、紙袋の前面の上縁を右手で掴み、紙袋を引き裂いて中が空であることを見せます。「魔法」のようにシルク・ハンカチーフが1枚のカードに変化したのです。

コメント

　紙袋の本体の中に準備してある物が、今回のように薄い物であれば、袋を平らに折り畳んでテーブルに置きますが、もし、オレンジのような嵩張る物であれば、袋は開いたまま立てて置くことになります。そして、方法(2)～(5)までを、紙袋をテーブルに立てて置いたまま実行し、紙袋の中からオレンジを取り出した後で紙袋を持ち上げて引き裂くようにします。

サン・アンド・ムーン

効果

　マジシャンは、白い紙と赤い紙、色の異なる2枚の紙の裏表を示してから、2枚を重ねて折り畳み、紙の「真中」を丸く破り取ります。そして、それらの紙片を魔法で復元するために紙袋に入れます。マジシャンは紙袋を小刻みに揺すって魔法のお呪いを掛けてから紙袋の中から紙片を取り出すと、何と！白い紙の真中が赤丸、赤い紙の真中が白丸に入れ換って復元しています。マジシャンはあわてた様子でその紙片を袋に戻して、今度は袋を揺すったりせずに魔法を掛けます。再び紙片を取り出すと、完全に元の状態に戻っています。紙袋を引き裂いて、中に何もないことが示されます。

秘密と準備

(A)30センチ角の薄い紙、白と赤3枚ずつ必要です。この内の白と赤の1枚ずつを第1のペアとします。

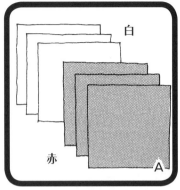

(B)第2のペアは、白と赤の紙の真中を丸く切り抜き、それぞれを入れ換えて糊付けして、図のような白に赤丸、赤に白丸の「間違った復元」の紙を作ります。

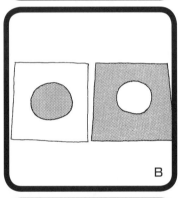

(C)同形の丸を切り取るために、白い紙と赤い紙を重ね合わせ、4つ折りにしてから、図のように真中に当る角を円状に切り取り、

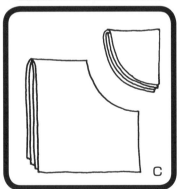

(D)反対色の紙片の真中に1つずつ貼り付けます。

(E)第3のペアは、第1のペアと同様に、そのままの状態です。

(F)使用する紙袋は、前項で紹介した秘密のポケットのある「二重の紙袋」ですが、4つ折りにした紙2組が楽に収納できるサイズの袋を作ります。

手作りマジック

(G)次に、第1のペアの2枚を重ね合わせて、赤を内にして4つ折りにします。第2のペアも同じように4つ折りにします。

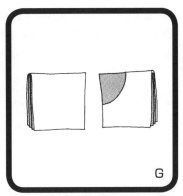

(H)この2つのセットを一緒に二重の紙袋の本体（秘密のポケットではない方）に入れ、

(Ⅰ)紙袋を平らに折り畳んでテーブルの上に置いておきます。その横に第3のペアを置いて準備完了です。

方法
(1)白、赤2枚の紙を1枚ずつテーブルの上から取り上げて示します。

(2)「この2枚の紙の真中を丸く切り抜くために、まず、2枚を重ねて4つ折りにします」と言って図のように折り、

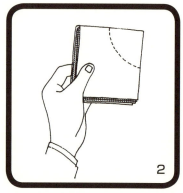

(3)中央に当る隅を4半分の円で切り取ります。

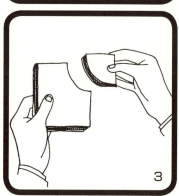

(4)注:円を切るときには、準備した第2のペアで作った円とほぼ同じ大きさになるようにします。事前に何回か切り取り練習をして、いつでも同じ状態で切れるようにしておきましょう。

(5)4半分の円を切り取ったら、外側と一緒に広げて丸い円が切り抜かれていることを示します。

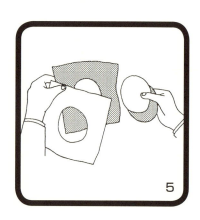

(6)開いた4片を元通りに重ねて折り戻し、準備した紙袋の中(秘密のポケットの中)に入れ、紙袋を閉じて左手で口元を持って「魔法」を掛けているような感じで、袋を小刻みに上下に振りながら、「袋を振ることで魔法が掛かり、中に入れた紙片の切り抜いた部分が元に戻って完全な1枚に復元します!」と説明します。

手作りマジック

(7)紙袋の口を開け、右手を突っ込んで、袋の中から第2のペア「間違った復元」の方を取り出します。

(8)紙袋をテーブルの上に置いてから、取り出した紙片を広げ、真中の円が、間違って赤と白が入れ違って復元してしまったことを示します。

(9)ここで、どうしてこんな事が？といった感じで2枚の紙片を怪訝な顔で見詰めながら2枚を重ね、元通りの4つ折りにします。

(10)「どうも魔法の掛け違いをしたようです！多分いけると思うので、正しい方法でもう一度やってみましょう」と言って、中心部に当る円の部分を切り取ります。

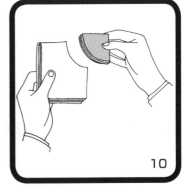

(11) そして、テーブルから紙袋を取り上げて、紙袋の中に紙片を入れたように見せて秘密のポケットにしまいます。

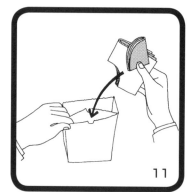

(12)「袋を激しく振ったことが原因で、紙が混ざり合ってしまいました。今度は大丈夫です」と言って、紙袋を静かに保持して魔法のジェスチュアをします。そして、袋を開け、残っている第3のペアを取り出し、袋をテーブルに置きます。

(13) 第3のペアを広げて、今度は完全に復元していることを示します。そして、紙袋を取り上げ、半分に引き裂いて袋を開き、空袋であることを示して終ります。

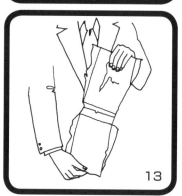

コメント

　紙袋を半分に引き裂いて示すときに、秘密のポケットの存在に気付かれてしまうことがないように、注意して扱って下さい。

ネクタイの切断と復元

効果

　演技を手伝ってくれるボランティアを選んでステージに上がってもらいます。マジシャンは紙袋の中からロープとハサミを取りだし、まずロープをボランティアの首に掛け、ハサミを手渡して改めてもらいます。マジシャンはハサミの切れ味をテストするために、ボランティアの首に掛かっているロープを切って見せますが、間違ってボランティアのネクタイも一緒に切ってしまいます。マジシャンは済まなそうな顔でボランティアを見て、床に落ちた切れ端を拾い上げ、残りの部分と一緒に紙袋に詰め込み、その袋をボランティアに渡しながら、後で奥さんに縫い合わせてもらうように言って、トリックを続ける為に新しいボランティアを募りますが、誰もいません。残っている道はたった1つ、切断してしまったネクタイを魔法で即座に復元することです。そこで、マジシャンは紙袋を受け取り、袋の中から元通りに復元したネクタイを取り出して、ボランティアに返却します。そして、紙袋を引き裂いて開き、何も無いことを示します。

秘密と準備

(A)同じネクタイを2本用意します。裏地の無い安物の方が切断が楽です。そして、布地裁断用の切れ味の良い大型のハサミ1丁と1.5メートルの芯の無い柔らかなロープ（スピンドル）1本が必要です。以上の他に、おなじみの二重の紙袋を、必需品に合わせた大きさで作り、1本のネクタイを、ロープとハサミと一緒に袋の本体に入れておきます。

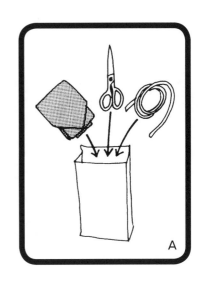

・演技の前に：当日の参加者の中から社交性の有りそうな人を1人選んで陰の協力者（俗に言う「さくら」）になってもらいます。彼の役割を説明して準備したネクタイを締めて観客席で待機してもらいます。そして、時が来たら、人のいいボランティアの役を演じるように頼んでおきます。

方法

(1)演技に入る前に、ボランティアを募り、打合わせをした人を選んでステージに上ってもらいます。そして、紙袋から、ロープとハサミを取り出し(ネクタイは残します)、袋をテーブルに戻して、ボランティアの左側に立ちます。

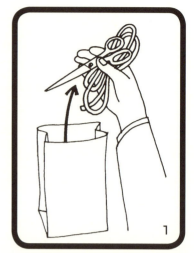

(2)ロープをボランティアに渡し、よく改めてもらってから、そのロープをボランティアの首に掛けて、両端を図のように体の前に垂らします。

(3)次にハサミを渡してから、体の前に垂れているロープの両端を一緒にして左手に持ち、1本のロープを1回切断するだけで3本に切り分けることに挑戦すると言って、ハサミをボランティアから返してもらって右手に持ってハサミの刃を開き、下の刃を垂れている2本のロープの後ろにくぐらせて(同時にネクタイの後ろにも通してしまう)、

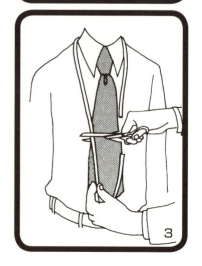

手作りマジック

(4)素早く、ロープ2本とネクタイを一緒に切断してしまいます。するとロープの端2本が演者の左手に、ネクタイの先端は床に落ちると言う散散な結果になります。

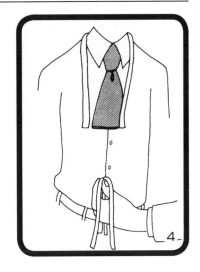

(5)注：ここが演者とボランティアに成り済ました「さくら」が演技力を発揮するところです。観客の大切なネクタイを誤って切り落してしまうというとんでも無い惨事を、演者がユーモアでどう取り繕うのか、ボランティア（さくら）の反応はどうなのか、あなた達2人に合った演出を考えてみて下さい。筆者からの1つの提案は、ボランティアの反応は無視して、更にトリックを続けている感じでネクタイを何回か切り落して（間違ってもボランティアを傷付けないように）コメディー・タッチにしてしまうのです。

(6)ロープを全て処分してから、切り落としたネクタイの切れ端を床から拾い集め、ネクタイの残りもボランティアのシャツから外してもらって全て一緒に2重の紙袋の秘密のポケットの中に入れます。

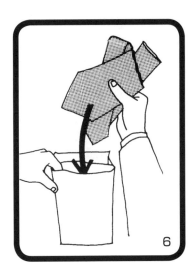

(7)袋をボランティアに渡して、奥さんに縫い合わせてもらうように示唆します。そして、マジックをやり直すと言って、すぐに新しいボランティアを募りますが、ネクタイを切断されたボランティアの抗議を受けて、もう少しマジックを続けることにします。紙袋にお呪いを掛けてから袋に手を入れ、準備してあるネクタイを取り出します。

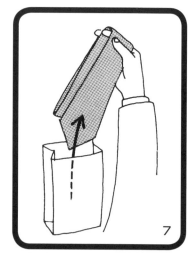

(8)ネクタイをボランティアに返却してから、使用した紙袋を引き裂いて何もない空の袋であることを示して終ります。秘密のポケットの中に残っている切り刻まれたネクタイが顔を出さないように注意して下さい。

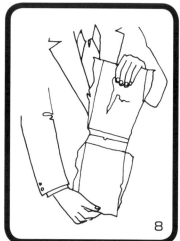

ワイングラスの出現

効果

　マジシャンは、胸ポケットから洒落たハンカチーフを取り出して、裏と表を改めてから、右手の平の上に掛けます。ハンカチーフの真中を左手で摘んで持ち上げて手を放すと、ハンカチーフは真中が盛り上がったままです。マジシャンがハンカチーフを取り去ると、そこには、ワインがなみなみと注がれたワイングラスが出現しています。

手作りマジック

秘密と準備
　脚の長い小振りのワイングラスと不透明で衣装にマッチしている大判のハンカチーフ、その他に、ワイングラスの蓋になる柔らかく薄いビニールシートかグラスの口径にぴったり合うゴムのボールかゴムキャップの内のいずれかが必要です。これらの品物は、東急ハンズで入手可能ですが、ゴムボールとゴムキャップ（厚手のゴム円盤）共に、グラスの口径にぴったり合うものを見付けるのに相当の手間が必要になります。それに比べて、ビニールシートをグラスの口に被せて太目の輪ゴムで止めておく方法の方が簡単でお勧めです。また、使用するビニールシートもスーパー等のレジ袋で代用できます。グラスに被せたとき、折り返しが2センチ位になるような大きさの円形に切ります。いずれを使うにしても、使用するワイングラスに水を適量に入れて実験して下さい。

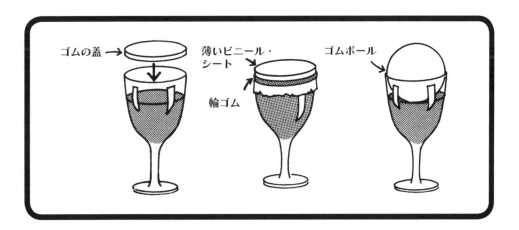

(A)使用するワイングラスが決まったら、上演時に着用する上着と同じような布でグラスの底と同じサイズの円を切り抜いて、図のようにグラスの底に貼り付けておきます。

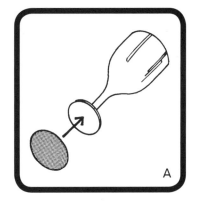

(B)次に、ワイングラスに赤ワイン（または着色水）を4分の3位注ぎ、上記のいずれかで蓋をして密封します。

(C)準備したワイングラスを、底を前に向けて左腕で挟みます(グラスの底に上着と同じような布を貼り付ける理由はここです)。そして、ハンカチーフを胸ポケットに飾ってステージに登場します。

方法
(1)ステージ中央に登場したところで、すぐに胸ポケットからハンカチーフを取り出し、図のように両手に持って広げて示します。

(2)図は、自分の方から見たときの両手の持ち方で、親指を縁の上に当て、他の指をハンカチーフの裏面に当てて両端を掴むようにします。

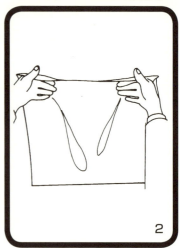

(3)ハンカチーフの両端を2図の持ち方でしっかりと持って、図のように左腕が外、右腕が内側になるように腕を折り重ねるようにしてハンカチーフの裏面を示します。このとき、左腕に挟んであるワイングラスの下に右手を当て、密かに人差指と中指の間にグラスの脚を挟んでしっかりと掴みます。すぐに左腕をゆるめてグラスを放すとグラスはボウル(碗)の重みで下に弧を描いて下がり(人差指と中指で挟んでいる所を軸に45度回転してボウルが下に下がる)、グラスの底が右手の人差指と中指に引っ掛って右手の甲側にぶら下がります(グラスはハンカチーフの右隅側の裏に隠れます)。

(4)すぐに左腕を左の方に、右腕を右の方に開いてハンカチーフを元の状態に戻します。ワイングラスは、図のように右手の指の下にぶら下がってハンカチーフの右隅の後ろに隠されています。

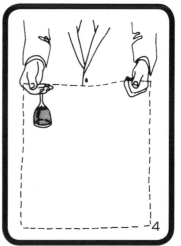

(5)ハンカチーフの裏表を改める演技の中で、ワイングラスを密かに「スチール(こっそりと取る)」してくる操作(方法1〜4)は、右手の操作に気をつかい過ぎて演技の流れがぎくしゃくすることがないように、一連の動作としてスムーズに演じることを心掛けて下さい。まず、ワイングラスの位置、右手でグラスをスチールするときのハンカチーフの高さと体の角度などを鏡の前の練習で点検し、問題点を解決した上で、「スチール」が自然になるまで練習を重ねて下さい。

(6) ワイングラスは、右手の下で逆さになってぶら下がった状態でハンカチーフの右隅の後ろに隠れています。ここで、右手をハンカチーフから放し（左手は放しません）、ハンカチーフの下で素早くハンカチーフの真中に滑らせていって、右手の平（とぶら下がっているグラス）の上にハンカチーフを掛けて左手をハンカチーフから放します。観客からは、空の右手の上にハンカチーフを掛けたように見えています

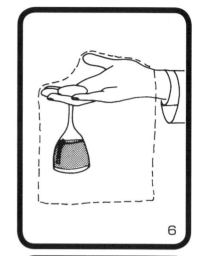

(7) 次に、左手の指先でハンカチーフの真中を摘んで真上に持ち上げて、右手の平の上でハンカチーフの「テント」を作ってみせます。少し間を取ってから、左手のつまみを放してハンカチーフを手の平の上に落として、元通りに戻します。
注：ハンカチーフを持ち上げ過ぎてワイングラスが見えたりしないように注意しましょう。

(8) もう一度同じようにしてテントを作りますが、ハンカチーフを持ち上げるときに、同時に右手の指を曲げて図のようにワイングラスを起立させます。そして、前と同じようにハンカチーフを放しますが、今回はグラスの輪郭が現われて、不思議な瞬間になります。

(9)左手の指先で、ハンカチーフ越しに輪ゴムを摘んでグラスの口から外し、ハンカチーフと一緒に輪ゴムとビニールシート（または使用している蓋）を取り去って、右手に現われたワインがなみなみと注がれているワイングラスを示します（指を伸ばして手の平の上に置きます）。ハンカチーフを脇に置き（蓋も一緒に）、ワインを飲み干して観客に乾杯をして終ります。

消失ボックス

　マジシャンは、鳩とか仔うさぎといった小さな動物を奇麗な箱の中に入れます。すぐに箱はばらばらに解体され、全ての部分が観客の目に触れることになりますが、不思議なことに、中に入れたはずの小動物は影も形もなく消え失せています。

秘密と準備
　この格好いい小動物の消失を演じるには、特別仕掛けの木箱を製作する必要があります。手間暇がかかりますが、おそらく長く使うことになると思うので、製作に踏み切ってみては！

造り方
　ベニヤ板（5ミリ厚）と角棒（7ミリ角）で箱の材料を次のように作ります。

(A) 箱の枠板：13センチ×30センチ・2枚（図A、B）、13センチ×22センチ・2枚（図C、D）

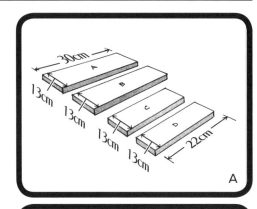

(B) 蓋と底板と額縁：25センチ×33センチ・3枚、この内の1枚の中央に18センチ×26センチの穴を切り抜いて3.5ミリ幅の額縁（図G）を作ります。残りの2枚が蓋と底板（図E、F）です。

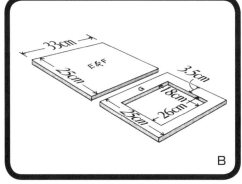

(C) 桟木：22センチの角棒5本

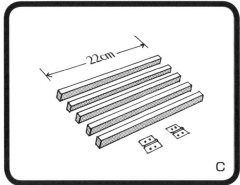

　上記の材料で各部品を作ります。
(D) 箱枠：(A)の4枚の枠板を組み合わせて、柩形の箱枠を作ります。内法が29センチ×22センチになるようにA板とB板がC板とD板の端に重なるように糊付けします、（出来れば隠し釘を打ちます）。

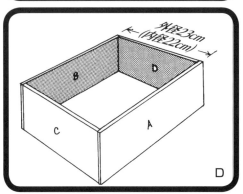

(E)底：材料(B)で作った底板Fの表面に(C)の桟木2本を箱枠の内法（図の点線）に合わせて釘付けします。

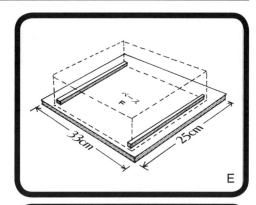

(F)蓋：蓋板Eと額縁Gの長辺を付き合わせて図のように丁番で止めます。

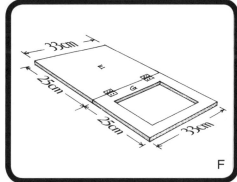

(G)上記(F)の蓋を2つ折りにして、額縁の方に桟木を2本を図のように釘付けします（Eと同様に、箱枠の内法に合わせます）。

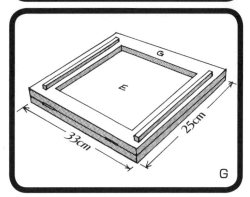

次に、丈夫な黒色の布で小動物を隠す秘密の袋を作ります。
(H)黒色の布を幅22センチ長さ40センチに裁断します。この布の上端から5センチ下と下端にマジックテープのメス（柔い方）とオス（固い方）を図のように接着します。

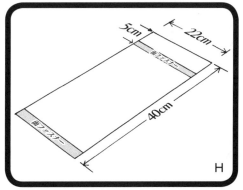

(I) 次に、布を図のように折り畳んで、上下のマジックテープを合わせて止め、下部の両側を10センチ縫い付けて袋状にします。

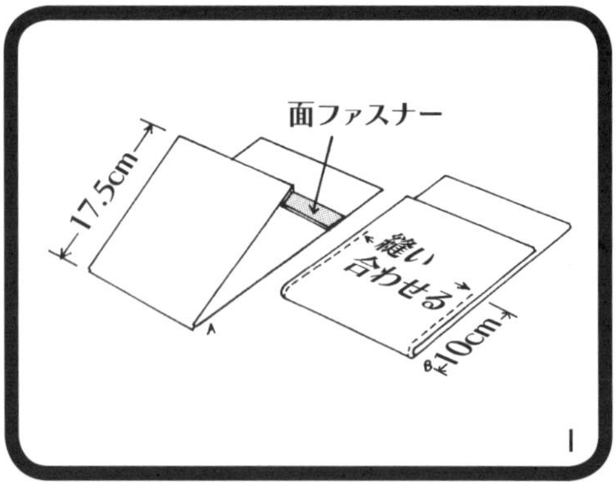

(J) そして、(G)の額縁の丁番側に上記の袋の上端を糊付けし、桟木で釘付けしてしっかりと固定します。

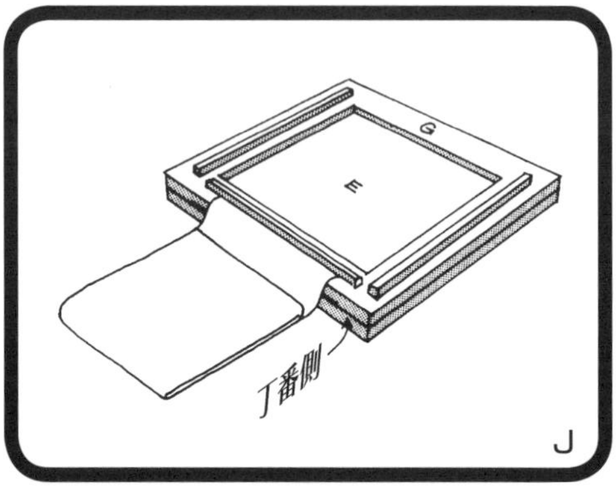

　出来上った部品を次のように組み合わせて消失ボックスを作ります

(K) 底板をテーブルに置き、その上に箱枠をはめ込み、更にその上に額縁を下にした蓋を載せて（丁番のある方を観客側）嵌めこみます。

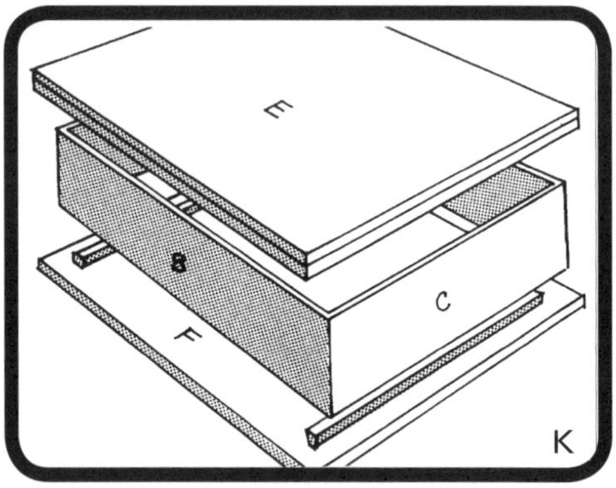

(L) 上蓋を開け、布袋の止めてあるマジックテープを放して袋の入口を開けておいて、上蓋を閉めておきます。

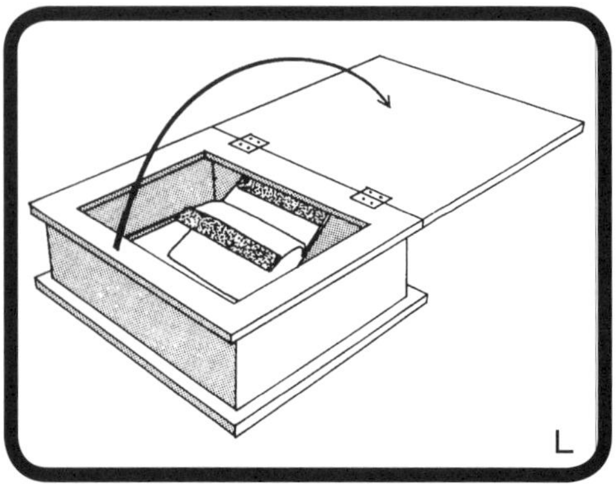

(M)部品を組み上げる前に、各部品をお好みの色で塗装しておきます。

方法
(1)仔うさぎ（または他の小動物とか物品）を観客に示してから、テーブルの後ろに立って箱の上蓋を開けます（L図）。そして、ゆっくりと慎重に、仔うさぎを袋の中に入れ、マジックテープを合わせて袋の入口を閉じて上蓋を閉めます。

(2)この後、箱を分解して箱の中の仔うさぎを「消失」するのですが、マジシャンだけで演ずるより、アシスタントと一緒に演じた方が器具の扱いが楽で危険性も少なくなります。そこで、アシスタントに演者の左側に立ってもらっていることで演技をすすめていきます。

　まず上蓋を開けます（L図）。次に、額縁の手前の縁を握って2図のように額縁と接続している上蓋全体を持ち上げると、仔うさぎを入れた秘密の袋が箱枠から出て、観客が今表と裏を見た上蓋の後ろに隠れます。この額縁をアシスタントに渡します（観客に上蓋の後ろに隠れている姿がちらっと見えたりしないように注意して渡して下さい）。

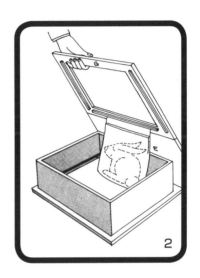

(3)箱主体の方に視線を移し、仔うさぎが入っていると思われている箱枠を両手で抱えるようにしてゆっくりと持ち上げ、観客の方に2〜3歩近付いたところで、突然、枠を回転させて底抜けの空箱であることを見せます。この枠をアシスタントの腕に掛けます。そして、テーブルに残っている底板に視線を戻し、何かを後ろに隠し持っているような感じで

手前側を起こして垂直に立てて3図のように持ち上げて、観客の方に近付いてから、ゆっくりと底板を回転させて裏表を改めて、仔うさぎが完全に消滅してしまったことを示します。

紙吹雪がキャンデー・1

　マジシャンは、色とりどりの紙吹雪がたっぷりと入ったボウル（お椀型の大きな器）を観客に示してから、そのボウルをテーブルに置き、紙コップでボウルの中の紙吹雪を掬いあげてそれをシャワーのように散らしてボウルに戻したりして、紙吹雪が本物であることを見せます。何回か繰り返した後、最後に紙コップに紙吹雪を山盛り一杯掬い取り、ハンカチーフで覆います。お呪いを掛けてハンカチーフを取り除くと、不思議や不思議、紙コップの中の紙吹雪はキャンデーに大変身！マジシャンは、そのキャンデーを会場の子供たちに配ります。

秘密と準備
　この演技には、次の物が必要です。
(A) 中型の紙コップ2個、不透明なボウル（お椀型の器）1個、いろいろな色が混ざり合っている紙吹雪沢山、1個1個包装されているキャンデー適量、不透明なハンカチーフ1枚、厚紙少々。

(B) まず、紙コップ1個と厚紙、紙吹雪で秘密のコップを作ります。厚紙で紙コップの口の内径に合う円盤を作り、その上に紙吹雪を糊付けします。この円盤の一箇所に小さなつまみを付けておきます。コップにキャンデーを一杯詰め、紙吹雪付きの円盤をコップの口に嵌め込みます。以下、このコップをB、空のコップをAと呼びます。

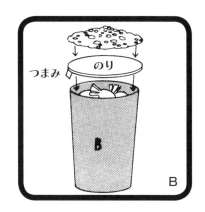

(C)図のように、つまみをコップの口から突き出しておきます。

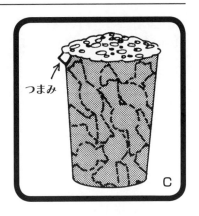

(D)ボウルに紙吹雪を八分目程入れ、紙コップ・Bを観客から見えないようにボウルの縁近くに横たえて隠しておきます。

(E)準備したボウルと紙コップ・Aをテーブルの上に置き、ハンカチーフを上着のポケットに入れて準備完了です。

方法
(1)紙コップ・Aを取り上げ、空っぽであることを見せてから、ボウルの中に入れて紙吹雪を掬い上げます。このとき、隠してある紙コップ・Bが誤って露出しないように注意して下さい。

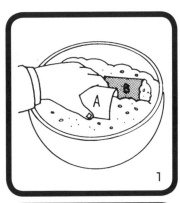

(2)掬い出した紙吹雪を、適当な高さからシャワーのように散らしてボウルの中に戻して、普通の紙吹雪であることを示します。同じことを1〜2回繰り返してから、

(3)空の紙コップ・Aをもう一度ボウルに入れますが、今回は紙吹雪の中に潜らせるように深く入れます。

(4)紙コップ・Aを紙吹雪の中に置いて、代わりに秘密の紙コップ・Bを持ち、

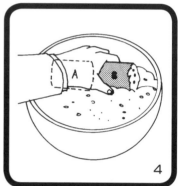

(5)紙吹雪を目一杯掬い取った感じでボウルから出します。このとき、余分に掬った紙吹雪がこぼれ落ちてくるようにします。
注:この持ち替えの操作は、掬い上げる1つの動作の中で行います。

(6)余分な紙吹雪を軽く払い落としてから、目一杯紙吹雪が入っているコップを観客に示します。

(7)そして、ハンカチーフを取り出して、紙コップの上に掛けます。魔法のジェスチャーをしてお呪いを掛けます。

(8)ハンカチーフ越しに、蓋のつまみを掴み、

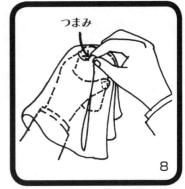

(9)ハンカチーフと一緒に蓋を取り上げ、ハンカチーフをボウルの中に落とします。後は、紙コップの中にあるキャンデーを現わし、子供たちにプレゼントして終演を飾るだけです。

紙吹雪がキャンデー・2

この方法は、第1の方法で使っている不透明なボウルの代わりに、前面が透明ガラスで中が透けて見える箱を使うこと以外は、全て同じです。

秘密と準備
(A)第1の方法と全く同じ仕掛けの紙コップ・Bと普通の紙コップ・A紙吹雪の他に、幅30センチ、奥行15センチ、深さ20センチで、前面が透明板ガラス（またはプラスチック）の木製の箱を作って、次のように仕掛けをします。

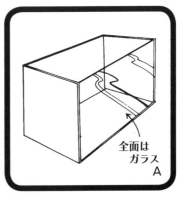

(B) 前面から5センチ後ろにもう1枚の透明板ガラス（またはプラスチック）板で仕切りを作り、箱を2部屋に分けます。

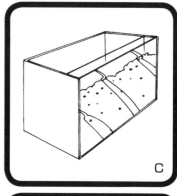

(C) 前方の部屋の中に4分の3位紙吹雪を入れ、

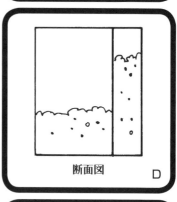

(D) 後方の部屋の中に半分程紙吹雪を入れます。

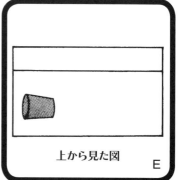

(E) そして、後方の部屋の紙吹雪の上に、仕掛けをしてある紙コップ・Bを口を左に向けて左端の方に置いておきます。前方の部屋の紙吹雪で紙コップ・Bは観客の方からは見えません。

方法

(1)演技全体は第1の方法と同じですが、前面が透明な容器を使うことによって、観客が演者が容器の中の紙吹雪を実際にすくっている行動を見ることができるという利点が加わっています。同時に何も気にすることなく、大胆に紙コップをすり替えることができます。

紙吹雪がキャンデー・3

効果

　効果は前の2つの方法と同じです。紙吹雪を入れておく容器も、ボウルでも前面が透明な箱でも使用できます。

秘密と準備

(A)この方法では、まず、紙コップ・Bの上縁を切り取ってから、紙吹雪を糊付けした蓋を装着します。

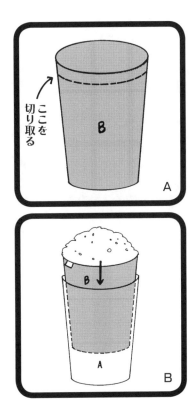

(B)そうすることで、仕掛けをした紙コップ・Bは、もう1つの紙コップ・Aの中にぴたっと収まり、

(C)見た目には、1個のコップのように見えます。

(D)仕掛けの紙コップ・Bを、紙吹雪を入れてある容器（ボウル、または透明な箱）の左側の方に、口を左に向けて隠しておきます。

方法
(1)空の紙コップ・Aを右手に持ち、容器の中の紙吹雪を掬い上げて、それを散らしながら容器に戻します。

(2)また同じように紙吹雪を掬うときに、紙コップ・Aを紙コップ・Bに被せて一体にして掬い上げます。この後は、前の2つの方法と同じように演じます。

コメント
　この方法の利点は、コップを持ち替えるときの躊躇を排除し、よどみなく、1つの動作で掬い上げられることで、全てが自然な動作で演技できることにあります。

感謝の表示・1

効果

マジシャンは、大きな真四角な布を広げて表、裏共真っ黒なことを示します。その布を、マジシャンが一振りすると、「Thank Youの文字」が魔法のように布面に現われます。

秘密と準備

(A)黒色のベルベット（または別珍）を購入して、幅70センチ長さ210センチに裁断します。この布を、70センチ等分でB図のように3つ折りしにして3つの面（A、B、C）を作ります。

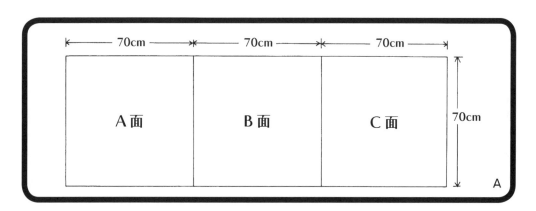

(B)ベルベットの表面（起毛している面）を下にしてテーブルに広げ、70センチ間隔で次頁のB図のように3等分に折り畳みます。A、Bの両面中央を横切る、X軸を共通の軸として開閉できるように点線で縫い合わせます（A面とC面の端が出会っている所は縫わずにポケット状にしておきます）。

　A面の下半分（B図の垂直に立ち上がっている部分）が「フラップ」状態になっていて、折り上げるとB面が現われ、折り下げるとA面が現われます。しかし、表示布の裏（C面）は変化しません。この「フラップ」の折り目の内側の両隅に金属のワッシャーを錘として縫い付けておきます。この錘によって、「フラップ」を落としてA面を現わすとき、素早く、布が真っ直ぐに垂れ下げることができます。

　以上の他に、伝えたいメッセージ（例えばThank You）を書く為の幅25センチ、長さ50センチのベルベット（黒色）2枚を用意します。メッセージを書き込む魅力的な方法の1つは、膠で溶いた白絵具でメッセージを書き、その上に金粉を撒き散らしてキラキラと輝きを与えて乾燥させます。もう1つの方法は、明るい色の布地で個々の文字を切り抜い

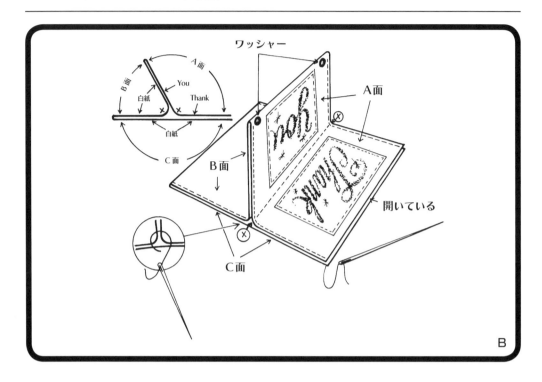

て糊付けする方法です100円ショップで薄手のフェルト入手可能、色も豊富です)。お好きな方法でメッセージを2枚に分けて書き、所定の位置(B図参照)に縫い付けます。こうすることで、メッセージを交換することができます。

この表示布をC面を下にしてテーブルの上に置き、A面を覆うように「フラップ」を折り畳んで、座金の錘が付いている端をポケットの口にあたる端にぴったり重ねます。この両端が重なっているところが「上」になります。

方法
(1)演技の最後を飾るときがきたら、テーブルの上に準備した表示布の右上隅(錘とポケットの右隅が重なっている所)を右手で、左上隅を左手に持って取り上げ、B面を観客の方に向けて真っ黒な布を見せます。

(2) 両腕を交差させて表示布の裏側（C面）を見せて、両面共に真っ黒であることを示します。このとき、両端をぴ〜んと張って、上端の重なった端が乱れないようにします。

(3) 両手の交差を解いて1図の状態に戻します。

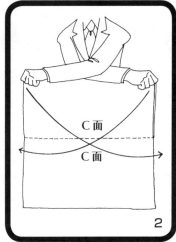

(4) ここで、両手を鋭く上下に小さく振って、「フラップ」を振り落とします。

(5) 2つの錘で「フラップ」は素早く落ち、黒い布に突然「Thank You」の文字が浮かび上がります。

感謝の表示・2

効果

マジシャンは、大きな真っ黒な布を両手で広げて示します。そして、この布を助手の手を借りて半分に折り上げ、その折り口の中に2本のロープを入れます。マジシャンが折り上げた半分を落として布を開くと、黒布の表面にロープが「Thank You」と文字を綴っています。

秘密と準備

前作品の変化形で、輝く文字の代わりに、柔らかいロープで綴った文字を表示布のA面に縫い付けて（または糊付け）おきます。この表示布を、「感謝の表示・1」のときと同じように「フラップ」でA面を覆った状態でテーブルに置き、その傍らに、布に貼り付けたロープと同じ材質で同じ位の長さのロープ2本を準備しておきます。

方法

(1) 準備した表示布の両端を持って取り上げ、第1の方法の1図（284頁）のように広げて空白のB面を示します。そして、2図（285頁）のように裏側（C面）を見せて、表裏共に空白であることを示して元の（1図）の状態に戻します。

(2) 次に、助手に表示布の垂れ下がっている縁の両端を持ってもらい、2図のように折り上げて2つの端を演者に渡してもらいます。

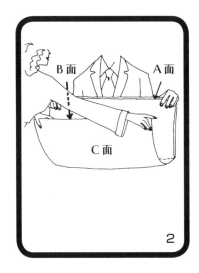

(3)演者は、A、B、C3面の両端を両手で一緒に持つことになりますが、このとき、両手の人差指を2つ折りになっているA面の両縁の間に入れて持ちます。

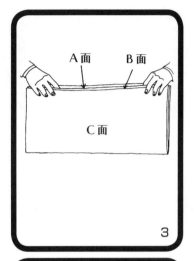

(4)そして助手は、2本のロープをテーブルから取り上げ、演者が持っている2つ折りにした表示布の中に落します。実際は、表示布の「秘密のポケット」（縫い合わせていないA面とC面の両縁の間284頁B図参照）の中に2本のロープを入れます。

(5)助手が離れたところで、観客の方に一歩踏み出し、折り上げたB面の下縁と「フラップ」を瞬時に振り落として、ロープが綴る魔法のメッセージのあるA面を広げ、

(6)「Thank You」を示して演技を終ります。

感謝の表示・3

　ロープで文字を綴る代わりに、今流行のスワロスキーのキラキラと輝く模造ダイヤを表示布のA面に貼り付けて黒地に鮮やかに光輝く感謝文を綴ることも出来ます。第2の方式の方法(3)で布を半分に折り上げた後、ロープの代わりに、ワイングラスに入れた宝石を「秘密のポケット」に注ぎ込んで、宝石が綴った「Thank You」で、絢爛に終演を飾ります。この他にも、クリスマス・ツリーを飾る虫球で電飾する手もあります。

水入り容器の消失

　水を注ぎ込んだ大きなボウルの消失現象は、液体を使ったトリックの中でも最も魅力的なものの1つです。

効果
　マジシャンの助手は、大きなボウルを薄いトレイの上に載せて登場してきます。マジシャンは、水差しを取り上げて、ボウルに水を注ぎ入れ、その上に綺麗な布を掛けて覆い

ます。そして布で覆われたボウルを取り上げて観客の方に歩を進めます。突然！マジシャンは持っているボウルを空中に投げますと、水の入ったボウルは空中に消え、布だけが舞い落ちてきます。

秘密と準備
(A)軽量の金属製またはプラスチック製のボウルを購入して、次のような細工をします。まず薄い透明なプラ板またはビニール・シートをボウルの口に合わせて半円形に切って、ボウルの口に接着します、接着面から水が漏れないように防水セメントでしっかりと密着します。次に凸状のブラケットにL型のフックが引っ掛るようになっている金具を用意して、フックの方をボウルの底部の外側に取り付けます（ボウルの底にドリルで穴をあけ、ナットとボルトでフックを固定して、ナットのまわりを防水処理しておきます）。

(B)トレイ（平らな盆）：5ミリ厚位の合板を切って作るか、木製またはプラスチック製のトレイを見付けて購入します。トレイの表面中央にブラケット（フックを引っ掛けて止める金具）をネジ止めして、トレイと同じ色に塗っておきます。

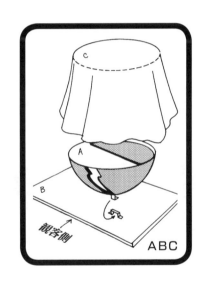

(C)覆い布：ボウルをすっぽりと覆い隠せる大きさの不透明で真四角な布2枚を用意します。そして、ボウルの口径に合った円盤を厚紙で作り、この円板を2枚の布の間、真中に接着してから縁を縫い合わせます（図A、B、C参照）。この布を折り畳んで、ボウルと水差しと一緒にテーブルに置いておき、トレイは助手に持たせて待機していてもらいます。

方法
(1)助手を呼び入れ、両手で持ったトレイの上にボウルを置き、密かにフックをブラケットに差し込んで固定します。このとき、ボウルの口が半分プラスチック板で塞がれている方が助手の方に向いているようにします。テーブルから水差しを取り上げ、ボウルに適度に水を注ぎ入れます。

(2)水差しをテーブルに戻し、布を取り上げ、両端を持って図のように広げます。このとき、「秘密」の円盤の存在に気付かれないように扱って下さい。

(3)布の中の円盤をボウルの口に合わせて、ボウルとトレイを布で覆います。

(4)ここからは演者と助手の共同作業になり、タイミングが必要です。演者は両手で布越しにボウルの縁を両側から持ってボウルをゆっくりと持ち上げ始めます（実際は、布の中の秘密の円盤を持ってそれらしく持ち上げる）。同時に助手は、トレイの前端を手前に傾けて垂直に立て（裏面を観客の方に向ける）一歩下がります。

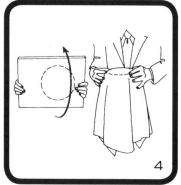

(5)この図は、4図の側面図でボウルに注いだ水の状態を示しています。

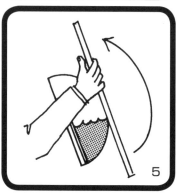

手作りマジック

(6) 布越しにボウルを持った演者は、観客の方に近付いていき、観客の関心を布の中にある水の入ったボウル（実際には秘密の円盤だけ）に引き付けておき、助手はトレイを片手に持って舞台袖に下がります。

(7) 更に近付いていきながら、わざと「つまずいたり」して、目の前の観客を一瞬ひやっとさせて緊迫感を高めます。突然！布を空中高く投げ上げ、落ちてきた布を掴んで大きく振って、水の入ったボウルが空中に溶けて消え失せたことを示します。あらためて布の両面を改めてから布を助手に投げ渡して演技を終ります。

コメント

　314頁の「フー・カン」を、この「水入り容器の消失」の導入部に使うことで、ストーリー性のある次のような演技が可能になります。まずフー・カンに注ぎ入れた水を瞬時に消し、フー・カンを逆さにしても一滴の水も残っていないことを証明した後、助手がボウルをトレイにセットします。そして、フー・カンに水を「呼び戻し」その水をボウルに注いでボウルごと水を「再消失」してしまうと言う2つの現象を掛け合わせることで、より「不思議さ」のあるクライマックスを作ることができます。

うさぎ小屋の消失

効果

　これは、「水入り容器の消失」と同じ原理のものですが、水入り容器の代わりに、うさぎ（または他の小動物）を入れた箱を消失させます。可愛らしい小動物が大好きな子供たちのために優れた効果を発揮してくれること請け合いです。

秘密と準備

(A) 5ミリ厚位の合板で、消したい小動物に合った大きさの蓋付の箱を作ります。蓋は丁番での開閉式で、図のように止め金を付けます。底の裏面2箇所に、トレイのブラケットに対応するフックを取り付けます。そして、箱の脇に小動物のための空気孔を開けておきます。出来上ったら、箱を好みの色で塗装し、それとは別の色でトレイも塗装します。

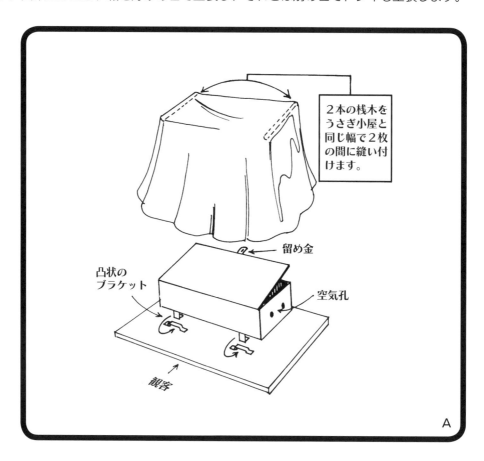

(B) 2本の桟木を2枚の布の間の図の点線で示した位置に取り付けて布を縫い合わせます。2本の桟木の間隔は箱の横幅、桟木の長さは縦幅に合わせて取り付け、布越しに両手で桟木を掴んで持ち上げたときに、布の下に小動物の箱の形が保たれているようにします。

方法

(1) 箱を示してから、助手に持たせたトレイの上に、底板のフックをトレイのブラケットにしっかりと挿し込んで設置します。蓋を開けてうさぎを箱の中に入れ、蓋を閉じて止め金を掛け、布で覆います。

(2) 前述の「水入り容器の消失」の方法(2)、(3)を行います。

手作りマジック

(3)そして、布越しに箱の両側を両手で掴んで持ち上げたように見せて、2本の桟木を両手に1つずつ持ち、布をぴ〜んと張って箱の外形を保って持ち上げます。

(4)それに合わせて助手はトレイを傾け、箱をトレイの裏に隠します。

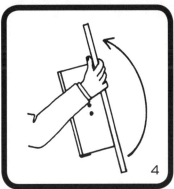

(5)布越しに箱を持っているように見せながら、観客の方に近付いていき、突然！布を空中に投げ上げて、箱とうさぎを消失します。

コメント
　布を空中に投げ上げて箱とうさぎを消失させたとき、落下してくる布の一隅を掴んで鋭く布を振り下ろしてから、その布を左腕に掛け、一礼して格好よく終りましょう。

取り出し箱

効果

演者は、テーブルに置いてある普通の靴収納箱を取り上げ、中が空であることを示してから、テーブルの上に戻し、今度は蓋を取り上げて両面を示してから箱に蓋をします。マジシャンはその箱を取り上げて、もう一度箱の周囲を改めてから箱をテーブルに置き直します。どこから見ても何一つ怪しいところのない空箱の中から、まるで魔法のように鳩が出現します。

秘密と準備

普通の蓋付の靴収納箱と黒色のフェルト布、ナイロン・テグスで、次のような仕掛けを作ります。

(A)取り出し用の小動物（鳩と仮定します）を隠しておく黒い布袋を黒色のフェルトを縫い合わせて作ります。サイズは使用する靴箱によって決めますが、説明上、30センチ×18センチで深さ12センチの箱と仮定します。黒色のフェルトを20センチ角に切り、半分に折り畳んで両縁を縫い合わせて、図のような袋を作り、開口部の両縁の中央にスナップを縫い付けます。

(B)強く丈夫な透明な釣り糸で、上記の袋を靴箱の蓋の折り返しの縁に吊り下げます。

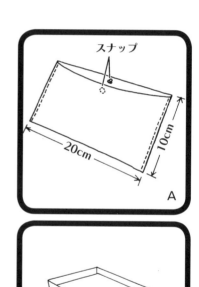

(C)蓋を垂直に立てたとき、図のように蓋の表面中央に袋がぶら下がるように糸を調整します。

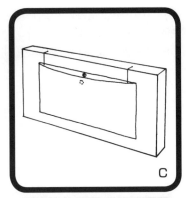

(D)袋の中に鳩を隠しスナップで袋の口を閉じます。袋をテーブルの手前の端から垂れ下がるようにして、蓋の口を上に向けてテーブルの縁近くに置き、その前方に、中を観客の方に向けた箱を置きます。これで準備完了です。

方法
(1)まず空の箱を右手で取り上げ、箱の全ての面を観客に見せるようにして、ごく普通の靴収納箱であることを示してから、口を上に向けて横向きでテーブルの上に置きます。

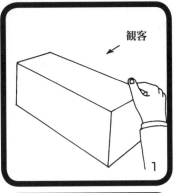

(2)次に、蓋の縁（短い方の縁）を左手で掴んで、まず手前の縁（袋がぶら下がっている縁）を持ち上げるように斜めに傾けながら袋を引き上げて、密かに蓋の裏に移動させます。

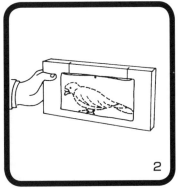

(3) 蓋の内側を観客に正対させたまま取り上げ、箱の前面に降ろしながら、ぶら下がっている袋を密かに箱の中に収め、蓋を箱の前面に立て掛けます。

(4) 左手を蓋から放し、両手が空であることを示してから、立て掛けてある蓋を矢印のように手前に返して箱に蓋をします。

(5) つづけて、蓋をした箱を取り上げ、全ての面を観客に示してテーブルに戻します。そして、左手で蓋の左縁を持って、図のように手前の縁を持ち上げます。右手を蓋の蔭で袋のスナップを開いて鳩を取り出します。

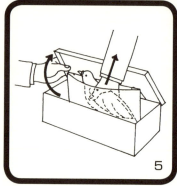

(6) 鳩を羽ばたかせながら掲げて蓋を閉じ、格好良く一礼して拍手を受けます。

コメント

　箱の大きさ形は任意ですが、大き過ぎなければ、取り付け位置を調整するだけでこの袋の大きさで殆んどの箱に適用します。ただし、箱の強度は大切で、取り出す物の重量に影響されないような物を選んで下さい。
　蓋の取り扱いが重要なポイントになるので、鏡の前で十分にチェックしてから演じるようにしましょう。

魔法の国の円筒

効果

　マジシャンは、テーブルの上に置いてある前面に模様状の切り抜きのある四角い枠に観客の注意を向けます。その四角枠を取り上げると、中に明るい色合いの円筒があることが示されます。四角枠を改めてから円筒に被せて元の状態に戻し、円筒を抜き出して中を改めて、また元に戻します。四角枠の前面にある切り抜きから、出し入れをする円筒がはっきりと見えていて、円筒以外には何も無いことが分かります。しかし、マジシャンが魔法のジェスチャーをすると、空だったはずの円筒の中から色とりどりのスカーフや帯状の布、万国の国旗などが次々と現われてきます。マジシャンはここでも一度四角枠と円筒を改めてから、金魚が泳いでいる水入りの金魚鉢を現わしてみせます。

秘密と準備

(A)図は、この現象に必要な装置の数々です。1は飾り台で球状の足が付いています。2は四角い枠で前面に切り抜き模様が有り、内部が透けて見えます。3は2の四角枠に収まる普通の円筒です。4は3の円筒にすっぽりと収まるサイズの円筒で、出現する物品を隠匿しておく秘密の「タネの筒」で、真っ黒に塗装した筒で外面は黒色のベルベット布で覆われています。四角枠の外側は、青または緑系で塗装し、内側は黒です。3の円筒は黄またはオレンジのような四角枠とは対照的な色にします。内側は黒です。

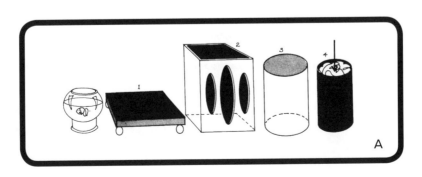

(B)マジックの最後を飾る取り出しに、金魚鉢を使うと仮定します。タネの円筒にうまく収まる大きさの金魚鉢（または透明な器）を入手します。飾り台の中央に金魚鉢を置き、半分ほど水を張って金魚を2～3匹泳がせておきます。

(C)金魚鉢にタネの円筒を被せ、空間にシルク・ハンカチーフ、帯状の布、万国旗など、取り出す品物をうまく詰め込みます。

(D)ここで四角枠を被せてみて下さい。正面の切り抜きを通して見える絵は、真っ暗な空間だけで、四角枠の内部には何も無いように見えています。この現象がマジックの基盤です。次に普通の円筒をタネの円筒を被せて四角枠の中に入れます。すると四角枠の切り抜きを通して、対照的な色彩の筒がはっきりと見えています。これでセット完了です。

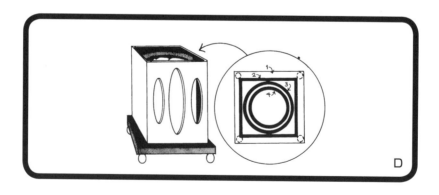

手作りマジック

方法

(1) テーブルに飾ってある装置を指示してから、四角枠を取り上げ、中に円筒があることを知らせつつ、四角枠の全てを観客に見せます。

(2) そして、切り抜き面が正面になるように四角枠を円筒に被せて元に戻します。

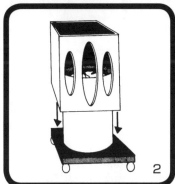

(3) 次に、四角枠の中にある円筒を引き上げて筒の中を改めて、空であることを示します。このとき、四角枠の中はタネの筒が残っていますが、黒いベルベット布で覆われているお陰で、四角枠の中には何も無いように見えています。

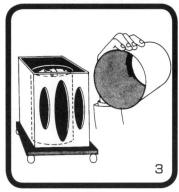

(4) 円筒を元通りに四角枠の中に戻します。勿論、タネの筒に被せるように戻します。対照的な色彩の円筒が、ゆっくりと枠の中に降りてくる絵が、切り抜きを通してはっきりと見えます。

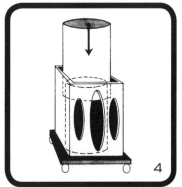

(5)魔法のジェスチャーをして、シルク・ハンカチーフ、帯状の布、万国旗などを次々と出現させます。

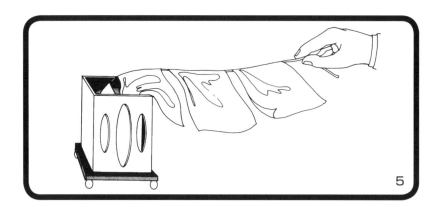

(6)ここで方法(1)(2)(3)(4)を繰り返して全てを改めたところで、四角枠をもう一度取り上げ、図のように飾り台の傍らに寝かして置きます。

(7)そして、飾り台の上に残っている円筒を取り上げるのですが、タネの筒を重ねたまま一緒に取り上げて、金魚が泳いでいる金魚鉢を現わしてフィニッシュを飾ります。

コメント

　このマジックは、古典的なマジックの1つで、使われている用具にも、デザインや大きさの異なるものが考案されています。出現する品物や品種に合わせた読者だけの用具の製作にチャレンジして下さい。材質も段ボールや発泡スチロール、木材、軽金属と目的に合わせたもので簡単に作れますので、段ボールで作った2種の四角枠から可愛い子供を出現

させることも可能です。

魔法使いの帽子

　これは、前述の「魔法の国の円筒」の改良版で、仕組も効果もほとんど同じなので、設備の中で大きく変えたところのみ説明することにします。

秘密と準備
(A)原案の「円筒」に鍔を付けて大きな魔法使いの帽子シルクハットの形にして、単なる用具に物語性を加えました。そして、円筒を囲んでいた「四角枠」を前開きにして扱い易くした上で、切り抜き面も2面にして内部を広く見せることができるように改良しました。

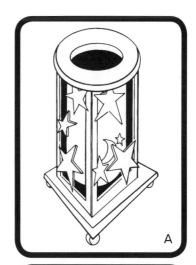

(B)四角枠は、4枚のパネルを丁番で3箇所を繋ぎ1箇所をオープンにして、開閉自在にし、2枚のパネルに切り抜きをして広く内部を見渡せるようにしました（方法1の図参照）。飾り台とタネの筒は、大きさを変えただけで形状は元のままです。

方法

(1)まず、四角枠を開いて帽子筒から離し、大きく広げて観客に示します。

(2)四角枠を元に戻して閉じ、帽子筒の鍔を両手で掴んで持ち上げるようにして四角枠から出し、空であることを示します（タネの筒は原案と同じように四角枠の中にとどまっています）。

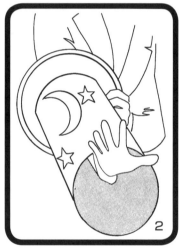

(3)帽子筒を四角枠内に戻し、前述と同じように品物の出現を行います。この改良版では、プロフェッショナルな物語のある外観にしただけでなく、可能な限り大きな出現物を収納出来るスペースを設けたことで、マジックでおなじみの可愛いらしい大きなうさぎの帽子筒からの出現が可能になりました。

魔法使いの帽子・別法

　四角枠を開閉自在にしたことで、原案の秘密を知っている人たちでも欺くことが可能な扱いが可能になりました。

方法
(1)四角枠を開いて取り上げ、大きく広げて空であることを改めた後、元の状態には戻さずに、広げたままで帽子筒の後ろに置きます。このとき、図のように内面を真っ黒塗装してある2枚のパネルを「V字形」にします。

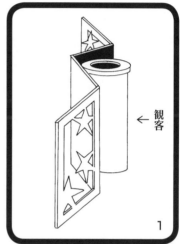

(2)上記の状態のまま帽子筒だけを取り上げます（タネの筒はV字のパネルの前に残します）。

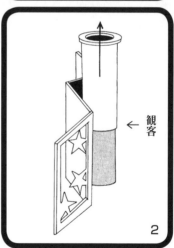

(3) 2枚の黒いパネルで作ったV字形の背景がタネの筒をほど良く隠してくれています。帽子筒が空であることを示してから、

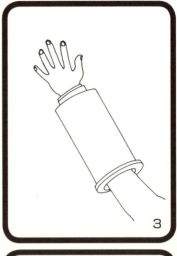

(4) タネの筒を被せて1図の状態に戻して、

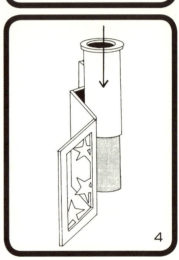

(5) 四角枠を閉めます。

(6)以上のようにして、四角枠と帽子筒を同時に改めることができるという画期的な扱いが誕生しました。

(7)帽子筒からの出現を始めます。収納物を半分程出現させたところで、帽子筒を四角枠から取り出してもう一度改めて元に戻し、出現を続けます。そして最後にうさぎ（小動物）を取り出してエンディングを飾ります。

マジック・テーブル

　ステージや大規模なグループでの演技には「マジック・テーブル」が必要です。そこで、簡単で安価で、持ち運びが便利な折り畳み式のマジック・テーブルの作り方を紹介しておきます。

作り方
(A)厚さ1センチの合板で、長さ90センチ・幅30センチの板1枚と同じ長さで幅27センチの板1枚を作ります。

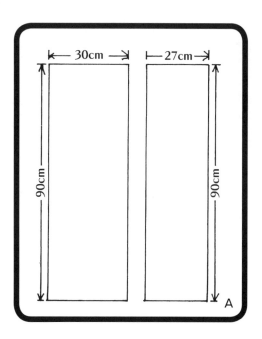

(B) 次に、幅の広い方の板の右縁に、1センチ厚で7センチ幅のそえ木(A1)を接着し、上縁から1センチ下に幅4.5センチ・長さ23センチのそえ木(B)を、30センチ間隔を取って同じ大きさのそえ木(C)を、下縁にそえ木(D)を接着します（B図左側）。幅の狭い方の板の左縁に1センチ厚で幅4.5センチのそえ木（A2）を接着し、そえ木（B、C、D）を同じように接着して（B図右側）、2枚のパネルを作ります。

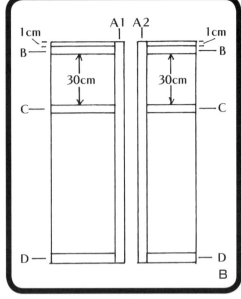

(C) この2枚のパネルを丁番で連結しますが、C図（上から見た図）のように、狭い方のパネルを内側にします。

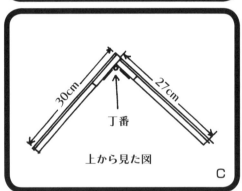

(D)丁番はD図の位置2箇所に取り付けます。これで2枚のパネルは、手前に折り畳んで平らになり、開くと90度のとことで自動的に停止する衝立になります。

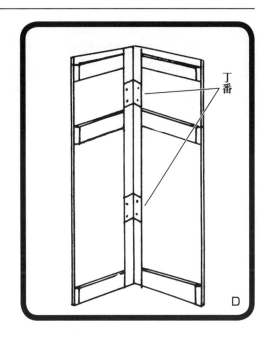

(E)次に、二辺が同じ25センチの直角三角形の棚板を2枚作り頂点を少々切り取って（E図右側）、そえ木(B)、そえ木(C)の上に1枚ずつ載せて棚を作ります。更に、30センチ×45センチの天板（E図左側）を作り、

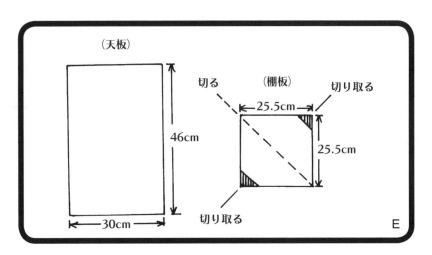

(F)衝立の上に載せて上部の棚板に、接着しておきます。下図は真上から見た図で、点線が上部の棚板です。

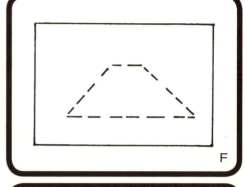

(G)そして、簡便な扉止めに使われているL字と鐶ネジがセットになっている留金を4組用意して、そえ木(B)2箇所に鐶ネジを、上部の棚板の裏面2箇所にL字ネジを取り付けて天板を固定しておきます。

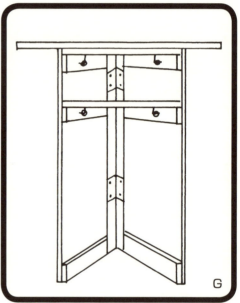

(H)残りの2組みをそえ木（C）と下部の棚板の裏面に取り付けます。

(I)最後に衝立前面を塗装して好みの図柄を描き、衝立の裏面は真っ黒く塗装します。そして、黒いフェルト布で天板の表面を覆い、天板の左右の縁と前縁に銀色のモールを飾り付けます。

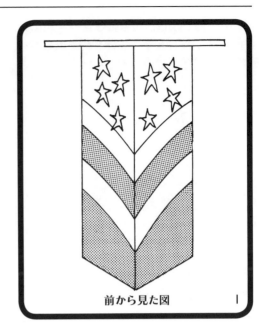

前から見た図

天板の秘密の穴

マジック・テーブルの天板に品物を処理するときに便利な見えない落とし穴（秘密の穴）を追加しましょう。本書の117頁に記載した「ガラスのコップの消失」にも利用することができます。

作り方
(A)厚さ1ミリの合板を、30センチ×45センチで切断して天板を作ります。次に、二辺が同じ25センチの直角三角形を作り頂点を若干切り落として（前項のE図参照）、天板の裏面に接着します。

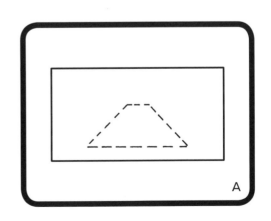

(B)図の■で示した位置に8センチ角の正方形の穴を空けます。正確な位置はE図を参考にして下さい。

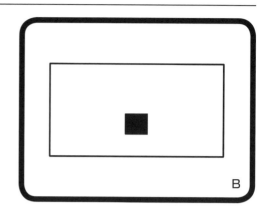

(C)天板と接着してある三角板を真っ黒く塗装します。

(D)次に、黒色のベルベット布で、8センチ四方で、深さ15センチの四角い布を縫い、四つの上縁を2.5センチだけ縫い合わせずにおきます。

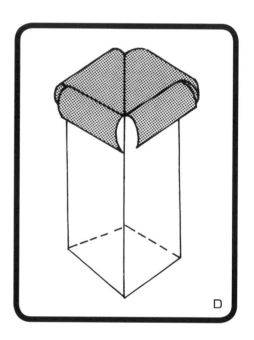

(E) Dの袋をテーブルの穴に通して、四つの上縁をE図のように折り返してテーブルに接着して、深さ15センチの落し穴を作ります。

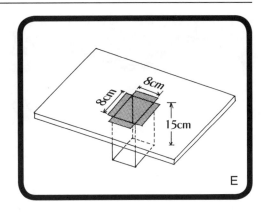

(F) 天板の表面に黒色のベルベット布を接着して覆います。

(G) 接着剤が乾燥したところで、落し穴の入口を切り抜きます。

(H) 最後に、図のように6×4のマス目に分割して、真っ白い薄い編紐を糊付して、天板の縁まわりに銀色のモールを飾り付けます。

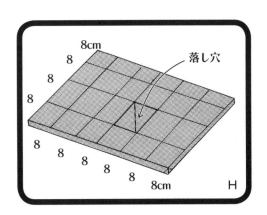

(I) 完成した天板の裏面に、前項の(G)で説明した留め金を取り付けておきます。

金属製の小道具

　次に紹介する古典的な3つのトリックに必要な用具の手作りは、専門職でない限り無理ですが、その巧妙な構造には、基本的なマジックの原理原則が組み込まれていて、このことを理解することで読者の進歩を助長し、マジック・アートの開発にも役立つことになります。

マーク・ウィルソン　マジック大百科

ダブ・パン

　ダブ・パン（鳩なべ）の呼称で世界中のマジシャンに愛用されている取り出し用具の1つで、小動物の出現等に使い勝手の良い魔法の容器です。

効果
　マジシャンは、金属製の深皿を示し、中に何も入っていないことを改めます。この深皿の中に小さく切った薄い紙を入れて火を点けます。すぐに蓋をして火を消します。蓋を取ると、あふれ出るほどのキャンデーや、カラフルなハンカチーフ、ときには、鳩や可愛い仔うさぎが顔を出します。

秘密と準備
(A)ダブ・パンは次の3つの部分で構成されています。①蓋（カバー）——本体鍋をすっぽりと覆い隠せる深さで、内側にタネの鍋を引っ掛けておく留め金があります。②タネの鍋（ロード・パン）——取り出す品物、小動物などを収納しておく秘密の鍋で、本体の鍋にぴったりと収まります。通常は、蓋の内部に隠しておきます。③本体の鍋（メイン・パン）——観客に示すことの出来る鍋で、何の仕掛けもありません。

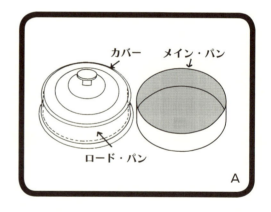

(B)タネの鍋は蓋の中に一定の空間をとって納まり、蓋の内部に取り付けてある湾曲状の金属の留金の先端に、張り出しているタネの鍋の縁が引っ掛かって蓋の中に保持される仕組になっています（2図参照）。この状態の蓋（タネ鍋内蔵）を本体鍋に被せると、内蔵されているタネの鍋は、本体鍋の中に納まります。同時に、本体鍋の縁が湾曲している留金を垂直に伸ばすことで引っ掛りが外れ、タネの鍋は自動的に本体鍋の中に定着します。

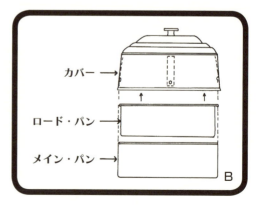

方法

(1)テーブルの上から本体鍋を取り上げ、空であることを示してから、小さく刻んだ薄い紙を鍋の中に入れます。マッチに火を点けて鍋の中に投げ込み、紙が燃えて炎が上がり始めたところで、蓋を取り上げて素早く鍋に被せます。

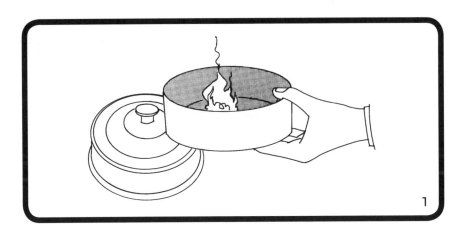

(2)(B)で説明したように、タネの鍋が本体鍋の中に納まりますから、蓋を取り上げて、鍋の中に出現したキャンデーや小動物などを取り出します。

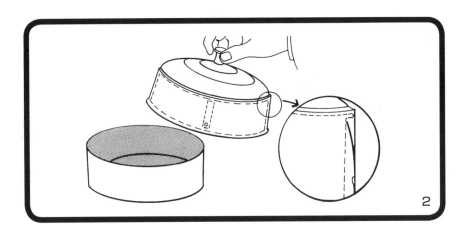

コメント

　タネの鍋に入る物なら殆どの物が出現可能で、あらゆる場所で演技可能なとても便利なマジック用品で、マジック・ショップでの人気商品の1つです。

フー・カン

観客に好まれるマジックの1つに、液体の出現、消失現象がありますが、この現象のための最も簡潔なものの1つ「フー・カン」を紹介します。

効果
マジシャンは、古風なコーヒー沸し缶を取り上げ、コップの中の水を缶の中に注ぎ入れます。すぐに缶を逆さまにしますが、注ぎ入れた水は缶の中から瞬時に消え失せています。マジシャンは缶を元通り上向きに戻し、魔法のジェスチャーをします。すると、たちどころに消えた水が缶の中に戻り、缶からコップに水を注いで見せます。

秘密と準備
(A) フー・カンは、缶の内部に二重壁で仕切られた秘密の空間があり (図の点線で仕切られた右側)、缶を逆さにすることで、缶の中の水が、この秘密の空間に溜めておける仕掛けになっています。
注：使用する前に秘密の空間に溜めておける水の量を計量しておきます。

方法
(1) フー・カンを取り上げ、逆さにしたり、振ったりして中が空であることを示してから、テーブルに置き、コップの中の水を缶の中に注ぎ込みます。

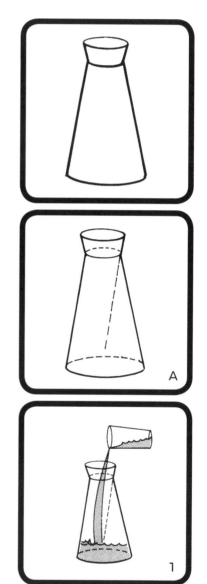

手作りマジック

(2)マジック・ウォンド（または鉛筆）などで、水を入れたフー・カンを軽く叩いてお呪いを掛けます。

(3)フー・カンを取り上げ、二重壁のある方に傾けて水を秘密の空間に流し込みながら、

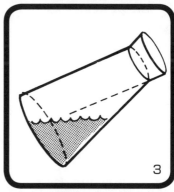

(4)フー・カンを逆さにします。図のように缶の中の水を全て秘密の空間に溜め込むことで、水が完全に消え失せたように見せます。

(5)間を取ってから、フー・カンを上向きに戻します。水は缶の底に戻ります。

(6) またお呪いを掛けてから、フー・カンを方法(3)とは逆の方に傾けて水をコップの中に注ぎ入れて、消失した水が再現したことを示して終ります。

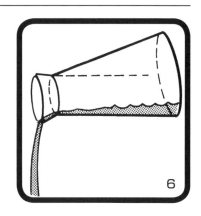

コメント

　フー・カンは、液体を消失させるための最も古く最も効果的なマジック用具の1つです。この便利な小道具は、他の液体を扱った多くのトリックと組み合わせて使うこともできます。例えば、次項で解説する「不思議な壺」の前段としてフー・カンの演技を水が再現するところまで行い、再現した水を「不思議な壺」で使用する壺に直接注ぎ入れて、壺の演技に移ることもできます。

　フー・カンの方法(4)で、フー・カンを逆さにして水を消失させたところで、マジック・ウォンドを逆さにしたフー・カンの中に突っ込んでフー・カンを支え、さり気なく、しかし慎重にフー・カンを回転させることもできます。こうすることで、観客に、フー・カンが空であることをさらに説得できます。

不思議な壺

効果

　マジシャンは、水がたっぷりと入っている大きな壺を取り上げ、壺の中の水を全て捨ててしまいます。それにもかかわらず、マジシャンが壺を取り上げて口を傾けると、空のはずの壺の中から水が湧き出てきます。同じことが何回も繰り返され、壺の容量よりも多くの水が湧き出しているように見えます。

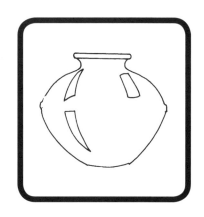

秘密と準備

(A)壺の内部は、真中にある円筒形の壁（A図の点線）によって、内と外に貯水空間がある二重構造になっています。壁の底部には、内と外をつなぐ小さな通水孔（A図b）があり、壺の外側の首に水の流れをコントロールする小さな空気孔（A図a）があります。

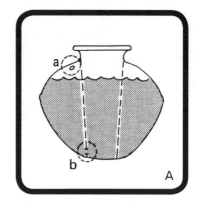

(B)壺を水で満たすには、まず大きなバケツに水を張り、その中に壺を浸して内外の貯水空間に十分に水を入れます（A図参照）。このやり方より時間が掛りますが、直接壺の口から水を入れて円筒壁の内部に水を張り、この水が通水孔から外部の貯水室に浸透するのを待って、内部に水を追加します。これを繰り返してA図の状態にする方法もあります。

(C)水を満たした壺をテーブル（または飾り台）に置き、壺からの水を注ぎ入れる容器を準備します。

方法

(1)壺を両手で取り上げ、親指（左手または右手）で壺の首のところにある「空気孔」をしっかりと押さえて、壺の中の水を「全て」準備した容器に注ぎます。「空気孔」を押さえて閉じていることで、壺の中の水は、円筒壁の内部に溜まっている水だけが流れ出し、外部の貯水が流出することはありません。

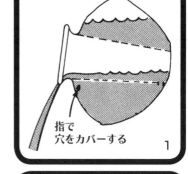

(2)壺を真っすぐにしてテーブルに戻します。手を放したことで「空気孔」が開き、外部の貯水が「通水孔」を通って円筒壁の内部に流れ込みはじめます。

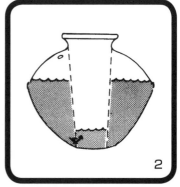

(3)しばらくすると、水位が上昇していき、外部と一体となったところで止まります。

(4)水が内部に補充されたところで、壺を取り上げ、空気孔を押さえて壺の中の水をこぼします。

(5)外部の水が無くなるまで、繰り返すことができます。

コメント
　大きな「フー・カン（314頁参照）」を用意して、壺の中から湧き出る水を全てフー・カンに注ぎ込み、その水がフー・カンから完全に消え失せてしまうという、二重の不思議を演じることもできます。

スポンジ・ボール・マジック

　スポンジ・ボールを使うトリックは、コイン、紙幣、マッチ、トランプ、シンブルなど、誰もが知っている日常品を使うトリックとは一線を画す独特なトリックの代表的なものです。

　スポンジ・ボールは、瞬間的に圧縮復元が可能なゴム製のスポンジに出合ったマジシャンが、パームしたり指先で扱いやすくボール状にした、一般の人にとっては全く必要のない、トリックのためだけに作られたものです。ボール状だけではなく「立方体」のスポンジ・キューブも多くのパフォーマーに人気があり、ボールのようにテーブルから決して転がり落ちる心配がないという利点があります。そのうえ、クッション材として販売しているスポンジ板を2.5センチの立方体に切断するだけで作れますから、好みの硬さ、反発力、発泡の粗さ等のキューブを簡単に手に入れることができます。立方体のスポンジを、切れ味のいいハサミでトリミングしてスポンジ・ボールを作ることもできますが、面倒な方はマジック用品販売店で購入して下さい。

　どんなタイプのものを選んでも、この項で取り上げた手順を学び、スポンジ・ボールを得意技の1つに加えて下さい。

不思議なボール

効果

　スポンジ・ボールが現われたり、消えたり、移動したり、貫通したり、観客の手の中で増加したりと、不思議で楽しい現象の連続です。演技は、いくつかの項目に分けて説明します。

秘密と準備

　赤色のスポンジ・ボール（直径4センチ位のもの）を4個用意します。スポンジ・ボールは、マジック用品専門店で入手します。練習では、ボールの代わりに、3センチ厚位のスポンジ・マットをキューブ（一辺3センチ位の正六面体）状に切ったもので十分です。

方法

　スポンジ・ボール3個をズボンの右ポケットに、1個を左ポケットに忍ばせておきます。

《ボールの出現》

(1)さり気なく右手をズボンの右ポケットに入れて何か話し始めながら、ポケットの中でスポンジ・ボール（以下ボールと言う）を1個右手にフィンガー・パーム（中指と薬指の付け根にボールを置いて、指を軽く曲げて保持する技法）で、隠し持ってポケットから出します。そして、空中に右手を伸ばして、フィンガー・パームしているボールを、親指で指先の方に押し出して現わします（観客の上着の襟の後ろとか耳の後ろから取り出してもいい）。

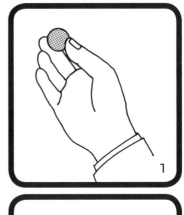

(2)取り出したボールを、右手の中指と薬指の付け根に置いてボールを示します。左手は手の力を抜いて自然な感じで甲を上にしてテーブルに置いておきます。

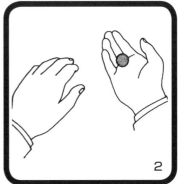

スポンジ・ボール・マジック

(3)次の動作は、なめらかに両手を同時に返して（右手は甲を上に、左手は手の平を上に）、右手の平の上のボールを左手の上に落としたように見せかけて、実際は、ボールは落とさずに右手にフィンガー・パームします。

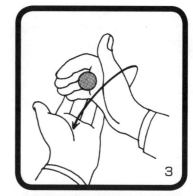

(4)左手はゆるやかに握り、右手から落ちてきたボールを握った振りをして少し前方に出します。右手は人差指を軽く伸ばして左拳を示します。

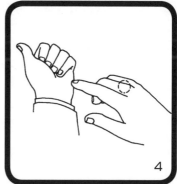

(5)若干間を取ってから、左拳の各指を小刻みに動かして、握っているボールを揉みしだいている演技をします。そして、左手を開いてボールが消えていることを示します。

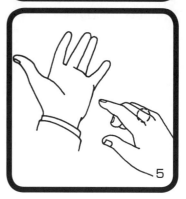

(6)注：以上の操作は、基本的な小品の消失技法の1つ「フィンガー・パーム・バニッシュ」です。この技法については、この『マジック大百科 クロースアップ・マジック編』フィンガー・パーム・バニッシュの項・367頁で詳しく詳しく説明してありますので参照して下さい。

《ポケットに飛行》
(7)消えたボールは、ズボンのポケットに戻ってきています。と言って、右手(ボールをパームしている)をズボンの右ポケットに入れ、ポケットに残っているボール2個の内の1個を指先で掴み、

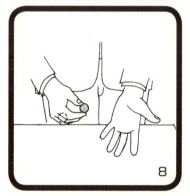

(8)ポケットから出して示します。このとき、フィンガー・パームしているボールが指のすき間から見えたりしないように注意します。以上は、左手の中から消えたボールが、いつの間にかズボンのポケットの中に飛行していた、という現象です。

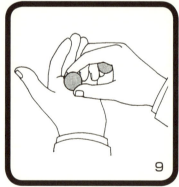

《ボールはどっちの手?》
(9)右手の指先に持っているボールを左手の平の上に置きます。

(10)左手を閉じてボールを握り、つづけて右手(ボールをフィンガー・パームしている)も握ります。図のように、右拳は甲を上にして指を上にした左拳の傍らにおきます。

スポンジ・ボール・マジック

(11)左拳を右拳の上に持っていって、甲と甲を軽く打ちつけるようにして数回叩いてから、何か「奇妙なこと」が起こり始めていることを伝えてから、両拳を10図の状態に戻します。そして、ボールが入っていると思われる手を、観客に問い掛けます。

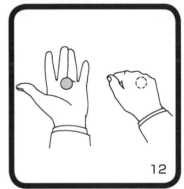

(12)観客の答えは、多分「左手」ということになります。中には「右手」という人もいますが、答には関係なく、左拳を観客の方に伸ばして手を開けて、ボールは左手にあることを示します。

(13)実は、どちらの手を選ばれても正解だったことを観客に伝えてから、右拳を手の平を上にして開らき、右手にもボールがあることを示します。両手を数回打ちつけたことで起ったボールの倍増現象です。

《観客の手の中で！》
(14)右手のボールはそのまま右手のフィンガー・パームの位置に留めたまま、左手のボールをテーブルに置きます。

(15)そして、右手のボールを左手に渡し、そのボールを左手で握ったように見せて、実際は、フィンガー・パーム・バニッシュ（3図、4図）で、ボールを右手に隠し持っています。

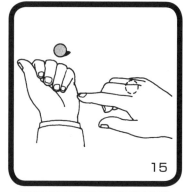

(16)すぐに、右手をテーブルの上のボールの方に伸ばし、

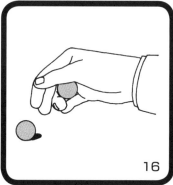

(17)フィンガー・パームしているボールをテーブルの上のボールに重ね合わせるようにして右手をボールの上に置きます。

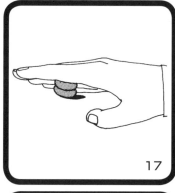

(18)動作を止めずに、右手を手前に引いて2個のボールを重ねたまま指先で2個一緒に摘み上げます。

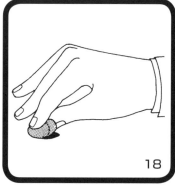

スポンジ・ボール・マジック

(19)スポンジの柔軟性によって2個のボールは押し潰されて重なり、1個のように見えています。ここで観客に、右手を開いて手の平を上に向けてテーブルの上に出すように頼みます。

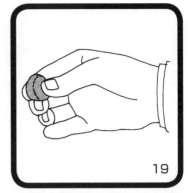

(20)その手の上に、右手で摘んでいるボール（2個）を置き、「あなたと私で、ボールを1個ずつ持つことにします。このボールは、あなたに渡しますからしっかりと握っていて下さい」と説明して、

(21)観客に、すぐに右手を握ってもらいます。このとき、観客の指が閉じる寸前まで、摘んでいるボール（2個）をしっかりと持ちつづけていて、観客の指が完全に閉じたところで、観客の拳から自分の指を抜き取るようにします。

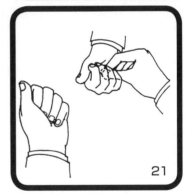

(22)次に、演者が握っているボールを、観客の右拳の中に、瞬間移動させてみせると言って、演者の左拳で観客の右拳をコツコツとノックしてから、

(23) 左拳を開いてボールが無くなっていることを示します。そして、何か感じたかを観客に尋ねてから、右拳を開けてもらい、ボールが2個有ることを明らかにします。

《手から手に見えない飛行》
(24) 観客の手から2個のボールを取り上げ、演者の前に1個ずつ、左右に20センチ位離して置き、そのボールの上に、手の平を上にした右手と左手を置きます。この状態（24図）が次の(25)〜(36)までの一連の操作の開始位置です。

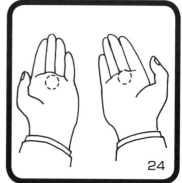

(25) まず、右手を上げて手を返し、親指と他の指の先でボールを取り上げ、

(26) 「右側のボールは左手に……」と言って、右手のボールを左手の平の上に置いて左手を閉じます。実際にボールを左手で握って右手を外します。

(27) すぐに左拳を上げて、その下にあるボールを右手で取り上げ、「……そして、左側のボールは右手に持ちます」と言って、取り上げたボールを握り、

(28) 図のように左拳の横に置きます。

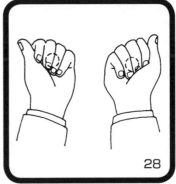

(29) 両手を開いて、それぞれの手にボールが1個ずつ有ることを見せます。ここまでの操作ではマジック無しで、観客が見た通りの結果になっていますので、次に、このデモンストレーションと全く同じ操作を行うことによって（実際は微妙に違う）、観客は今回も同じ結果になると思うようになります。

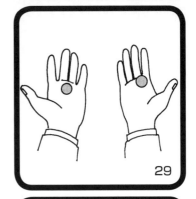

(30) 2個のボールを左右に1個ずつ置いて、両手をスタートの位置に置きます。

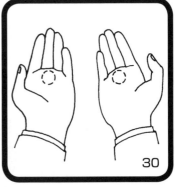

(31) 前と同じように、まず右手を上げてボールを指先で取り上げます。

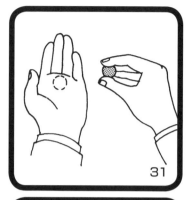

(32)「右側のボールは左手に……」と言って、ボールを左手の平の上に置いて左手で握りますが、今回は、左拳の中にボールを残さずに、右手の親指でボールを右手の中に引き込んで隠し持ちながら、

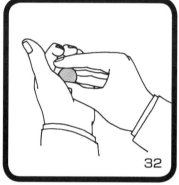

(33) 右手を左拳から離します。

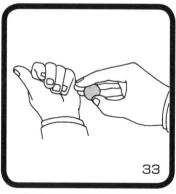

(34) すぐに左拳を上げて、その下にあるボールを取り上げ（18図と同じように、隠し持っているボールと一体にして持つ）、「……左側のボールは右手に持ちます」と言って、2個一緒に握り、

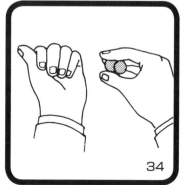

(35)左拳の横に置きます。観客には、デモンストレーション通り、方法(24)〜(28)を繰り返したように見えているので、それぞれの拳の中にボールが1個ずつ有ると思っています。

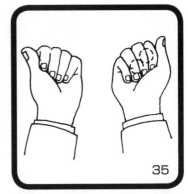

(36)左拳の各指を小刻みに動かしてから左拳を開き、ボールが消えていることを示します。そして、ゆっくりと右手を開けて、ボールが2個有ることを示し、左手のボールが魔法によって右手に飛行してきたように見せます。

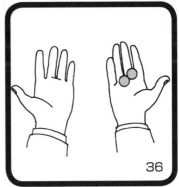

《浸透するボール》
ここまでの演技をテーブルを前にして椅子に座って演じている場合は、ここで立ち上がって演技をつづけて下さい。

(37)右手にあるボール2個の内の1個をテーブルに置き、右手に残したボールを観客に示します（ボールを中指と薬指の付け根に置いて示す）。

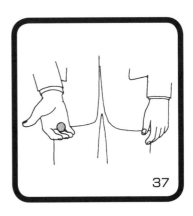

(38) 右手のボールを左手に渡したように見せて、実際は右手にフィンガー・パームします。

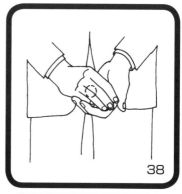

(39) 左手は渡されたボールを受け取ったかのように、手を握り、両手を離します。

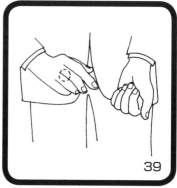

(40) ボールを握っている（と思われている）左拳をズボンの左ポケットに入れます。

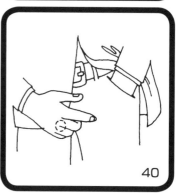

(41) つづけて、右手（ボールをフィンガー・パームしている）を軽く開きながら、ズボンの上から左ポケットに当てます。そして、右手のボールをポケットに入れている左手に布地越しに押し付けます。

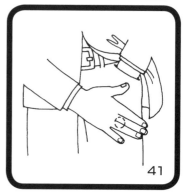

(42)そのボールを、ポケットの中の左手の指先で布地と一緒に掴んで、ボールを布地の折り目の中に入れて包み隠し、右手をズボンから外します。

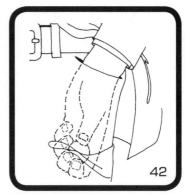

(43)すぐに、左手の指先を小刻みに前後に動かしながら握りを緩めて、折り目の中にあるボールをゆっくりと少しずつ現わします。ポケットの中に入れたボールが、布地を浸透して出てきているように見せます。

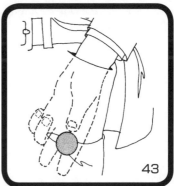

(44)ボールがほとんど出たところで、右手で掴み取ります。同時に、準備しておいた左ポケットの中のボールを左手でフィンガー・パームします。そして、観客の注意が右手のボールに向いている間に、左手をズボンのポケットから出します。

《再び観客の手の中で!》
(45)今ボールは3個あります。テーブルの上の1個と右手に持っている1個の他に、左手にフィンガー・パームしている観客には秘密のボールが1個です。

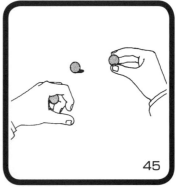

(46)右手に持っているボールを示しながら、左手をテーブルの上のボールの上に伏せて、フィンガー・パームしているボールを重ねます。

(47)そして、2個のボールを重ね合わせて左手の指先に持ち、1個のように見せて取り上げます。

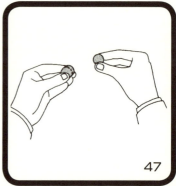

(48)つづけて、左手のボール（2個）を右手に渡して、右手に2個（実際は3個）一緒に持ち、「この2個のボールを持ってほしいので、手を出してくれますか」と観客に頼みます。

(49)観客に手を開いてもらって、右手のボール（3個）を観客の手の平の上に持っていって、「しっかりと握っていて下さい！」と言います。

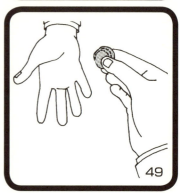

スポンジ・ボール・マジック

(50)観客が完全に指を閉じたところでボールを放し、観客の拳から右手を外します。

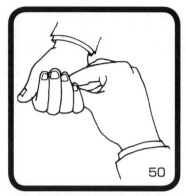

(51)そして、右手をズボンの右ポケットに入れて、3個目（実際は4個目）のボールを取り出して観客に示します。

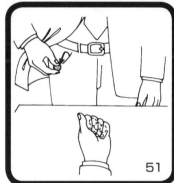

(52)右手のボールを左手に渡したように見せて、実際は右手にフィンガー・パームします。

(53)さり気なく右手をテーブルに置き、左拳を観客の左拳に近づけます。

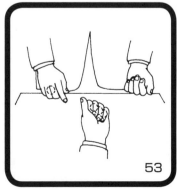

333

(54)そして、左手の各指を小刻みに動かして、握っているボールを観客の左拳の中に飛行させるジェスチャーで左手を開いて空であることを示します。観客に手を開けてもらうと、ボールは3個になっています。

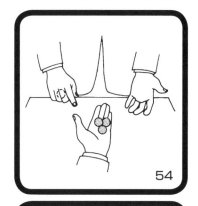

《ポケットから飛行・1》
(55)この段階では、ボールは4個使っていますが、観客には3個しか見えていません(4個目のボールは演者が右手に隠し持っています)。次の手順は、右手に1個のボールを隠し持ち(フィンガー・パーム)、3個のボールをテーブルの上に横一列に並べたところから始めます。

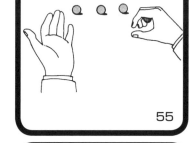

(56)右手で右端のボールを取り上げます。このとき、方法(17)、(18)を行って、右手にパームしているボールと一緒に摘み1個のように見せて取り上げます。

(57)取り上げたボール(2個)を左手の平に置き、左手の指を閉じてボールを握ります。

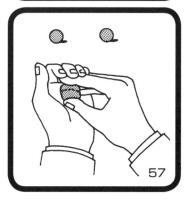

(58) 次に、右手で次のボールを 1 個取り上げ、

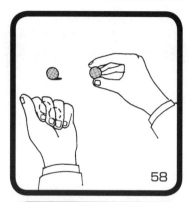

(59)「2 個目」と言って、右手のボールを左手に渡します（左拳の握りを少し開いて、その隙き間から挿入します）。

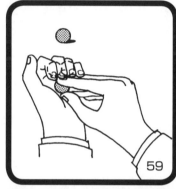

(60) そして、テーブルに残っているボールを右手で取り上げ、

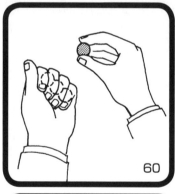

(61)「残りの 1 個はポケットに！」と言って、右手をズボンの右ポケットに入れながら、ボールを密かにフィンガー・パームして、右手をポケットから出します。

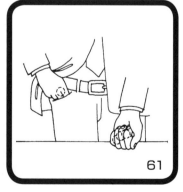

(62)「私の手の中にボールは何個？」と観客に尋ねます。答え（「2個」）を待って、左拳を開け、ボールが3個有ることを示します。「もう一度やってみましょう」と言います。

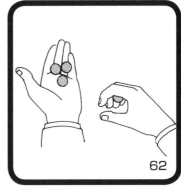

《ポケットから飛行・2》
(63)左手に持っている3個のボールを、テーブルの上に横一列に並べます。

(64)方法(56)と同じことを行って、右手で右端のボールとパームしているボールを一緒に摘み、1個のように見せて取り上げます。

(65)取り上げたボール（2個）を左手の平の上に置き、「左手に1個」と言いながら、左手で握ります（方法57と同じ）。

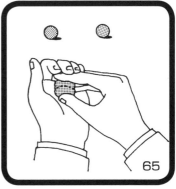

(66) 右手で次のボールを取り上げ（方法58と同じ）、

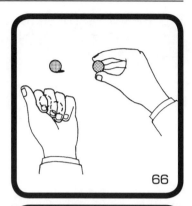

(67)「2個目」と言って、左手に渡します（方法59と同じように、左拳を少し開いてボールを入れます）。

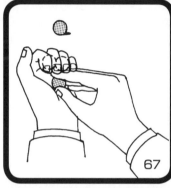

(68) 最後のボールを右手で取り上げ、

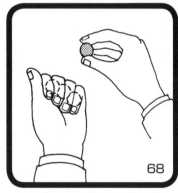

(69)「残りの1個はポケットに入れます」と言って、ズボンの右ポケットに入れます（今回は本当に入れます）。

(70) 右手をポケットから出し、左拳に向けて何か魔法のジェスチャーをして、さり気なく右手が空であることを示します。

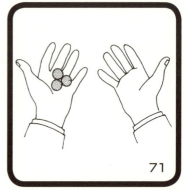

(71)「手の中にボールは何個？」尋ねます。観客は戸惑いながらも「2個」と言うはずですが、答えに関係なく左拳を開いてボールが3個あることを示します。そして、「もう一度やってみましょう」と言います。

《全て消えます》
クライマックスです！
(72) 今、ボールは左手の上にある3個だけです。この3個を、前と同じようにテーブルの上に横一列に並べます。

(73) 前と同じようにまず、右手で右端のボールを取り上げます。

(74)そのボールを左手の手の上に置き、「左手に1個」と言いながら、左手を閉じ始めます（ボールは右手に持ったままです）。

(75)左手の4指の陰で、右手の指先のボールを親指で密かに右手の中にずらして隠し持ちながら、左手を握ります。

(76)右手（ボールを隠し持っている）を左拳から離し、

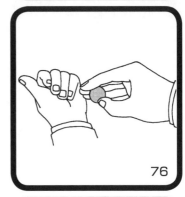

(77)躊躇せずに、右手を次のボールの方に動かし、隠し持っているボールと一緒にして摘み、1個のように見せて取り上げます。

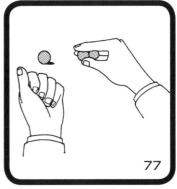

(78)「2個目」と言って、取り上げたボールを弛めた左拳の中に入れますが、右手の指先のボール（2個）を親指で密かに右手の中に引き込んで右手に隠し持ちます。

(79)右手を左拳から離して残っているボールの方に伸ばし、

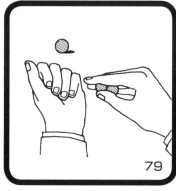

(80)残っている3個目のボールを右手の指先で取り上げ

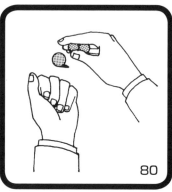

(81)「最後の1個はポケットに入れます」と言って、右手をズボンの右ポケットに入れて、持っている3個のボールをポケットに残します。

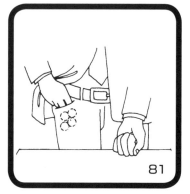

スポンジ・ボール・マジック

(82) 右手をポケットから出し、左拳に向って何か魔法のジェスチャーをしながら、さり気なく右手が空であることを示します。

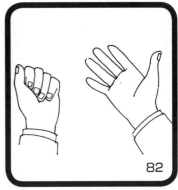

(83) 「私の手の中にボールは何個ありますか？」と尋ねます。今回の答えは、多分「3個」でしょう。「違います！全部消えてしまいました」と言って、左拳を開き、両手共に空であることを示して終ります。

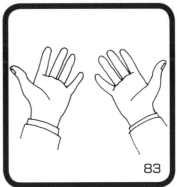

コメント

　スポンジ・ボールは、ボールに圧力が掛からないように指先で軽く持ち、圧縮性のボールでないように扱うことが大切で、その力加減をまず習得して下さい。次に、2個のボールを重ね合わせて一緒に持って、1個のように見せるときの親指と他の指との正確な圧力を見付けて下さい。

　このスポンジ・ボールの手順は、各項目ごとに個別に演じることが出来るように組んであるので、小単位に分けて習得しながら次のステップに進むこともできます。

ビリヤード・ボール・マジック

　ビリヤード・ボールとは名ばかりで、実際のゲームで使用している大きさの大理石のボールで演技しているマジシャンはほとんどいません。大き過ぎるし、重過ぎます。マジシャンが使うボールは、一般的には木製かゴム製またはシリコン製の軽量で、大きさも直径2.5～5センチ位までの小さなボールです。各人の手の形態にもよりますが、基本的には、ボールを手の平で保持する秘密の技法クラシック・パームに適したゴルフ・ボール位の大きさのものが好まれています。材質、重さを含めて、読者自身が快適に扱うことができるボールを選択して、ビリヤード・ボールの各手順をマスターして下さい。

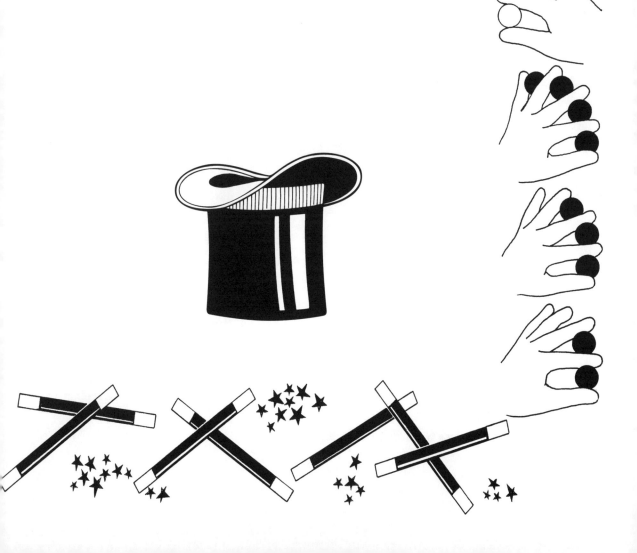

クラシック・パーム

　ビリヤード・ボールを学ぶときには、まず、基本中の基本であるボールを密かに手の中に隠し持つ技「パーム」を学ぶ必要があります。「クラシック・パーム」は、おそらく最も古い「パームをする」方法の1つで、最も有益な技法です。左右どちらの手でもボールをパームできることが必要です。

方法
(1)手の平の真中にボールを当て、拇指丘と小指側の丘を軽く収縮させてボールを保持します。できるだけ力を抜いて、ゆるやかにボールをパームするようにします。ボールの大きさにも左右されるので、サイズの異なるボールで試してみて、自分の手に適したボールを見付けて下さい。

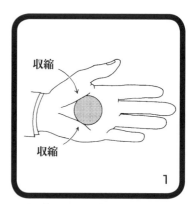

(2)パームしているときに、指が硬直していたり、指の間が大きく広がっていたりしないように、常にリラックスして、自然な手つきに見えるように心掛けて下さい。

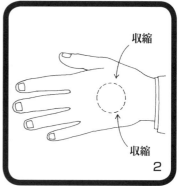

コメント
　クラシック・パームをしているときは、ほとんどの場合、ボールをパームしている手を体の近くにおいて手の後方をガードして「フラッシュ（ちらっと見えてしまう）」を避けることを勧めます。最も基本的で、ビリヤード・ボールの演技に欠かすことのできないクラシック・パームを多くの練習によって身に付けて下さい。

ビリヤード・ボール・マジック

クラシック・パーム・バニッシュ

効果
　手に持っているボールを手の中から「消し去る」手練技法の1つで、クラシック・パームを使って行います。ボール以外でもパームできる物なら何にでも有効です。

方法
(1)観客と正対して立ち、両手を腰のあたりで体の前で構え、図のように、右手の平の上にボールを置き、左手をその横に添えます。

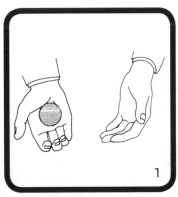

(2)右手を左手の平の上に伏せるように返し、

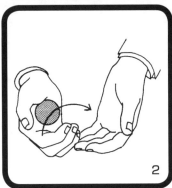

(3)右手のボールを左手の平の上に本当に落とします。同時に、左手の4指を軽く曲げて、ボールを受け取ります。

(4)右手を元に戻して両手の平を上にします。そして、上記(1)～(3)と全く同じやり方で、今度は、左手から右手にボールを渡します。この操作を何回か繰り返します。

(5)ボールが右手に戻ったところで右手のボールをクラシック・パームの位置に置き、両手の平を上にして構えます。

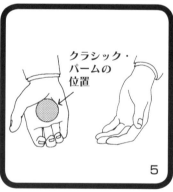

(6)右手のボールを左手に渡すために、右手を返しはじめます。

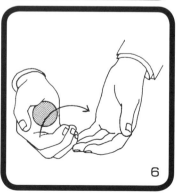

ビリヤード・ボール・マジック

(7) しかし今回は、ボールを右手にクラシック・パームしながら左手の上に伏せ、同時に、左手の4指を軽く曲げます。

(8) 右手(ボールをクラシック・パームしている)を上に上げながら、左手を素早く閉じてボールを握ったように見せます。

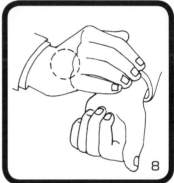

(9) 右手はリラックスした感じで左拳を指します。左手は握っているボールを「粉砕」しているかのように指を小刻みに揉みはじめます。

(10) その左手を凝視しながら、さり気なく右手を体の側に降ろします。そして、ゆっくりと左拳を開いて、ボールが消えていることを示します。

347

(11)少し間を取ってから、左手の肘の下に右手を伸ばして、パームしているボールを現わします。または、右ひざの後ろとかポケットの中等、お望みの場所から現わします。

コメント

　クラシック・パーム・バニッシュは、非常に多用途な技法で、パームできる物であれば何にでも応用することができます。

フレンチ・ドロップ

　前項のクラシック・パーム・バニッシュと並んで、実用的で広く多用途に使われている技法です。

効果

　左手の指先に持っているボールを右手で握り取り、空中で粉砕して消滅させてしまいます。

方法

　マジシャン側から見た図を左側に、観客から見た図を右側に提示しました。

(1)手の平を上にして左手の指先にボールを持って観客に示します。

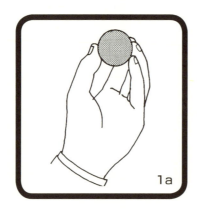 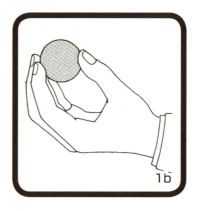

(2)右手を左手のボールに近づけ、親指をボールの下に入れ、他の指でボールを上から包むように覆います。

ビリヤード・ボール・マジック

(3)右手を閉じていき、観客の視線からボールが隠れた瞬間、左手の親指をボールから放してボールを左手の指の付け根のあたりに落とし、指を軽く曲げてボールをフィンガー・パームします。この操作と同調させて右手を閉じます。

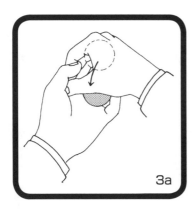
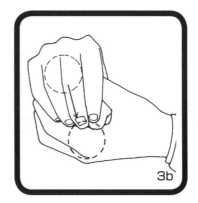

(4)左手の平が体の方に向くよう手を返し、右手はボールを握り取った感じでゆるやかな握り拳にします。

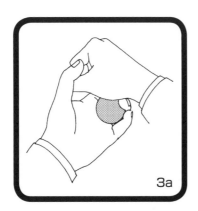
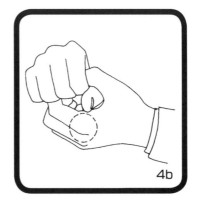

349

(5)両手を少し離し、左手の人差指でボールを握っている右拳（実際は空）を指して観客の注意を右拳に向けます。右拳の指を小刻みに揉み動かす「粉砕」動作をします。

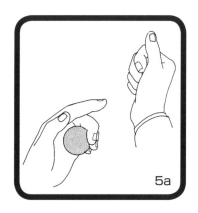

(6)右拳を開いて、ボールが消滅していることを示します。この後、左手にパームしているボールを好きな所から現わします。

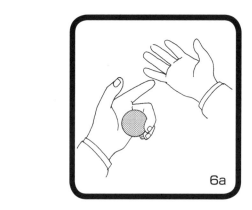
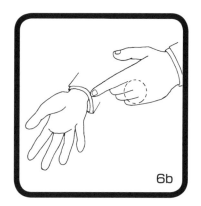

フィスト・バニッシュ

　これも、握ったボールを消滅させる技法の1つです。

効果
　左拳の上に置いたボールを右手で握り取りますが、右拳を開くと、ボールは消え失せています。

方法
(1) 体の左側を観客の方に向けて右向きに立ちます。左手を緩く握ってその上にボールを置きます。そして、右手をボールに近づけながら、手の甲を観客の方に向けて軽く手を開きます。

(2) 右手の人差指の側面を左拳の上に当てるようにしてボールをカバーします。このとき、右手の親指はボールの後ろにあります。

(3) 右手を握り始めるのと同時に、左手の親指を広げて(他の指は動かさない) ボールを左拳の中に密かに降ろしていき、右手はボールを掴んだように握ります。

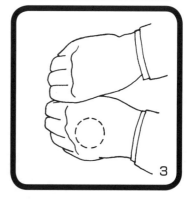

(4)ボールを握った(ように見えている)右手を左拳から離します。左手はボールをフィンガー・パームで持ち、人差指を伸ばして右手を指します。

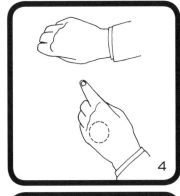

(5)ボールを握っている右拳を回わして、閉じた指を観客の方に向けます。

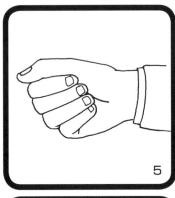

(6)ゆっくりと右拳を開いてボールが消えたことを示します。

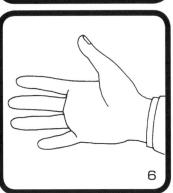

(7)そして、左手(ボールをフィンガー・パームしている)を左脚の後ろに持っていって、消えたボールを左膝の後ろか取り出してきます。

(8)以下の図は、方法(1)、(3)、(4)を演者側から見た説明図です。この図は方法(1)の後からの図で、親指と4指の間を広げて左手の上のボールを掴み取ろうとしているところです。

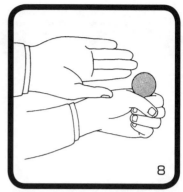

(9)方法(3)の後ろからの図で、ボールのまわりを囲み始めた右手の陰で、左拳の上のボールを拳の中に降ろしたところです。

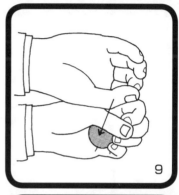

(10)方法(4)の後ろからの図で、左手にボールをフィンガー・パームして人差指で右拳を指しているところです。

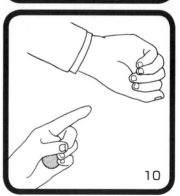

(11)つづけて、方法(5)(6)で説明したように、右拳を開いてボールが消え失せたことを示したところで、

(12)左膝の後ろからボールを現わします。

パームの持ち替え

パームしているボールを出現する前等、両手を改めたいときに使える技法です。

効果
　右手の裏表を改めた後、左手の裏表も改め、両手に何も持っていないことを示します。

方法
(1) ボールを左手にクラシック・パームして、体の左側を観客の方に向けて横向きで立ちます。右腕を軽く伸ばして手を開き、まず手の甲側を示してから、手を返して手の平を示します。

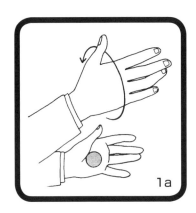
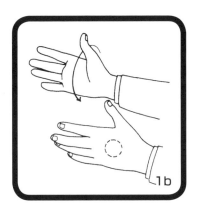

(2) 左手（ボールをパーム）を右手に近付けていって、人差指の先が右手首あたりに軽く触れるようにします。

ビリヤード・ボール・マジック

(3)同時に、体の向きをゆっくりと左に変えていきます。このとき左手の指先を右手の平に添えながら向きを返ていって、丁度体の正面あたりで両手の指先が出合うようにします。

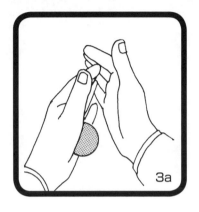

(4)両手が合ったところで、左手にパームしているボールを右手の平に当て、

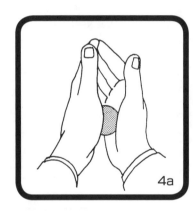

(5)ボールを右手のクラシック・パームに持ち換えながら、体の動きを止めずに左に回わし続けます。

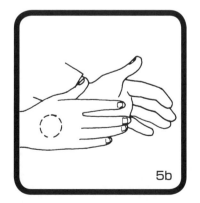

(6) 体の右側が観客の方に向いたところで動きを止めます。右手（ボールをパームしている）を左手から離して、左手の裏表を改めます。

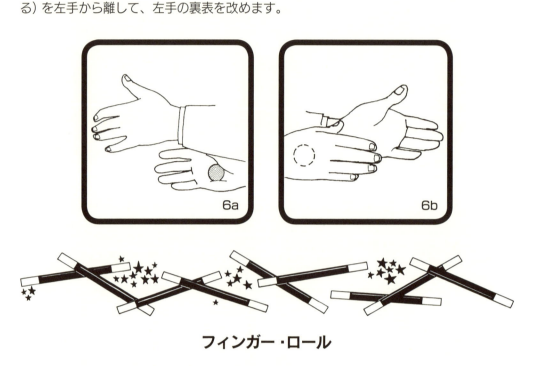

フィンガー・ロール

　指の間をボールが素早く転がり回わる、代表的な「フラリッシュ（華麗な手練の技）」の1つで、ビリヤード・ボールのレパートリーとして美しい超難度の技を持つマジシャンとして観客に披露するのに最適な演技です。

方法
(1) ボールを親指と人差指の間で持ってスタートします。そして、中指を深く曲げてボールの下に持っていき、

(2) 人差指と中指でボールを挟んで、親指をボールから放します。

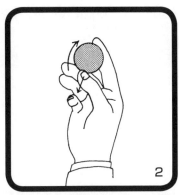

(3) 人差指と中指の間でボールを保持しながら中指を元の位置に戻したら（ボールは回転しながら中指と同調して動く）、すぐに、人差指をボールを回転させながら薬指の方に近付けていきます（薬指も人差指に近付けていく）。

(4) ボールを薬指に渡し、人差指をボールから放し、

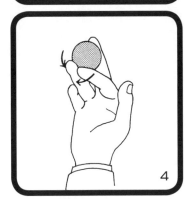

(5) 中指と薬指でボールを保持します。すぐに中指をボールを回転させながら小指の方に近付けていき、小指も中指に近付けていきます。

(6)ボールを小指に渡し、中指をボールから放します。

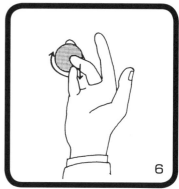

(7)薬指と小指でボールを保持したら、薬指を軸にして小指でボールを図の矢印のように回転させて薬指の後ろにボールを転がしていきます。

(8)小指を動かし続けてボールを薬指の真後ろまで転がしていったところで、中指を薬指の後ろに動かしてボールを中指と薬指で挟み、小指をボールから放します。

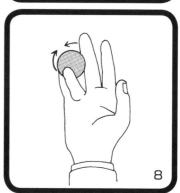

(9)つづけて、今度は薬指を図の矢印のように回わしてボールを中指の後ろに転がしていきます。

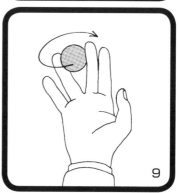

ビリヤード・ボール・マジック

(10)ボールを中指の真後ろまで転がしていったところで、人差指をボールの後ろに当ててボールを挟み、

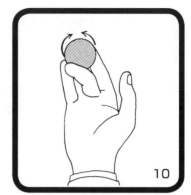

(11)ボールから薬指を放して、人差指と中指で保持します。ボールは手の平側から各指の間を転がり降り、更にボールは手の甲側にまわり、各指の間を転り上がり、完全に手のまわりを一周して元の位置に戻ってきます。

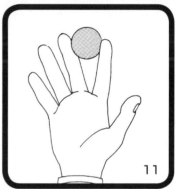

(12)この華麗なるフラリッシュ、方法(3)〜(10)をテンポよく数回繰り返すことで効果は更に高まります。

(13)注：続けて繰り返すときには、方法(11)の後、ボールを親指と人差指の間に戻さずに、そのまま方法(3)に続けるようにします。

コメント
　この華麗なるフラリッシュ「フィンガー・ロール」は、使用するボールの材質やサイズによって難易度が違い、木製のものよりゴム製のボールの方がより易しく、スポンジ・ボールは全ての材質の中で最も簡単です。また、手の大きさ、指の長さ太さによってもボールのサイズが微妙に影響するので、自分の手に合ったサイズが見付かるまで、いろいろと試してみて下さい。

マーク・ウィルソンのビリヤード・ボールの手順

　このビリヤード・ボールの手順は、何年にも渡って世界中の多くの国々の主要なテレビ・ネットワークや何百ものローカルテレビ番組、何千ものライブショーなどで私が演じてきたもので、非常に実用的で魅惑的な作品です。手順は、いくつかの消失現象、出現現象やシェルを使った増加現象で構成され、練習が必要ですが、この項を最初に読んだときの印象ほど難しくはありません。

　この手順に必要なもの：赤色または白色のビリヤード・ボール（日本では四つ玉と呼ばれている）の標準セット（ボール3個とシェル1個の構成）1組が必要です。木製の直径4センチの赤色のボールで、シェル（ボールに被せる中空の半球）は金属製のものが一般的です。マジック用品専門店で入手して下さい。

　手順を習うときは、一度に1段ずつ練習してそれをしっかりと身に付けてから、次の段に進むようにして下さい。

演技の概略

　「空中からボールを取り出すマジックをお見せしましょう！」と言って、マジシャンは、空中に手を伸ばし、硬いボールを1個取り出します。そのボールを、数を数えながら、1回、2回、3回と空中に投げ上げては、落下してくるボールをキャッチする行動を行いますが、3回目のときに、ボールは空中で消えてしまいます。しかし、明らかに最初の2回の投げ方とは違っていて、投げる前にズボンの後ろのポケットにこっそり入れたように見えています。マジシャンは観客の方を向いてにこっと笑い「ボールをズボンの後ろのポケットに隠したと思ってるんでしょう……その通りです！」と言って、ズボンの後ろのポケットからボールを取り出してきます。

　しかしマジシャンは「私が皆さんに見せたいのは、ボールを消すことではなく、空中からボールを取り出すことです」と言って、空中から1つ、2つとボールを2個取り出し、ボールは合計3個になります。

　マジシャンは、出現した3個のボールを右手の各指の間に1個ずつ挟んで示してから、その中の1つを左手で握り取り、観客席に投げ込みますが、ボールは空中で消え失せてしまいます。

　マジシャンは、何事もなかったかのような表情で、今、「見えないボール」を受け取った人は、そのボールを良く調べて、そのボールを演者に戻すように頼みます。観客が仮想のボールをマジシャンに投げ返すと、そのボールはいつの間にか現実のボールに戻ってマジシャンにキャッチされます。

　キャッチしたボールを右手の指の間に戻してから、マジシャンは、「これからやることを決して真似をしないで下さい」と説明します。そして、右手に持っている3個のボールの内の1個を左手に取り、それを口の中に入れて飲み込んでしまいます。左手が空であることを示してから、体を撫で下ろしながら腹部の正面で止め、シャツの中から今飲み込んだボールを現わします。

　ボールを右手の指の間に戻してから「しかし、本当にやりたかったことは……」左手を

ビリヤード・ボール・マジック

空中に伸ばしてボールを現わし、「……こんな風に、空中からボールを取り出すことです」と言って、4個目のボールを右手の空いている指の間、薬指と小指の間に挟みます。マジシャンが魔法のボールを4個空中から取り出したところまでが前半の演技です。

ここから後半の演技に入ります。マジシャンは、右手の各指の間にある4個のボールの内の1個を左手に取り、それを左手で揉み砕いて消しさってしまいます。

次に、右手をかすかに上下に振るっと、残っている3個のボールの内の1個が、目の前で消え失せてしまいます。そして、マジシャンは左膝の後ろから今消したボールを再現させ、そのボールを上着のポケット（または、テーブルの上の帽子とか容器）にしまいます。

マジシャンの右手には、ボールが2個残っています。このボールの内の1個が目の前で消え失せ、右肘から再現します。

再現したボールを右手の指の間に戻します。そして、右手を右膝の横に、空の左手を左膝の横にそれぞれ構えます。右手をわずかに振ると2個の内の1個が消え、左膝の横から再現します。再現したボールを右手に戻すことで、同じ現象を数回繰り返して演じて見せます。

左膝からボールが再現したところで、右手に持っている1個を上着のポケットにしまってから、左手に残っている1個を使って、魔法のコートを着用して演じるはずだった演技の話しをしながら、その話しの内容を正確に実演してみせてビリヤード・ボールの演技を終ります。

秘密と準備

シェルを被せたボールをズボンの右後ろポケットに入れ、残りの2個の内の1個をベルトの止め金のあるあたりのズボンの内側に隠し、もう1個を上着の左ポケットに入れておくか、テーブルの上の他の小道具の後ろに隠しておきます。

方法

シェルの位置を示すために、解説図ではシェルを暗色で表示してあります。

第1段
(1)上着の左ポケット（またはテーブルの上の小道具の後ろ）から密かにボールを手に入れて、左手にクラシック・パームしておきます。

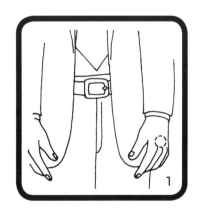

(2)注:ビリヤード・ボールの演技をオープニング・マジックとして行う場合は、ボールを左手にクラシック・パームした状態でステージの左側から登場して下さい。そうでない場合は、事前のトリックで使用していた何か小さな物をポケットにしまいながらボールをパームしてくるとか、使用していた用具をテーブル戻すときに、小道具の陰からボールを取得してパームします。

(3)いずれの場合でも、ボールを左手にパームして観客の正面に立ち、354頁で解説した「パームの持ち換え」を行って、両手が「空」であることを示します。まず、体の左側を観客の方に向けて、3図aのように左手で右手を指示し、右手を開いて手の裏表を示します。次に、体の向きを変えながら、右手と左手が体の正面で出合ったところで、左手にパームしているボールを右手のパームに持ち換え(3図b)、体の右側が観客の方に向いたあたりで、3図cのように右手で左手を指示し、左手の裏表を改めて両手が「空」であることを示します。

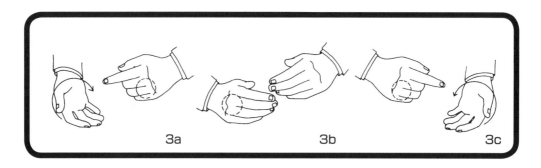

(4)マジックで、「空中からボールを取り出してみましょう。こんな風に!」と言いながら、右手を左斜め上方に伸ばしてパームしているボールを現わします。

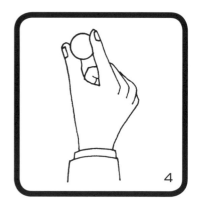

(5)注:あたかも、空中に漂っているボールを、手を伸ばしてひょいと「摘み取った」ような演技で行います。まず、首を上げて左斜め上方を見つめながら、右手の指を軽く曲げてクラシック・パームしているボールをフィンガー・パームの位置に持ってきます。すぐに見つめている視点(左斜め上方)に手を伸ばして「掴み」手を下げながら、「摘み取る」といった感じでボールを指先に現わします(丁度、木に生っているリンゴを見つけて、そのリンゴに手を伸ばして「むしり取る」イメージです)。

ビリヤード・ボール・マジック

第2段

(6) ここで、「空中から出てきたこのボールを、3つ数えたときに空中に戻してみせます」と言って、体の左側が観客の方に向くように変えてから、「1」と言って右手のボールを1メートル位上方に投げ上げ、落ちてくるボールを両手でキャッチします。

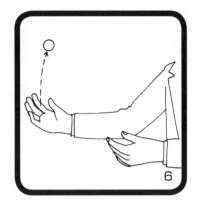

(7) つづけて、「2」と言って、投げ上げて落ちてきたボールを両手でキャッチします。

(8) さらにつづけて、「3」と言って、同じようにボールを投げ上げるのですが、実際は、ボールを投げ上げるために両手を下げて構えたときにボールを左手にクラシック・パームします。しかし、右手は動きを止めずに、ズボンの右後ろポケットのところまで振って、わざと(観客が気つくように)ポケットに軽くタッチしながら、「3」と言って、ボールを投げ上たように右手を振り上げます。

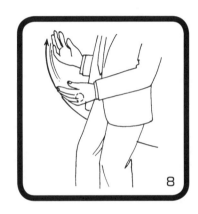

(9) 右手に持ったボールを密かにズボンの右後ろポケットに入れたと、観客に思わせる動作なので、前の2回の動作とは明らかに違った不審な動きにします。

(10) ちょっと間を取ってから、にこっと笑って、「ズボンのポケットにボールを隠したと思っているでしょ、その通りです！」と言って、ポケットに手を入れ、準備しておいた、シェル付きボールを取り出し、

(11)シェルを正面にして、右手の親指と人差指の間に持って示します（この時点で左手にパームしているボール1つと、右手で表示しているシェル付ボールが1つ有ります）。

シェル付ボール

第3段
(12)体の左側を観客の方に向けたまま「本当は、こんなトリックをするつもりではなく、空中からボールを取り出したかったんです！」と言って、左手を空中に伸ばしてパームしているボールを現わします。

第4段
(13)新しく出現したボール（本当は最初のボール）を示し、

(14)この左手のボールを右手の人差指と中指の間に持っていって、

(15)そこに置きながら、左手の中指、薬指、小指をシェルの中に納まっているボールに当て、手首をねじってボールを引き出し（17図参照）、そして、クラシック・パームの位置に押し付けます。

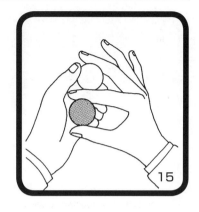

(16)注：方法(15)の操作は、ビリヤード・ボールの手順の主要な技法の1つで「スチール」と呼んでいます。

(17)この図は、ボールを「スチール」しているときの側面図で、両手は手の甲を観客の方に向け、肩の高さあたりで右横に伸した状態です。

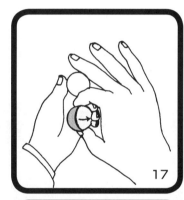

(18)ボールをパームしている左手を右手から離して左腹部あたりで構え、右手は親指、人差指、中指の間で1つずつボール（実際には1つはシェルで半球です）を持って示します。

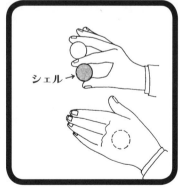

(19) 注：両手の甲を観客の方に向けて構え、右手の親指と人差指の間にあるシェルを常に観客に正対させて、半球であることを悟られないように注意しましょう。

(20) この図は、19図を後ろから見た図です。

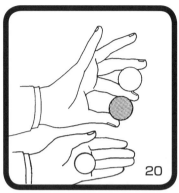

(21) 「何が起ったのか分かっていない人もいるようなので、も一度やってみましょう。このように空中に手を伸ばし、そこにあるボールを取り出すのです！」と言って、左手にパームしているボールを取り出します。

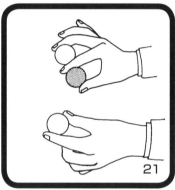

第5段
(22) 左手のボールを右手の中指と薬指の間に置きます。

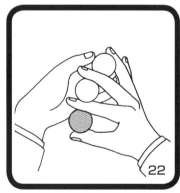

(23) 今、右手の各指の間にボールを1個ずつ、3個のボール (実際は、シェル1個とボール2個) を持っています。

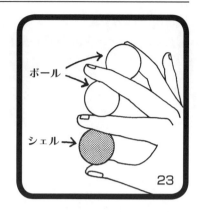

(24) ボールを観客に調べてもらうためにここで、3個のボールの内の1個を左手で握り取って、観客の1人に向けて投げるのですが、ボールは空中で消え「透明」なボールになって観客の方に飛んでいくことになります。この場面は、体の左側を観客の方に向けて、次のような操作で行います。

(25) 右手に持っている3個のボールの真中のボールを左手でカバーして、右手の指を軽く曲げ始めます。

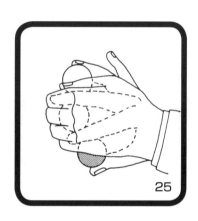

(26) 注：右手の指とボールの動きが理解し易いように、27～29図は左手を省略してあります。

(27) ボールがカバーされるのと同時に、右手の中指を下に降ろしながら、人差指と中指とで保持しているボールを人差指を軸に回転させながらシェルの中に収めていきます。

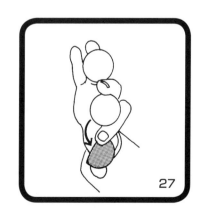

(28)ボールが完全にシェルに収まったら、親指と人差指とでシェルと一緒に保持して、

(29)直ぐに中指を元の位置に戻します(ボールがあった間隔を空けておきます)。以上の動作は全て左手のカバーの下で行います。

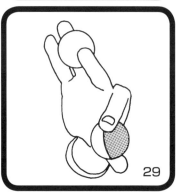

(30)同時に左手を握り、右手の人差指と中指の間にあったボールを取ったように見せます。

(31)左拳を右手から離して、下の方に降ろしていきます。

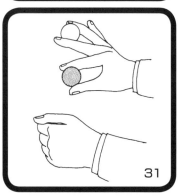

(32)注:この方法(27)〜(30)の操作は、「スチール」と同様にビリヤード・ボールの手順では重要な操作の1つです。

(33)左拳を左腰あたりまで降ろしていったところで、観客席の方を見ながら、指が上になるように左拳を構えます。「ボールを投げますから、受け取ってよく調べて下さい」と言って、

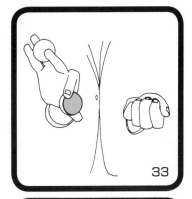

(34)観客の中の特定の1人に、左手に握っているボール(実際は空)をトスした振りで左手を開きます。ボールは「透明」または「消失」したように見えていますが、そのことには一切触れずに、特定の相手に「そのボールをよく調べてから、後で投げ返して下さい」と頼んでおきます。

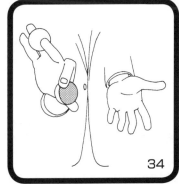

第6段
(35)観客がボールを調べている間の時間を費やしているかのように、右手の中指と薬指との間にあるボールを左手で取って、人差指と中指の間に移し変えます。

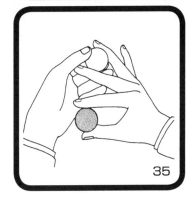

(36)このとき、方法(15)で行ったように、シェルの中のボールを左手でスチールしてクラシック・パームします。

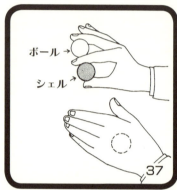

(37)左手(ボールをパームしている)を右手から離し、左腰のあたりまで降ろして構えます。

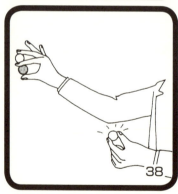

(38)そして、「透明」ボールを投げた人に向って、「ボールを投げ返してくれますか?」と頼みますと、ほとんどの観客は意を察して、透明なボールを投げ返してくれますから、左手を伸ばしてそのボールを受け取ったジェスチャーで、パームしているボールを現わし「ありがとう」と礼を言います。

第7段
(39)左手のボールを右手の中指と薬指の間に置き、3個のボール(実際は、ボール2個とシェル1個)を示します。

ビリヤード・ボール・マジック

(40) ちょっと間を取ってから、左手を右手の前に持ってきて、方法(27)～(30)を行って、右手の人差指と中指の間にあるボールを左手で握り取ったように見せて、実際はシェルの中に収めます。

(41) 今、右手にあった3個のボールは2個になり、左手に1個のボールを握っているように見えています。

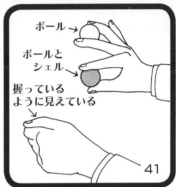

(42) そして、左拳を口に当てて手の中のボールを口の中に入れた演技をします。すぐに左手の平を観客の方に向けて空であることを示し、本当に口の中にボールを入れたように見せます。

(43) このとき、右手を右上から左下（42図の位置）に降ろしておきます。この動きの詳細は、方法(53)を参照してください。

(44) 次に、口に入れたボールを飲み込む演技をしますが、まず口を閉じ、舌の先で左の頬を押し出したり、右の頬を押し出したりして口の中でボールを転がす演技をしてから、大袈裟にボールを飲みこんでしまった動作をします。

(45) ちょっとうろたえた様子で、左手で胸を撫で下ろしていって、へそのあたりで止め、にこっと笑って、準備しておいたボールを取り出してきます。飲み込んでしまったボールを、魔法で胃の中から引き出してきた、といった演技です。

第8段
(46) 取り出したボールを、右手の人差指と中指の間に置き、

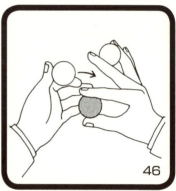

(47) 方法(15)と同じ操作で、シェルの中のボールを左手でスチールします。

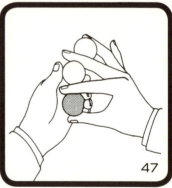

(48) 右手には3個のボールがあり（ボール2個とシェル1個）、左手に1個のボールをクラシック・パームしています。

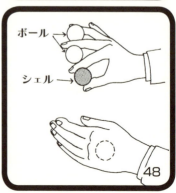

(49) 48図を後ろから見た図です。

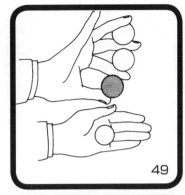

(50)「でも、私が本当に皆さんに見せたかったことは、空中に手を伸ばしてボールを取り出すことです」と言って、左手を空中に伸ばして、4個目のボールを取り出します。

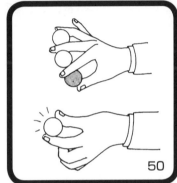

第9段
(51) 左手のボールを、右手の薬指と小指の間に置きます。

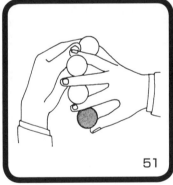

(52) 魔法のように、1個ずつ4個のボールを空中から取り出しました。

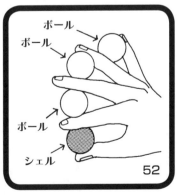

(53)次に、ボールを4個持っている右手を、右肘を軸にして振子のように前腕を振り下ろして（53図の矢印）右手を体の前に持ってきます。このとき、常にシェルの正面を観客に正対させた状態でシェルが半球であることを露出せずに振り下ろします。

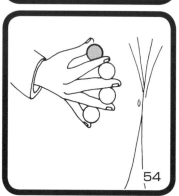

(54)右手を振り下ろしたときの図です。

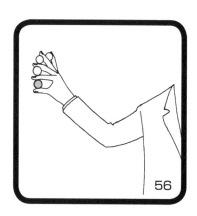

(55)54図の状態で観客に向かって軽く会釈をして、観客の拍手を待ちます。滞りなく手順が行われていれば、間違いなく拍手を受けることになります。

　ここからが手順の後半部です。

第10段
(56)方法(53)の逆の動きで、右手を右上に振り上げて肩の高さあたりで4個のボールを示します。

(57)左手で右手の人差指と中指の間のボールをカバーして、方法(27)～(30)を行って、人差指と中指の間のボールを握り取ったように見せて、実際には、シェルの中にボールを収めます。

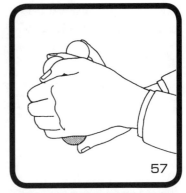

(58)左拳を右手から離し、

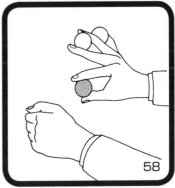

(59)体の前に持って来て、「透明」ボールを観客の1人に投げるとき（方法33）と同じように構えますが、今回は、左拳の中のボールを揉み砕いているような感じで指を小刻みに動かします。

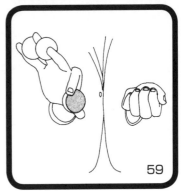

(60)ゆっくりと左拳を開いて、ボールが消えていることを示します。

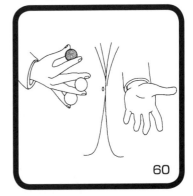

(61)注：ボールの消失を示しているとき、右手の状態を変えずにおくか、または振り下ろして60図のように構えるか、どちらかを選んで下さい。

第11段
(62)60図の方を選んだ方は、右手を右上の定位置に戻し、薬指と小指の間のボールを左手で掴み取って、

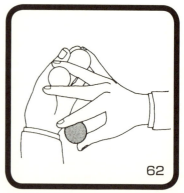

(63)人差指と中指の間に移し変えながら、前と同様に（方法15）シェルからボールをスチールして左手にクラシック・パームします。

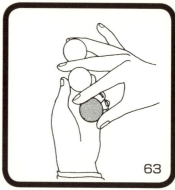

(64)右手に3個のボール（ボール2個とシェル）、左手に1個のボール（クラシック・パームしている）があります。

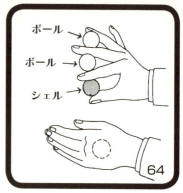

ビリヤード・ボール・マジック

(65)ここで、方法(27)〜(29)の操作で人差指と中指の間のボールをシェルの中に収めるのですが、左手のカバーなしで、右手を上下に振りながら次のように行って、ボールが1個空中で消えたように見せます。

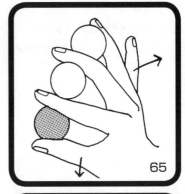

(66)右手を上に上げながら、方法(27)と同じように、中指を下げてボールをシェルの中に収め、

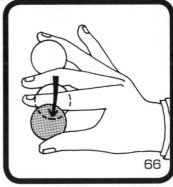

(67)手を下げながら、中指を元の位置に戻します。

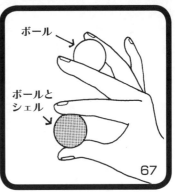

(68)この方法(27)〜(29)の操作をカバーなしで観客の目の前で堂々と行うボールの「消失」方法もまた、ビリヤード・ボールの手順に於ける重要な技法の1つです。

(69)この後、左膝の後ろに左手を伸ばして、パームしているボール現わします。

第12段
(70)左手のボールをはっきりと示して、上着の左ポケットにしまってから（または、テーブルの上の帽子とか器に入れます）、

(71)左手を右手の方に持っていって、中指と薬指の間にあるボールを掴み、

(72)そのボールを人差指と中指の間に移し変えながらシェルの中のボールを左手にスチールします。

ビリヤード・ボール・マジック

(73)今、右手に2個のボール(ボールとシェル)があり、左手に1個のボールをクラシック・パームしています。

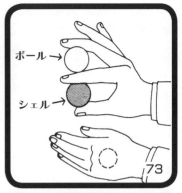

(74)右手を上下に振りながら、方法(66)と(67)を行って、ボールを1個空中で消します。

(75)この図は、シェルにボールを収めたときの側面図です。

(76)この図も、75図につづけて中指を元に戻し、ボールを1個消したときの側面図です。

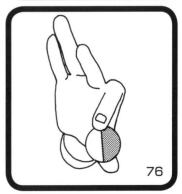

(77)右肘の後ろに左手を伸ばし、パームしているボールを指先に現わします。

第13段
(78)左手のボールを右手の人差指と中指の間に置きながら、方法(15)のように、シェルの中のボールを左手にスチールしてクラシック・パームします。

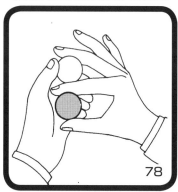

(79)右手に2個のボール(ボールとシェル)があり、左手に1個のボールをクラシック・パームしています。

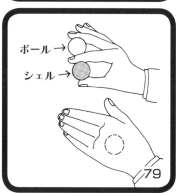

(80)ここで、ビリヤード・ボールで、ちょっとした「魔法的なお遊び」します。まず、正面を向いてちょっと腰を屈めて、右手を右膝の横に、左手を左膝の横に持っていき、図のように構えます。

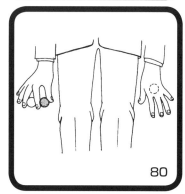

(81)右手をちょっと右に離し、すぐに右膝に軽く当てるように戻します。

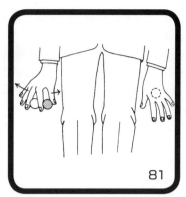

(82)同時に、方法(66)と(67)を行って、人差指と中指の間にあるボールをシェルに収めて消し、左手にパームしているボールを現わします。右手に持っている2個のボールの内の1個が、両膝を貫通して、左手で受け取った現象です。

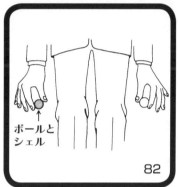

ボールとシェル

第14段
(83)この後、左手のボールを右手の人差指と中指の間に戻せば（シェルの中のボールを左手でスチールしてパームします）、同じ現象を繰り返すこともできます。注：右手を右膝の横に下げた位置のまま方法(15)のようにしてボールを左手にスチールします。

(84)右手を右膝に打ち当てながらボールを1個消し（方法66、67）、左手にボールを現わします。

(85)注：この膝を通るボールの演技は、コメディー・タッチで演ずることも、その反対に「魔法による貫通現象」に見せることも、またはちょっとした離れ業として演ずることもできますから、読者のスタイルに合わせて演じて下さい。

(86)「膝を通るボール」を繰り返した後（両手のボールが1個ずつになったところ）、右手のシェル付ボールを上着のポケット上（または、テーブルの上の容器）に入れます。

第15段
(87)左手に残っている1個のボールを示しながら「このボールを使って、最後に特別なトリックをお目にかけようと思っていたのですが、トリックに必要な特別な魔法のコートを忘れてしまいましたので、残念ですができません。そのコートには、このボールが私の右

袖を通って、背中を横切り、左袖をくぐり抜けて落ちてくる見えないチューブがあります。

(88) その話に合わせて、右手に持っているボールが通ってくる見えないチューブのコースを左手の人差指を伸ばして辿って見せます。

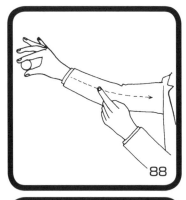

(89) もしもその魔法のコートを着用していれば、ボールをこのように右手に握り…」と説明しながら、ゆるく握った左拳の上にボールを載せ、右手で握り取るように見せて、351頁で説明した「フィスト・バニッシュ」を行ってボールを密かに左拳の中に落します。

(90) ボールを握った（ように見えている）右拳を図のように右上方に掲げ、ボールをパームしている左手を左下に降ろして構えます。

ビリヤード・ボール・マジック

(91) 右拳をぎゅっと強く握ってから手を開き、手の平を観客に示して、ボールがなくなっていることを示します。そして、ボールが見えないチューブを通って左袖を落ちてきている様子をジェスチャーで示し、そのボールを左手で「受け取った」ように左手を握ります。

(92) 左拳を観客の方に伸ばし、手を開けてボールを示します。

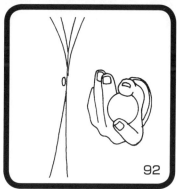

(93) 両手を体の前に持ってきて「特別な魔法のコートを忘れてきたことを申し訳なく思うので、次回お会いするときには必ずお見せすることを約束します！」

(94) と言って、ボールをポケットかテーブルの上の容器に落としてビリヤード・ボールの手順を終了します。

コメント

「ビリヤード・ボール」は、次に解説する「カップと玉」と共に代表的な古典マジックで、手順も無限ですが、まず、本講の手順を習得し、進歩するのに合わせて独自のバリエーションを考えて下さい。

ビリヤード・ボールのセット（ボール3個とシェル1個）を入手する際には、読者それぞれの手の大きさ、指の長さ等、持ってしっくりくるサイズのボールを選んで下さい。その際、本文の52図に示したように、シェルと3個のボールを各指の間で保持してみることも大切です。

カップとボール

　今から2000年程前の文献に、三脚のテーブルの上に3枚の皿を置き、それぞれの皿の下に小石を1つずつ入れてから、その小石を1枚の皿の下に移したり消したりして見せたと記述があるように、カップとボールのマジックは、相当に古くから演じ継がれてきました。このお皿がカップに、小石がコルクのボールに変わったのは、15世紀に入ってからのことです。この頃、テーブルの上でコルク製の小さなボールと円錐形のカップを操る様々なマジシャンの版画が出版されています。

　1878年に出版されたホフマン教授の有名な著書『モダン・マジック（Modern Magic）』では、カップとボールの章を設けて、基本的な手練技を解説するとともに、様々なサイズのカップとコルクボールの使用を推奨し、過去4世紀にわたって引き継がれてきたカップからカップへのボールの秘密の移動のための一連の「パス」を詳細に説明しています。

　使用カップもブリキ製のものから、扱いやすい重みのあるニッケルやクロムメッキのもので、形状も技法や手順に即したものに改良されてきました。ボールも、ゴム製やコルクの外に、ボールを柔らかい毛糸編物で包んだカラフルなもの等、演者の目的に応じたものが使われるようになりました。

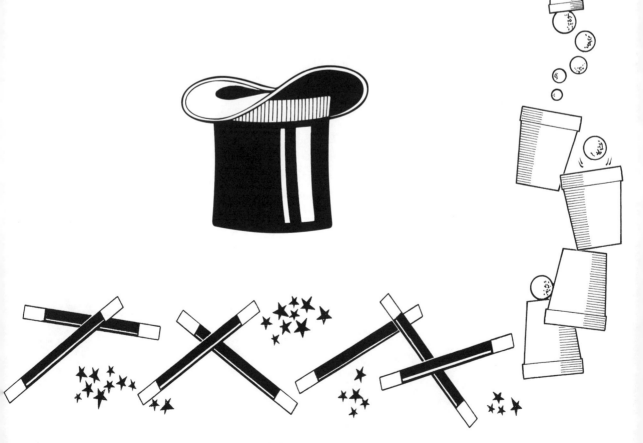

カップとボールの手順

　カップとボールは、マジックの歴史の中で最も古いものの1つですが、何十世紀にもわたっていつまでも新鮮で、常に高い評価を維持しているマジック中のマジックです。

効果
　マジシャンは、テーブルの上に3個の小さなボールを横1列に並べ、各ボールの後ろに1個ずつ空のカップを伏せて置きます。そして、右端のボールを真中のカップの上に置き、その上に左右のカップを1個ずつ被せて重ねます。マジシャンがお呪いを掛けて3つ重ねのカップを持ち上げると、カップの上に置いてあったボールが、カップを貫通してテーブルの上に落ちています。残りの2個のボールでも繰り返され、3個のボールが3つ重ねのカップの下に集ります。次に、マジシャンが握ったボールが1個のカップの中に見えない飛行をします。この後、カップを横1列に並べ直してから、1個のボールを左手に握り、このボールを手の中から真中のカップに瞬間移動させます。
　次にマジシャンは、各カップの下にボールを1個ずつ置きます。マジシャンは真中のカップの下のボールを消して右のカップの下に移し、そのボールをもう一度消して左のカップの下に移します。そして今度は、ボールを1個ずつ上着のポケットの中にしまいますが、そのボールがいつの間にか、3個のカップの下にそれぞれ戻ってきてしまいます。そこでもう一度ボールをポケットにしまいます。カップを上げてみると、びっくり！それぞれのカップの下からレモンが1つずつ現われます！

秘密と準備
(A)この手順を効果的に行うためには、適切なタイプのカップを入手する必要があります。マジック用品専門店で「カップとボール」専用のセット（カップ3個とボール4個）を販売していますが、初めの内は、練習用を兼ねて紙コップで十分です。そして、同じ大きさの小さなボール4個が必要です（408頁のコメントの欄参照）。その他に、カップに入るサイズのレモン（または小さな玉ねぎとかじゃが芋等）。を用意して次のように準備します。

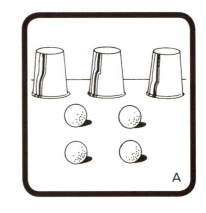

カップとボール

(B) 1個のカップを伏せて置き、その上（底の凹みの上）にボールを1個置いて、残りの2個のカップを重ねて被せます。

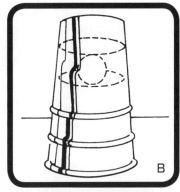

(C) 上記の3個のカップ全体をまとめてひっくり返して口を上に向け、一番上のカップの中に3個のボールを入れてテーブルに置きます。

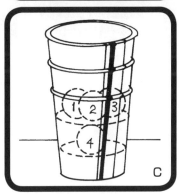

(D) そして、3個のレモンを上着の右ポケットに忍ばせて準備完了です。

注：手順は5段階で構成してありますので、1段ずつ練習、習得した上で、全体を通しで練習することを勧めます。

方法
第1段—貫通
　解説図は観客側から見た図です

(1) テーブルを挟んで、観客と正対して立ちます。ひと重さねにしてあるカップを左手で取り上げ、傾けて3個のボールをテーブルに落とし、右手で横1列に並べます。3個のカップは重ねたまま左手に保持していますが、図のように、口をちっと手前に傾けて持ちます。

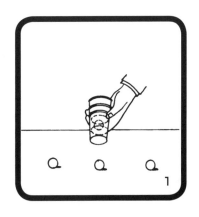

(2) 右手で一番下にあるカップを掴み、図のように下に引き出しながら、

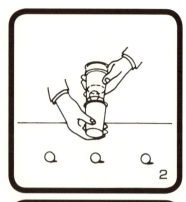

(3) 一連の動作で、右手首を手前に回わして持っているカップを伏せて右端（観客側から見ると左端）のボールの後ろに置きます。

(4) つづけて、同じように右手で次のカップを掴み、下に引き出しながら、

(5) 右手首を手前に回わして、カップを伏せて真中のボールの後ろに置きます。

カップとボール

(6)このカップの中には、観客には秘密のボールが1個入っていますが、コップの口を手前に傾けてあるので、観客が見ることはできません。そして、カップを下に引き出しながら（4図）、スムーズに手前に回わすことで、遠心力が働き、カップの中のボールが途中で落下することはなく、観客に気付かれずに秘密のボールをカップの中に運びこむことができます。

(7)つづけて、最後のカップを右手で掴み、

(8)同様にして、左端のボールの後ろに伏せて置きます。

(9)注：以上の操作で一番大切なことは、カップをボールの後ろに伏せて置くときの個々のペースと所作を全く同じように実行することです。

(10)今、横1列に並んだ3個のボールの後ろに3個のカップが伏せて置いてあり、真中のカップの中に秘密のボールが1個隠れている状態です。

(11) まず、右端のボールを取り上げて真中のカップの上に置きます。

(12) そして、右手で右端のカップを取り上げ、真中のカップに被せて、ボールを2つのカップの間に閉じ込めます。

(13) 更にその上に、左端のカップを重ねて被せます。

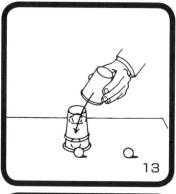

(14)「これから、カップの間に置いたボールをカップを貫通させます」と言って、右手の人差指の先で、重ねた3個のカップの上を、とんとんと叩きます。

カップとボール

(15)すぐに左手でカップ全体を左手で持ち上げて、ボールが落ちてきていることを示します。

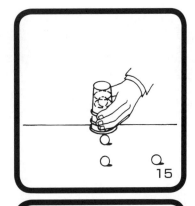

(16)そして、3個重ねのカップを持っている左手を、手の平が上に向くように返して、方法(1)と同じ状態にします。

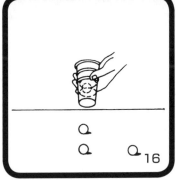

(17)そして、方法(2)〜(8)の操作と同じように、一番下にあるカップから抜き取って、テーブルの右から左に順々にカップを伏せていきますが、今回は、2番目のカップ（秘密のボールが入っています）を、今カップを貫通してきたボールの上に伏せます。これで、真中のカップの中はボールが2個になります。最後のカップは、左端のボールの後ろに伏せて置きます。

(18)次に、真中カップの前にあるボールを取り上げて、真中のカップの上に置き、

(19) つづけて、方法(12)と(13)で行ったように、右端のカップと左端のカップを1個ずつ真中のカップに被せて重ねます。

(20)「2個目のボールを貫通させます」と言って、右手の人差指でカップの上をとんとんと叩きます。

(21) すぐにカップ全体を持ち上げて、ボールが2個になっていることを示します。観客にはコップの上に置いたボールが貫通して、下にあったボールと一緒になったように見えます。

(22) 3個重ねのカップを、また方法(1)と同じように持ちます。

(23) 再度方法(2)〜(8)の操作を繰り返して、カップを1個ずつテーブルの上に伏せて置いていきます。秘密のボールが入っている2番目のカップは、貫通した2個のボールの上に伏せます。

(24) 最後のボールを取り上げて真中のカップの上に置いてから、

(25) 2つのカップを重ねて、右手の人差指でカップを叩き、

(26) カップ全体を持ち上げて、ボールが3個になっていることを示します。

注：まず、この方法(1)〜(26)までの手順をしっかりと習得して、スムーズに実行できることを確認できたところで、次の段階に移行するようにしましょう。

第2段─瞬間移動
　この段の解説図も観客側の視点です。

(27) 3個のボールをスタートの時と同じように横1列に並べてから、方法(2)〜(8)を行って3個のカップを3個のボールの後ろに伏せて置きます。再び、真中のカップの中に秘密のボールがあります。

(28) 右手で真中のボール取り上げて、フィンガー・パーム・バニッシュの位置（中指と薬指の付け根の上）に置いて示します。

(29) 右手のボールを左手に移したように見せて右手にフィンガー・パームします（『マジック大百科 クロースアップ・マジック編』367頁、フィンガー・パーム・バニッシュ参照）。

カップとボール

(30)左手に握っている（と思われている）ボールを真中のカップに投げ込む動作で左手を開き、ボールが消えていることを示します。

(31)左手で真中のカップを持ち上げ、カップの縁でボールを軽く転がして、ボールが「移動」してきていることを示します。

(32)そして、左手のカップを伏せたまま元の位置に戻します（図のように、ボールの後ろに置く）。この操作によって、今までカップの中にあった「秘密のボール」が密かに右手に移り、次の奇跡の準備が整うことになります。

(33)秘密のボールをフィンガー・パームしている右手の指先で、右端のカップの前のボールを摘み上げます。

第3段―指定されたカップ

解説図は、観客側と演者側の両方の図が入り交じっています。

(34) 同時に、左手でカップの縁を、親指を手前にして囲むように掴みます。

(35) そして、カップの底を手前に傾けて、縁の前端を少し上げて、ボールを入れる空間をつくります。このとき、右手の指先に持っているボールを手の中に落としてフィンガー・パームしているボールと一緒にしながら、

(36) 2個一緒にカップの中に転がし込みます。

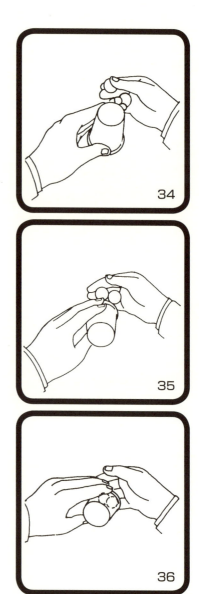

(37)36図を観客側から見た図で、摘み上げた1個のボールをカップの中に入れたように見せます。

(38) 2個のボールがカップの中に入った瞬間に、カップの傾きを戻し、カップの中にボールを残しながら、右手の指をカップから抜き出します。

(39)すぐに右手で真中のカップの前のボールを摘み上げ、同時に左手で真中のカップを掴み、前と同じようにカップを傾けて縁の前端を上げます。

(40)39図を演者側から見た図です。右手の中指と薬指の上にあるボールに親指を軽く当てて持っていることに注目して下さい。

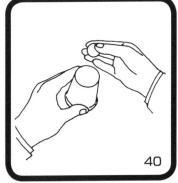

(41) 右手のボールを、傾けたカップの縁からカップの中に入れて親指を放し、他の指だけでボールを持ちます。

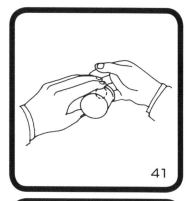

(42) そして、右手の指先でボールを隠し持ち、手の甲を観客の方に向けながらカップから抜き出します。

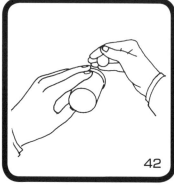

(43) 同時にカップの傾きを戻し、カップの前縁をテーブルに降ろします。観客には、2個目のボールを真中のカップに入れたように見せます。

(44) すぐに、右手（ボール1個隠し持っている）の指先で最後のボールを取り上げ、左手で左端のカップを掴みます。

(45) 44図を演者側から見た図です。

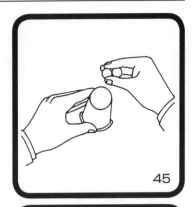

(46) 方法(35)〜(38)と同じ操作を始め、右手のボール（2個）をカップの中に入れ、

(47) カップの前縁を下げながら、

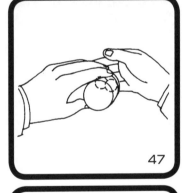

(48) 右手をカップから抜き出します。

マーク・ウィルソン　マジック大百科

(49)注：この時点で観客は、演者が3個のカップそれぞれの下にボールを1個ずつ入れたように思っていますが、実際には、真中のカップは空で、両端のカップに2個ずつボールが入っています。

(50)ここで、真中のカップにあるボールを消して、左右どちらかのカップ下に飛行させるかを尋ね、観客が右の方のカップを選んだとします。まず真中のカップをゆっくりと倒してボールが消えていることを示し、

(51)次に、選ばれたカップ（この場合は右のカップ）を倒して、お望み通り飛行して、ボールが2個になっていることを示します。

(52)そして、その2個のボールの内の1個を右手で取り上げ、フィンガー・パーム・ポジションに置きます。

(53)右手のボールを左手に移したように見せて、フィ

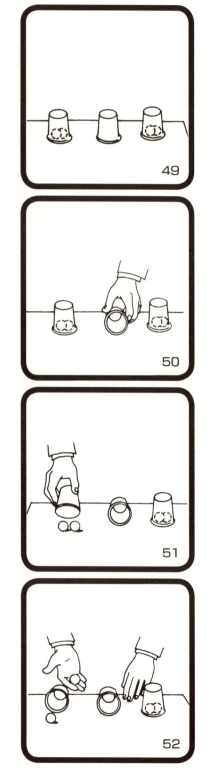

カップとボール

ンガー・パーム・バニッシュで、ボールを密かに右手にパームしておきます。

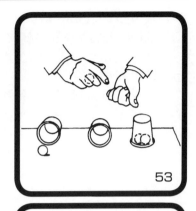

(54)左手に握っている（ように見えている）ボールを左端のカップに投げ入れたジェスチャーで左拳を開け、ボールが消えたことを示します。ボールをパームしている右手は、さり気なくテーブルに降ろしておきます。

(55)そして、左手で左端のカップを倒して、消えたボールが飛行してきていることを示します。

注：この手順を完全に習得したところで、第1段から第3段までを行い、全てがスムーズに演技できることを確認した上で、次の第4段に進んで下さい。

第4段―戻ってくるボール
解説図は全て観客側からの視点です。

(56) 第3段の終了後、テーブルの上の3個のボールをまた横1列に並べ、その上に各カップを伏せて置きます。秘密のボールは右手にフィンガー・パームしています。

(57) 右端のカップを左手で掴み、手の平が上に向くように前方に返してカップの口を上に向けながら右手に近づけ、

(58) 図のように、右手の親指と人差指でカップの口を掴んで持ちます。

カップとボール

(59)すぐに左手をカップから放して右端のカップの下にあったボールを取り上げます。このとき、右手にフィンガー・パームしているボールを、持っているカップの中に密かに落しておきます。

(60)右手を振子のように前方に振ってカップを立て、口を下にしてテーブルの元の位置に伏せて置きます。滑らかで、途切れなく行うことで、ボールをカップの中に隠したままカップを伏せて置くことができます。

(61)今行ったことは、右端のカップを持ち上げて、その下にあったボールを左手で取り上げるのが目的のように見せていますが、実際の目的は、その行動の陰で秘密のボールを空のカップの中に潜ませることです。

(62)左手で取り上げたボールを右手に渡し、

(63) 右手で上着の右のポケットにボールを入れたと見せて、右手にフィンガー・パームして右手をポケットから出します。

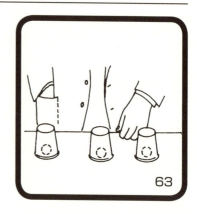

(64) 注：方法(57)〜(63)は、第4段の重要な操作です。観客は、最初のカップは空で、そこにあったボールは、今は上着の右ポケットに入っていると思っています。

(65) つづけて、真中のコップで同じ事（方法57〜63）を繰り返して行い、空と思われている真中のカップにも秘密のボールを潜ませておきます。

(66) 最後に、左端のカップでも同じ事（方法57〜63）を行いますが、

(67) 右手をポケットに入れたところまで行います。

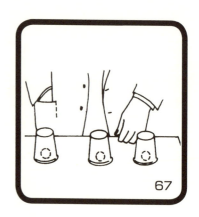

　観客は、3個のボールを1個ずつ、カップの下から取って上着の右のポケットに入れたので、3個のカップは全て「空」だと思っていますが、実際は、3個のボールは密かに各カップに戻っています。そこで、もし読者が望むのであれば、この段階で、各カップにボールが「戻ってきた」ことを示して演技を終了することもできます。しかし、更なる「不思議」を演じたいのであれば、次の第5段に進んで下さい。

第5段——驚き！

解説図は、演者側と観客側の図が入り交じっています。

(68)方法(67)で右手をポケットに入れたところからつづけます。右手に持っているボールを放して、3つのレモンの内の1つを掴み、各指をくっ付けてレモンのまわりに指を巻きつけるようにして持って（図のように、お椀形の手の中にレモンがすっぽりと納まるように隠し持ちます）、右手をポケットから出し、さり気なく体の右側に添えておきます。

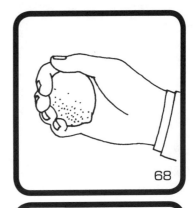

(69)左手で右端のカップを掴んで持ち上げ、ポケットに入れたボールがカップに戻ってきていることを見せます。このとき、左手でカップを持ち上げるのに合わせて右手も（手の甲を観客の方に向けている）上げて体の前に持ってきます。

(70)そして、左手を返してカップの口を体の方に向けながら右手に近付けていって、カップの口を右手に収め、右手の指でカップの口を完全に覆うように持ちます。

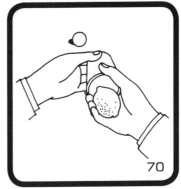

(71)70図を観客側から見た図です。鏡の前での練習で、観客側の視点を十分にチェックして下さい。

(72)カップを右手に渡したら、すぐに左手をテーブルに伸ばしてボールを取り上げます。同時に、右手のレモンをカップの中に落します。

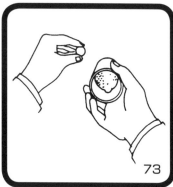

(73)72図を演者側から見た図です。

(74)左手のボールを示しながら、右手のカップ（レモンが入っている）をテーブルの上に伏せて置きます。

カップとボール

(75)左手のボールを右手に渡し、右手に持ったボールを上着の右ポケットにしまい、代わりにレモンを68図のように隠し持ってポケットから出します。

(76)つづけて、真中のカップで方法(69)〜(75)までを繰り返して演じ、右手に持ったボールを右ポケットにしまい代わりに3個目のレモンを右手で隠し持ちます。

(77)そして、左端のカップで同じこと（方法69〜75）を行って、3個目のカップの中にも密かにレモンを入れます。

(78)最後のボールをポケットにしまったら、右手をポケットから出し、両手を開いて、テーブルの上に並んでいる3個のカップに気を引きます。

407

(79)ここで観客に、カップの下にボールがあると思うかどうかを尋ね、観客の答えに関係なくカップを持ち上げてレモンがあることを示します。

(80)つづけて、他の2個も素早く持ち上げて全てのカップにレモンが有ることを示して終ります。

コメント

　練習用のカップとしては、しっかりした紙質のホット・ドリンク用のカップで底の凹みが深いものがお勧めです。

　ボールは、直径2センチ位の小さなボールで、木材、コルク、ゴム等いろいろな材質のものが市販されていますので、お好みのものを選んで下さい。プロセット用のコルクボールにクローシェット編（かぎ針編）のカバーのあるものはマジック用品専門店で取り扱っています。

マジカル・イリュージョン

　人間が関与する、出現、消失、変化、移動、浮遊などの超常現象のことを、マジック用語で「イリュージョン」と言います。霊魂が戯れる「幽霊」の小部屋のようなユニークなものまで含まれています。以前は大きな舞台で演じる大仕掛けのものだけを「ステージ・イリュージョン」と呼んでいましたが、今日では、演ずる場所に関係なく、幻想的な現象を「マジカル・イリュージョン」と呼んでいます。この章では、製作が容易で安価な中規模の装置によるマジック・ショー的な効果の高いマジカル・イリュージョンを解説しました。

テント・イリュージョン
ジーン・グラント

この印象的で不思議なイリュージョンを創作したジーン・グラントに感謝します。

効果
　マジシャンは、ステージ上にある段ボール板の束から、各パーツを1つずつ取り出して小さなテント小屋を組み立て始め、最後に屋根板を載せて完成させます。ほぼ同時に、小屋の中から素敵な女性が屋根を上げて登場します。

秘密と準備
(A)強くて丈夫な厚めの段ボール板か、スチレンフォームの厚板、或いはベニヤ板で作ったキャンバス等で製作します。いずれも、ホームセンターとか東急ハンズ等で入手可能です。

(B)段ボールの他に、布製の荷造りテープ、もし着色するのであれば、ペンキと刷毛(はけ)(またはカラー・スプレイ)が必要です。

(C)まず、C図の寸法を参考にして段ボール板でC図のパーツを2組作ります。寸法は大人の女性を対象にしてありますので、子供を出現させる場合はその子に合わせた寸法で作って下さい。

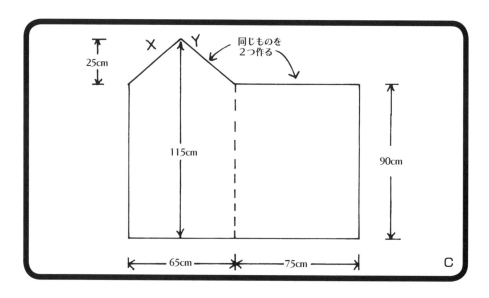

(D) C図の点線で示してあるところで2つ折りにします。

(E) 段ボールが厚過ぎて折り目を作りにくい場合（または他の材質を使っている場合）は、E図のように2つに切断して

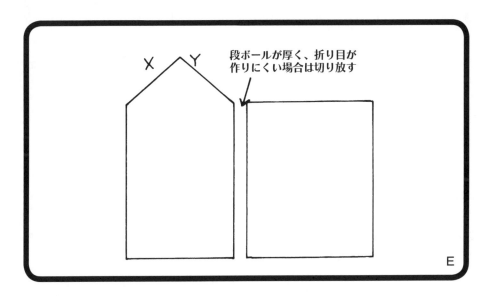

(F) 布製のテープを貼って繋ぎ合わせます。この2組のパーツがテント小屋の本体です。

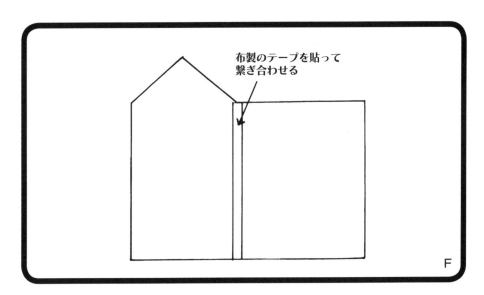

(G) 次に、段ボールをG図のように切って点線で2つ折りにして（または切断してテープで張り合わせる）、屋根を作ります。

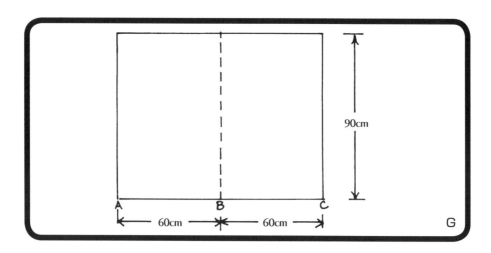

(H) 注：小屋の巾より屋根の巾の方が若干大きくなっているので、I図のように屋根を小屋の上に安定して載せることができます。

(I) 全てのパーツが完成したところで、演出に合わせた小屋作りのために（例えば、童話の中の森の小屋とか、サーカスのテント、お化け屋敷等）デザイン、着色しておきます。

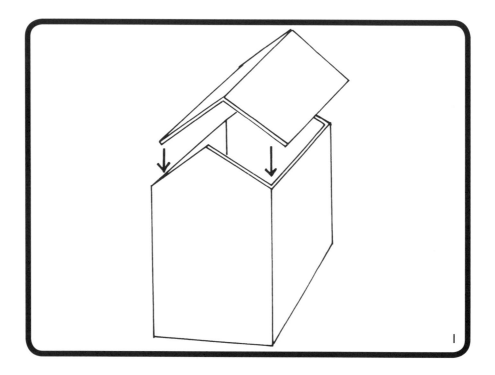

マジカル・イリュージョン

(J) 注：一面だけに着色すると、段ボールが反り返ってしまうことがあるので両面に着色しておくことを勧めます。ホームセンター等にあるいろいろなデザインのビニール・シートを利用することもできます。

(K) 演技前の準備：屋根のパーツを半開き（80度位）にしてステージ上手寄りに置き（頂点を観客席の方に向ける）、その片面側（正面から見て右側）に2つ折りにした本体のパーツ2組を図のように立てて置きます。そして、出現する女性は、屋根の後ろにしゃがんで隠れています。注：〇で囲んだ上から見た図では、マジシャンはトップハットで女性は⑥で示してあります。

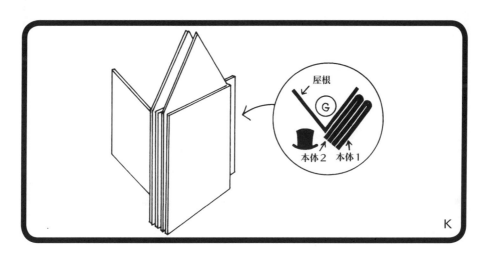

方法
(1) カーテンが開き、マジシャンが登場します。「魔法のテント小屋を建てましょう」と言って、一番前にある本体のパーツの1つを持ち、正面で大きく開いて観客に示してから、開いたまま右の方にずらして置きます。

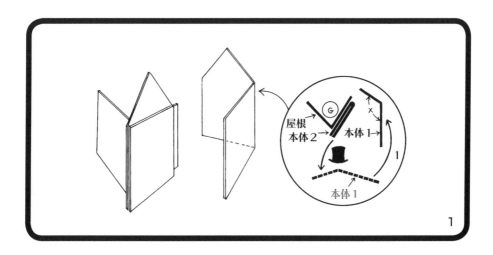

413

(2) 注：○で囲んだ図で、本体パーツ1の移動を確認して下さい。まず正面で開き（点線で示してある）、矢印に従って、右後ろ屋根のパーツ近くに持っていって開いたまま置きます。

(3) すぐに、本体パーツ2を持ち、同じように正面で開いて示してから（点線）、本体パーツ1の方に持っていって、図示したように、短い方の壁の端を本体1の長い方の壁の端に合わせ、他の壁の端を屋根の右面に押し付けるように置きます。

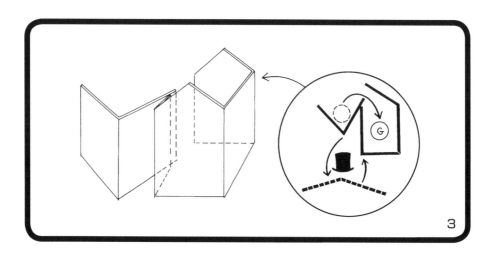

(4) その瞬間に、屋根のパーツの後ろに隠れていた女性が、本体の囲いの隙き間から中に密かに入ります（3図Ⓖ）。本体2の一端が屋根の右側の面にくっついていることで、女性の移動は観客には見えません。

(5) 演者はすぐに、右側から本体の後ろにまわり込み、本体1の後ろの壁を閉じてから、屋根のパーツを取り上げて裏面を示します。

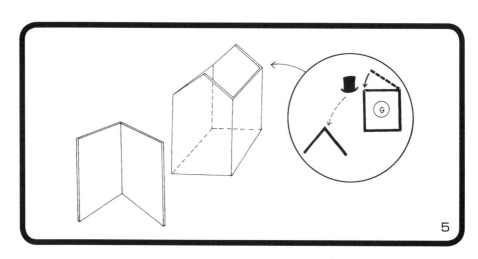

マジカル・イリュージョン

(6) 改めた屋根のパーツを本体の上に置いて小屋を完成させます。

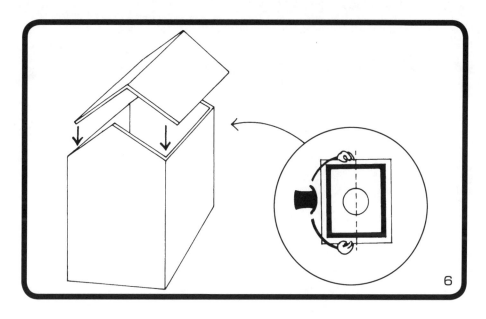

(7) 小屋に向けて魔法のジェスチャーをして、すぐに屋根を取り上げ、同時に女性が立ち上がります。

(8)女性は手を挙げて拍手を受け、マジシャンは本体の前方の壁を開いて女性を小屋の外に誘導して、更なる拍手を受けて終了します。

お化け屋敷

効果
　マジシャンは、ステージに置いてある、気味の悪い小屋の絵が描かれているパネルを示し、それがとある幽霊屋敷のレプリカであることを話してから、マジシャンは白い布をすっぽりと被って幽霊に扮します。そして、幽霊小屋のパーツを組み合わせて、その上に屋根を置いてから、幽霊に扮したマジシャンは小屋のまわりを奇妙なジェスチャーで歩きます。突然小屋の屋根を持ち上げると、小屋の中から誰かがパット立ち上がります。なんとそれはマジシャンン自身です?!マジシャンは小屋を飛び出し、逃げようとする幽霊を掴み、被っている白布を払い除けると、「幽霊」は、いつの間にか美しい女性に入れ替わっていました!!

秘密と準備
(A)基本的には小屋の装飾が違うだけで小屋の造りは前項の「テント・イリュージョン」と全く同じです。

(B)これは、小屋の本体パーツ2組に描く幽霊屋敷の参考図です。

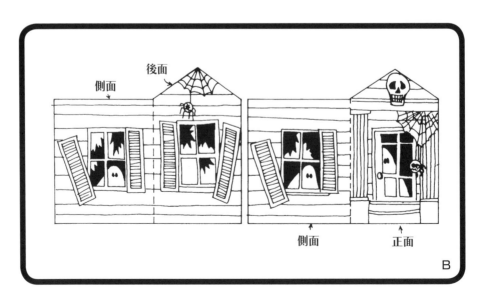

(C) この図も、壊れかけた屋根板の参考図です。

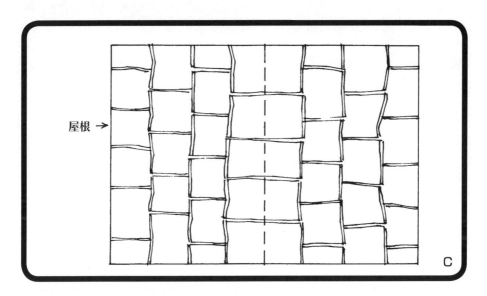

屋根 →

(D) 大き目の白いシーツで幽霊の衣装を2組作ります。図のように、体がすっぽり被る大きさで足が見えないようにして、両脇を安全ピンで止め、目の位置に穴をあけておきます。

(E) 演技の前の準備：小屋のパーツを、前項の「テント・イリュージョン」と同じようにステージに置き、屋根のパーツの後ろに幽霊の衣装を着用したアシスタントの女性に隠れていてもらいます。そして、演者はもう1枚の幽霊衣装を腕に掛けて舞台袖で待機しています。

注：小屋の組み立ては、屋根のパーツを本体パーツの上に置くとき以外は全て「テント・イリュージョン」と同じなので、変更した部分のみ詳しく解説することにします。

方法
(1) 幽霊小屋の話しをしてから、幽霊の衣装を被ります。そして、まず本体パーツ1を持ち上げ、前項の方法(1)を行って、開いた状態で右後ろに置きます（前項の1図参照）。

(2) 次に、前項の方法(3)を行って、本体パーツ2を所定の位置に置きます（前項の3図参照）。

(3) この図は、方法(2)のときの状態を後ろから見た図です。

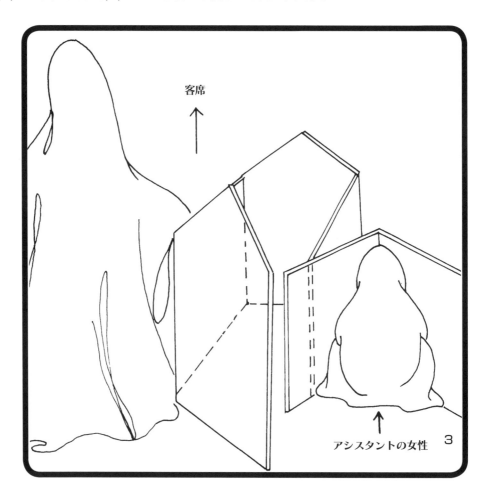

(4)すぐに、組み合わせた本体の右側から後ろを廻わって、屋根の後ろでしゃがみ込んでいる女性アシスタントの真後ろに立ちます。

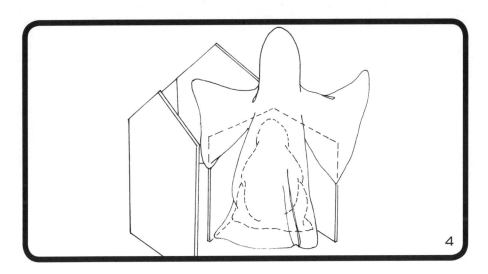

(5)注：このとき、うづくまっている女性アシスタントのことを気にしすぎて、観客にアシスタントの存在を気付かれてしまうことがないように、自然体で躊躇せずに行動します。

(6)ゆっくりと女性アシスタントの後ろにかがみ込んでいって、腕を組んで屋根の陰に隠れます。同時に、女性アシスタントは両手を左右に広げて屋根の両端を図のように掴みます。観客から見て、幽霊の衣装を着た演者が深くかがみ込んで屋根の両端を持ったように見せるのです。

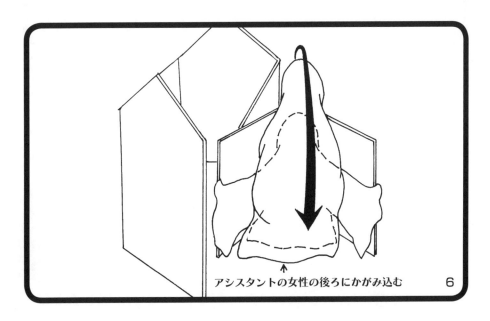

アシスタントの女性の後ろにかがみ込む

(7) すぐに「本体」の中に潜り込みます（前項の方法4で女性アシスタントが本体に入ったのと同じ動きです）。

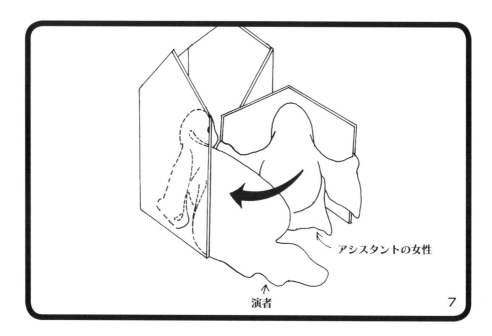

(8) 間髪を入れず、女性アシスタントは屋根持って立ち上がります。

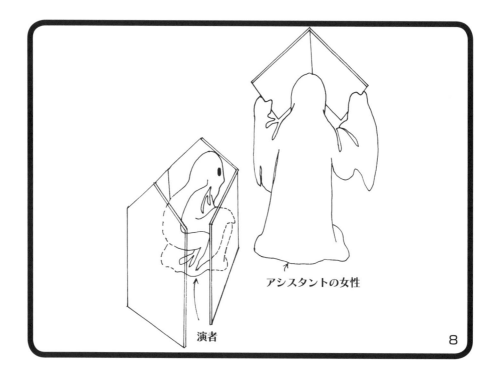

マジカル・イリュージョン

(9) 注：この演者と女性アシスタントとの共同操作がスムーズであればある程、演者が観客の視線から外れたことはないと観客は信じます。何回もの練習でこつを掴んで下さい。

(10) 幽霊（女性アシスタント）は持ち上げた屋根の裏表を示したら、

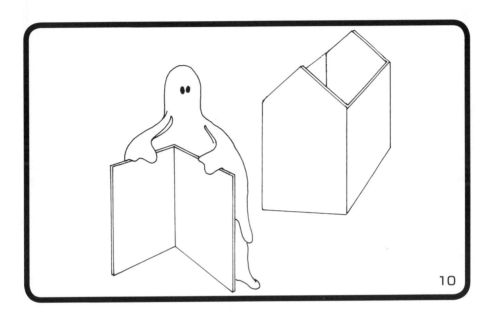

(11) 屋根を一旦床に置き、本体の後ろに廻り込みながら隙間を閉じて屋根のところに戻ってきます。

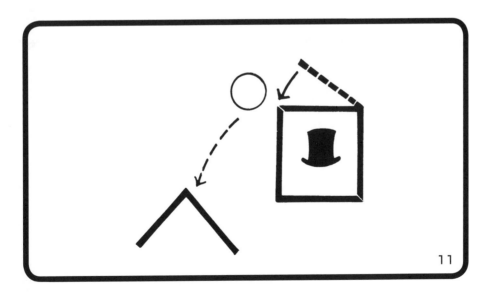

(12)そして、屋根を持ち上げて本体の上に置きます。

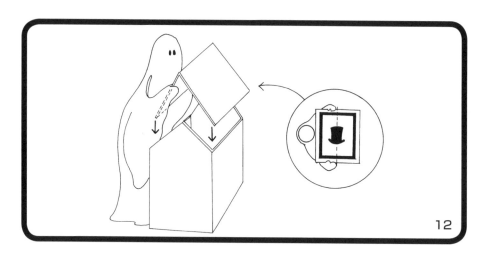

(13)注:この手順での方法(10)〜(12)の動きは、前項の動きとは若干異なっています。

(14)幽霊は、完成した「幽霊屋敷」のまわりをもう一度廻って、屋根を持ち上げる準備をしますが、このときに、本体の中にいる演者は、幽霊の衣装を慎重に脱ぎ捨てます(本体を動かさないように注意)。

(15)幽霊が屋根を持ち上げるのに合わせて、演者はすくっと立ち上がります。第1の驚きです!観客の拍手喝采の間に、本体の後方を開けて(幽霊の衣装を見せないように気を付けて)外に出て幽霊をつかみます。

(16)幽霊の衣装を払い除けて、美しい女性を披露します。第2の驚きです！もう一度観客の拍手を受けて幕を閉じます。

コメント

　この手順が印象的なイリュージョンに仕上がるかどうかは、「幽霊」役を演じる演者の手振り身振りに掛かっています。不気味で奇怪な動きにするか、コメディ・タッチな奇妙な動きにするかはお任せするとして、女性アシスタントはその身振りを正確にコピーしなければならないので、コピーし易い単純で簡単な幽霊らしい動きを勧めます。

　女性アシスタントが扮する幽霊が、完成された幽霊小屋のまわりを最後にもう一度廻る時間を取ることで、演者が衣装を処理する十分な機会を与えることができます。観客は誰かが小屋の中から出現するとは思っていないので、急いで廻る必要は全くありません。

段ボール箱イリュージョン
ジーン・グラント

　考えられないような空間から、美女を素早く出現させることができる驚くべき傑作です。しかも、軽量で安価です。そしてセットアップも楽で瞬時にできるという使い勝手のいいイリュージョンです。

効果

マジシャンは、助手が支えている折り畳まれた2つの大きな段ボールの箱を示します。その箱は2つ共に蓋と底の無い筒状です。マジシャンは、折り畳まれているその箱の1つを広げて方形にします。2つ目の箱も方形に開いて、第1の箱に上からすっぽりと被せます。こうして「入れこ」になっている2つの箱をぐるっと回転させて、4つの面を観客に示します。全てが公正で何の怪しい動作もありません。しかし、マジシャンがお呪いを掛けると、その空箱の中から美しい女性が出現します。

秘密と準備

(A)厚手の段ボールで、図示したサイズの四角筒を2つ作ります（または軽量の板を布地の荷造テープで貼り合わせて作ります）。2つの筒が、入れこのように重なって納まるように、1つを、他の筒より若干幅広に作り（高さは同じです）、小さい筒の一面に大きな「窓」を開けます。以後、窓のある小さい四角筒を箱1、大きい方を箱2と呼ぶことにします。

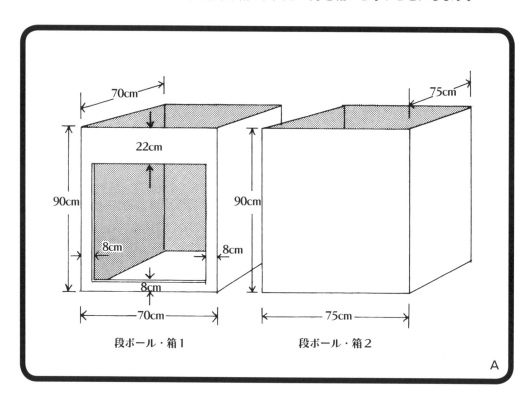

段ボール・箱1　　　段ボール・箱2

A

マジカル・イリュージョン

方法
(1) 2つの箱を平らに折り畳んで、観客側に箱1を、秘密の「窓」のある面を後ろにして垂直に立て、その後ろに箱2を立てて、右側を助手が支えます。そして、その後ろに女性が屈み込んで隠れたところで幕を開けます。

(2) まず、箱1を取り上げて図のように四角筒に開きます。窓を後ろにして、観客に見せないように開きます。

425

(3) 箱1の後面の一部が箱2の縁に重なるように置きます。すぐに、隠れていた女性は箱2の後ろから秘密の「窓」を潜って箱1の中に入り込みます。このとき、演者と助手は図のように開いている箱1の左右に立って、両側からの観客の視線を遮断して女性の移動を隠します。

(4) 女性が箱1に入ったら、助手は箱2を持ち上げ、演者と共同して四角筒に広げ、前に傾けて箱2の中を通して完全に見せてから、傾きを戻して、図のように、箱1に被せて入れこにします。

(5) 入れこにした二重の箱を助手との共同作業で、底を床に付けた状態で1回転させて、全ての面を観客に示します。

(6) 演者が魔法の呪文を唱えると、箱の中の女性はすくっと立ち上がってポーズをとります。演者と助手とで女性の両脇を持ち上げ、女性はジャンプして箱の外に出ます。

コメント

手順とプレゼンテーションは比較的単純なので、演者と助手との息の合った共同作業と女性の動きに重点を置いて練習することを勧めます。例えば、取り上げて開いた箱1を、躊躇せずに正しい位置に置いた瞬間に、女性が急いで箱に触れることなく箱1の中に移動します。同時に、助手は箱2を持ち上げて演者と一緒に開く……といった行動を、3人が息を合わせてスムーズに行えるようになるまで練習します。急ぎ過ぎたり、躊躇したりは、観客の疑惑を誘発する原因になることを心して下さい。この後は、二重の箱を回転させるだけですから、若干ペースを遅くすることも有りで、隠れている女性の足を見せないことだけに注意してゆっくりと行うこともできます。

不思議なミイラ

効果

マジシャンと助手は、白い大きな布を左右に広げて、2人の間にしっかりと伸ばして、左右の上隅をそれぞれ持ちます。そして、マジシャンの命令を受けた助手は、体を回転させながら白布を自分自身に巻きつけていきます。マジシャンは、布を全て巻き終って「ミイラ」のようになった助手のまわりを素早く歩いて、垂れ下がっている布の端を掴み、今度はその巻きつけた布を解いていきます。布が完全に解けたとき、なんと！男性の助手であったはずが、美しい女性に変っています？!

秘密と準備

(A) 必要とする物は、2m×2m位の不透明な白布を細長く折り畳んでおきます。

(B) 左右に仕切り壁（またはカーテン）があって、中央があいている部屋で行うことで解説します。女性は、観客側から見て左側の壁の後ろに隠れています。この女性と背丈が同じ位の男性の助手に、軽く曲げた左腕に細長く折り畳んだ布を掛けてもらって右側に立っていてもらいます。演者と助手の間で布を広げて持ったときに、B図で示すように左右の壁が、布で隠れるように広げます。3人の位置は、マジシャンは帽子（トップハット）男性の助手はⒶ、美しい女性はⒼで示してあります。

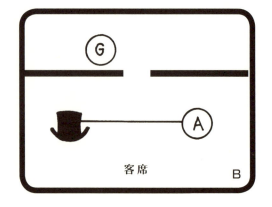

マジカル・イリュージョン

方法

(1) 布を取り上げ、左上隅を助手Ⓐに持たせて広げ、図のように2人の間でしっかりと伸ばして持ちます。B図のように、壁と壁との間の空間の真ん前に広げ、布の下縁が床にしっかりと触れていることを確認します。

(2) 布を広げたらすぐに、女性Ⓖは布の後ろに密かに移動します。

(3)そして、演者の命令で助手Ⓐは公然と上端を左手に持ち替えて布の後ろにまわり込みます。このとき、布の上縁が弛まないようにします。注：上端を左手に持ち替えるとき、上隅が垂れて左手が隠れるようにして持ちます。

(4)助手が布の後ろに入ってきたら、女性は布と助手の間に入り込みます。このとき、助手は左腕を伸ばして一歩下がって、女性が入り込み易い空間を作ります。その時女性は、布の上端(X)を右手で掴み取ります。

(5)注：方法(3)と(4)は躊躇せずに行い、流れるように次の手順にスムーズに進みます。

(6)女性Ⓖが布を掴んだら、助手Ⓐは素早く壁の裏に移動します。

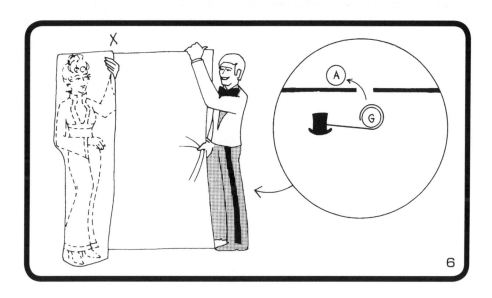

(7)同時に、女性Ⓖは体を回転させながら布を体に巻きつけていきます。

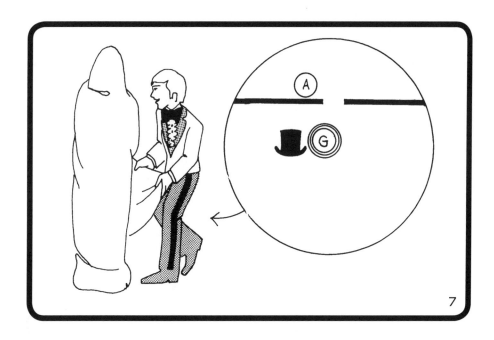

(8)注：ここまでのところ、観客には、男性の助手が演者の命令に従って布の後ろに廻り込み、そのまま体に布を巻きつけていったように見えています。

(9)布を全て巻きつけ終ったところで、演者は「ミイラ」のようになった助手（と思われている）まわりを歩いて、垂れ下がっている布の端を掴みます。

(10)少し間を取ってから、ゆっくりと「ミイラ」の布を解き始め、段々とテンポを上げていって、最後に一気に布を剥ぎ取って、美しい女性に変ってしまったことを劇的に示します‼

コメント
　もし、壁の裏を通って観客達の後に密かにまわり込める通路がある部屋で演じることが可能であれば、布の後ろで女性と入れ替った助手は、急いで通路を通って、密かに観客の中に紛れ込んで待ち（観客は演技に見入っているので気付かれることはないでしょう）、ミイラの中身が美女に変身して大拍手を受けた後、演者が指す観客席の中ですくっと立ち上がって、更なるクライマックスを追加することもできます。

不思議なミイラ・2

　現象は前項と同じですが、これは大きな劇場で演ずるために設計した演出です。

秘密と準備
(A) 袖幕のあるステージで行います。女性Ⓖは右袖幕の後ろで待機しています。

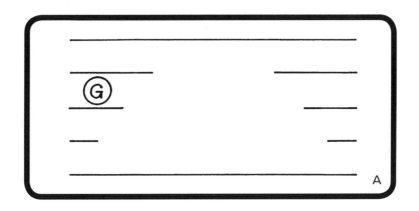

注：助手Ⓐと女性Ⓖの動きを分かり易くするために、全て真上から見た図で解説します。

方法
(1) 演者と助手Ⓐとで布を広げて持ちます。このとき、演者は図のように、自分の体で右袖幕の縁が隠くれるように立ちます。

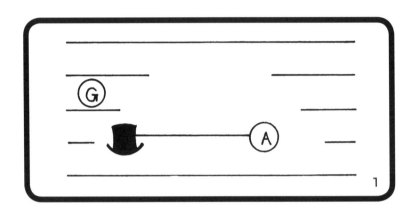

(2) 布を広げたら、右袖幕で待機していた女性Ⓖは密かに布の後ろに移動します。

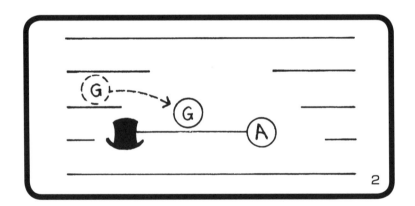

(3) ここで、演者の命令に従って、助手Ⓐは前項同様に動いて布の後ろにまわり込みます。

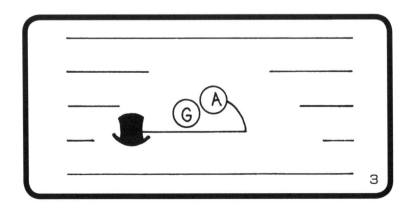

(4) 女性Ⓖは布と助手Ⓐの間に進入して、布の上端を掴み取ります。

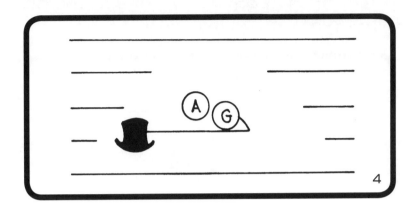

(5) すぐに助手Ⓐは右袖幕裏に移動し、

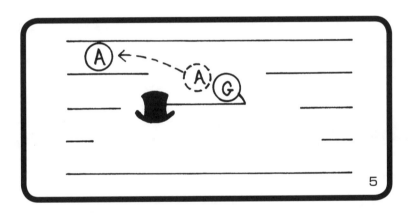

(6) 楽屋口から劇場のまわりの廊下を通って観客席の後ろから密かに入って待機します。

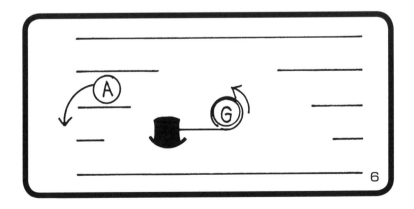

(7)女性Ⓖが布の半分を体に巻いてきたあたりで、演者は布の右上端を持ったまま女性Ⓖのまわりを歩いて布の残りの半分を巻きつけるようにして、女性が右端の方に寄り過ぎないようにコントロールします。

(8)ちょっと間を取ってから、布を解どいて男性の助手が女性に変身したことを示します。

(9)観客が驚いている間に、観客席の後方から消えた助手がステージに向って走り込んできて、劇的なシーンを演出します。

マジカル・イリュージョン

不思議なキャビネット

効果
　魅惑的な細身のキャビネットが紹介され、マジシャンと助手とで、キャビネットを一回転させてキャビネットの周囲を改めてから、今度は、前面と背面の扉を開けてキャビネットの内部を通して見せ、マジシャンはキャビネットの中を通り抜けて何も無いことを示します。両扉を閉めてマジシャンと助手は一歩下がって離れます。突然正面の扉が開き、美しい少女が出現します。

秘密と準備
(A)一辺が75センチの正方形で高さ180センチのキャビネットを作り、150センチ平方のキャスター付の土台の真中に据え付けます。キャビネットの前面と背面は扉で、図のように反対方向に開らくようになっています。キャビネットは、2.5センチ角の角材で作った額縁の両面にベニヤ板を貼ったパネルを組み合わせて、できるだけ軽量に作ります。しかし土台は、少女の体重にしっかりと耐えることのできる1センチ厚のベニヤ板を2枚重ねで作り、キャスターも荷重に見合った大き目でストッパー付のものを取り付けます。

(B)組み立てが終ったら、テーマに合ったデザインで外装します。

方法

女性Ⓖが中に隠れているキャビネットをステージ中央にセットしておきます。

(1) 演者の合図で、助手と一緒にキャビネット回転させて、全ての面を観客に示します。
※解説図では助手を省略してあります。

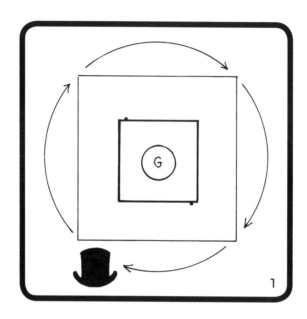

(2) そして、助手がキャビネットの後方の扉を開け、直ちに女性Ⓖは開けた扉の後ろに隠れます。

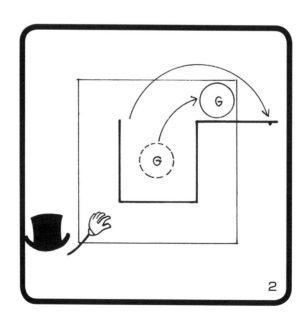

(3) ほとんど同時に、演者はキャビネットの後からキャビネットに入り、前方の扉を開けて出てきます。

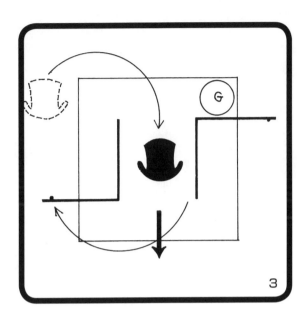

(4) 演者はキャビネットから出て左側に立ち、助手は右側に立ちます。

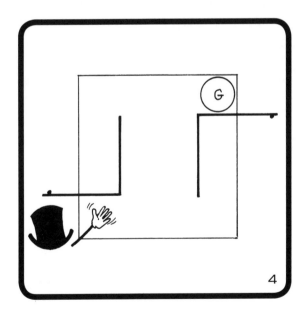

(5) 2人でキャビネットの内部を指示して、何も無いことを強調してから（女性は開いている後方扉の後ろに隠れています）、

(6) 演者は前方の扉を閉めながら右の方に歩いていき、同時に、助手は後方の扉を閉めるために後方に歩いていきます。この秒差を利用して、前方の扉が閉った瞬間に女性◎がキャビネットの中に戻り、同時に後方の扉を閉めます。適切なタイミングで行うと、両方の扉が同時に閉まった感じになります。

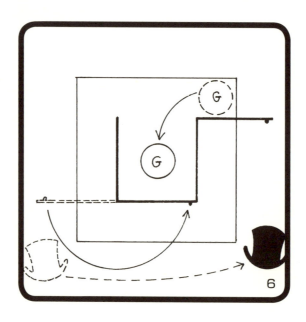

(7)演者と助手は一歩下がってキャビネットを見ます。そのタイミングで、女性は前方の扉を勢い良くあけて現われます!!

ミイラの棺

効果

　エジプトのミイラの棺に見立てたキャビネットを回転させて四方を改めます。前方と後方の扉を開けると、その棺の中には、古びれた布で覆われた埃まみれのミイラがぶら下がっています。助手はミイラを慎重に取り除き、マジシャンはキャビネットに入って、埃や蜘蛛の巣を払い除ける演技をします。そして、取り除いておいたミイラを助手と一緒にキャビネットの中に戻して扉を閉めます。もう1度キャビネットを回転させて四方を改めます。突然2つの扉が開き、ミイラが生前の古代エジプトの女王に戻ったかのように、美しい女性がそこに立っています！

秘密と準備

(A)装置と方法は、前項の「不思議なキャビネット」と基本的に同じです。違いは、ミイラの模型を作ることと、キャビネットの外装を棺風にすることです。

　ミイラの模型を作る方法はいくつかあります。一番良い方法は、太目の工作用針金で1.5メートル位のミイラの外郭を作り、そのまわりに幅広のガーゼの包帯を巻きつけて仕上げる方法です。二つ目の方法は、布でミイラ型の袋状に縫って軽量のスポンジか羽毛を詰め込み、包帯を巻きつける方法です。最後は、最も望ましくない方法ですが、一番簡便です。厚目のスチレンボードをミイラ型に切り抜き、包帯を巻きつけて作ります。どの方法を選んでも出来るだけ軽量にして下さい。そして、完成したミイラの模型に灰色の塗料をスプレーして「古代」の感じを出します。最後に、A図に示したように頭の上に細い針金を取り付けておきます。

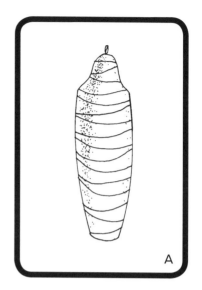

(B)キャビネット内部の天井にフックを固定します。そして、このフックにうまくミイラを吊り下げられるように（3図参照）、頭上の針金の長さを調整しておきます。

(C)更に、ミイラの背面C図の位置に小さな金属のリングを縫い付け、

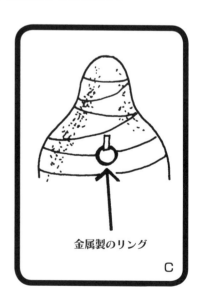

金属製のリング

マジカル・イリュージョン

(D)キャビネットの後方扉の上方に、C図のリングでミイラをぶら下げるフックを固定します。

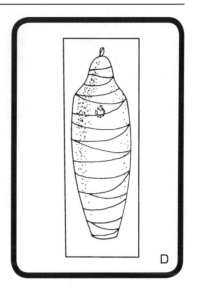

(E)演技前の準備：ミイラの頭上の針金を天井のフックに引っ掛けて吊り下げ、その後ろに女性Ⓖに立ってもらい、両方の扉を閉めてステージ中央に設置しておきます。

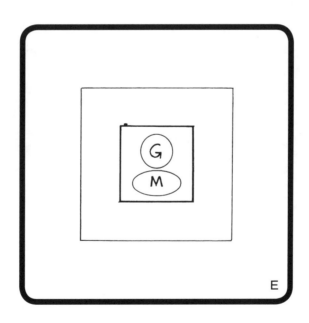

方法

(1)棺のようなキャビネットを観客に紹介してから、助手と一緒にキャビネットを回転させて四方を改めます。つづけて、助手はキャビネットの後ろに廻わり後方の扉を開けます。同時に、女性⑥はその扉の後ろに移動して隠れます。

(2)後方の扉を開けたらすぐに、助手はキャビネットの右前方に戻り、演者は前方の扉を開けてキャビネットの中を示します。

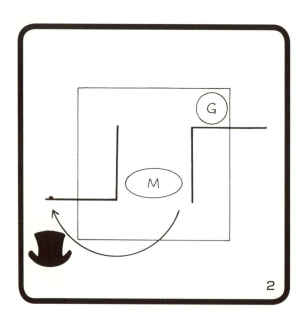

(3)図は、このときの状態を観客側から見た図です。

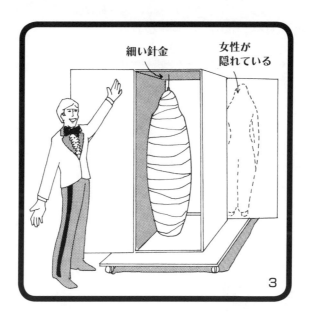

(4)助手がキャビネットの中に入り、ミイラを取り除いたところで、演者はキャビネットの中に入り、蜘蛛の巣を取り払う演技をしながらキャビネットの中をよく見せます。

(5)そして、一旦キャビネットから出て、助手を助けるようにしてミイラを元の位置に吊します。助手はすぐに後方の扉のところに戻り、演者は前方の扉を閉じます。女性Ⓖがキャビネットに戻り、助手が後方の扉を閉めます。

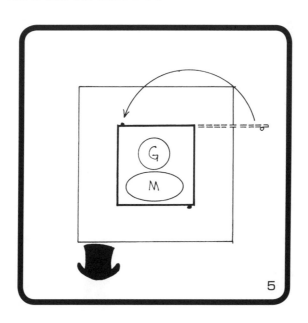

(6) ここで、もう一度キャビネットを回転させて四方を改め、ミイラがキャビネットの内部にあることを暗に示します。この回転の間に、女性Ⓖはミイラを天井から外し、背後のリングを後方の扉のフックに引っ掛けて固定します。

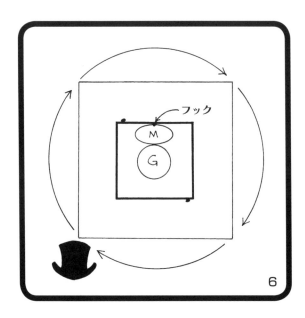

(7) 回転を終えたところで助手は後方の扉を開けます(ミイラは扉の後ろに隠れます)。

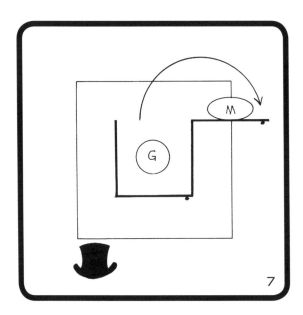

(8)演者はすぐに、前方の扉を開けて、ミイラが美しい女性に変身していることを示します。

扉の向こう

効果
　ステージ中央に、開き戸が1つぽつんと建っています。女性のアシスタントが扉を開き、カーテンを開けて中に入りますが、そこは何も無い空間が広がっているだけで、観客にもはっきりと見えています。女性のアシスタントは、こちら側に戻ってきてカーテンを引き戻して扉を閉めます。すると、扉の向う側をノックする音が聞こえてきます。アシスタントが扉を開けると、そこにはマジシャンが立っています。素晴らしいオープニングです。

秘密と準備
(A)装置は非常に簡単な構造で、普通サイズの扉と枠とカーテンだけです。まず角材で枠組を作り、しっかりと土台に固定してから扉を丁番で片開きで取り付け

ます。そして、不透明のカーテンを木枠上部の横木の後ろに吊り下げます。カーテンは裾が土台にしっかりと触れて隙き間が出来ない長さで、扉が開く方向で横開きにします。

(B)装置の裏側の図で、この図のように、木枠を腕木でしっかりと土台に固定して、扉の開閉に支障をきたさないようにします。

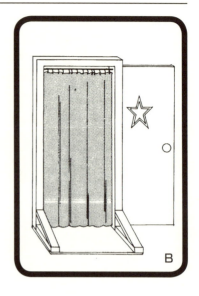

方法
(1)演技を始める前の図です。演者は、閉めてあるカーテンの中央やや後ろで待機しています。

(2)まず、女性Ⓖが登場して、扉の取手を持ち、歩きながら扉を完全に開きます。

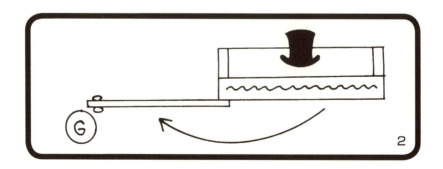

マジカル・イリュージョン

(3) 2図の状態を観客側から見た図です。この図で分かるように、カーテンの後ろに隠れている演者の靴が見えないように、裾がゆったりと床に触れていることが大切です。

(4) 扉を完全に開いたら、演者は密かに扉の後ろに移動します。このとき女性Ⓖは、閉じているカーテンの前方に歩み寄ってきます。

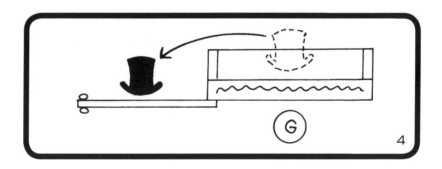

(5) 女性Ⓖはすぐにカーテンを引いて開けます。観客には、木枠越しに舞台裏の空間がはっきりと見えます。

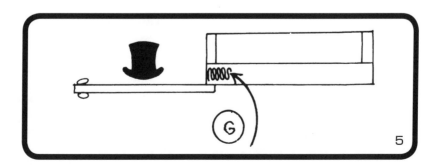

(6) 女性Ⓖは木枠を通って中に入り、見た通りの空間であることを確認してから観客の方に振り向いて、少し間を取ってから元に戻り、

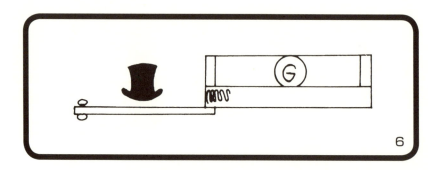

(7) カーテンを閉めます。すぐに、演者はカーテンの後ろに戻ります。

(8) 女性が扉を閉めたら、演者はカーテンを静かに開けて、扉を大きく叩きます。

マジカル・イリュージョン

(9)ノックの音を聞いたところで、女性Ⓖが扉を開けます。演者の登場です！

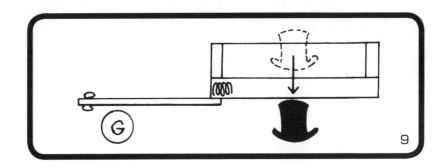

(10)すぐに、演者は歩み出て、大きなジェスチャーで拍手を受けます。

謎のトランク

効果
　マジシャンと助手とで、格好いいトランクを載せた台を回転させて、トランクの全ての側面を観客に示してから、そのトランクを前方に傾けて倒し、蓋を開けて内部が空なことを見せます。蓋を閉めてトランクを元の状態に戻します。マジシャンが手を叩くと、トランクの蓋がぱっと開き、若い魅惑的な女性が現われます!!

秘密と準備
(A)図示してあるトランクとキャスター付の台座の寸法を参考にして作って下さい。トランクの下端を2つの丁番（"C"）でしっかりと台座に固定します。これは、トランクを傾けるときに、トランクがずれないようにするためです。蓋の前縁に取っ手を2つ付けておきます。

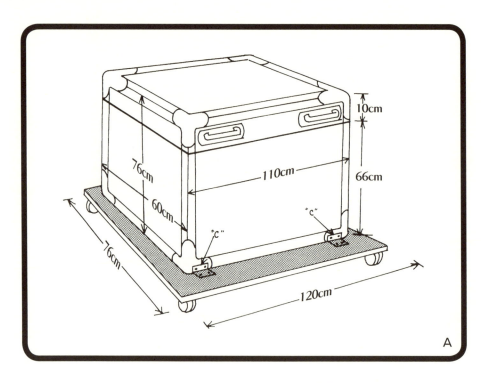

(B)このトランクは底抜けです。図で底のように見えている面は、台座の表面です。トランク全面のすぐ後ろにあるつい立て(A)は脇板B_1とB_2に支えられてこの位置で台座に固定してあります。この脇板(B_1、B_2)は、トランクを前方に傾けるときに、トランク後面の下縁が引っ掛からないように、右角を弧状にカットしてあります。そして、蓋の開き過ぎを防ぐために、矢印で図示したように革ひもを取り付けておきます。

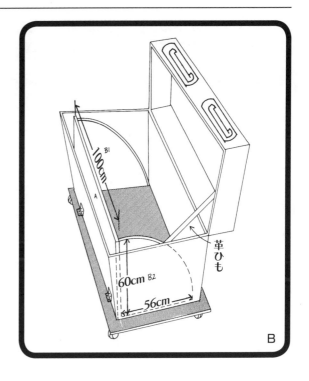

(C)つい立て(A)は、トランクを前方に倒したときに、3図で示したように、底抜けトランクの底になります。

方法
(1)男性の助手が、台座に置いてあるトランク（内部に女性が隠れています）をステージ中央に運んできて、正面を観客の真正面にして置き、演者と助手は、トランクの両脇に立ちます（図は、助手を省略してあります）。

(2) 蓋を閉じたままトランクを前方に傾けて、図の位置まで倒したところで蓋を開けてトランクの内部を見せます。図の点線がつい立て(A)で、トランクの底に見えています。

(3) 2図を後ろから見た図で、女性がつい立て(A)の後ろに屈みこんで隠れている図です。このとき、助手は脇板B_2の横に立って、脇板B_2をカバーします（脇板B_1は演者がカバーしている）。

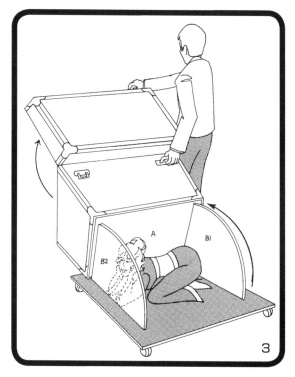

(4)内部を見せ終ったら、トランクの蓋を閉めて、元の状態に戻します。そして、トランクの斜め前方に一歩踏み出し、トランクの方を向いて手を打ちます。それを合図に、女性は蓋を押し上げてトランクの中で立ち上がります。

(5)演者と助手とで出現した女性の両脇を持ち上げ、女性は両脚を上げてトランクの前面を飛び越えて着地して、劇的な出現を締め括ります。

魔女と農夫
ジーン・グラント

効果

　マジシャンは、観客の中から、少年1人と少女2人を選んで舞台に上げます。舞台には魔女の衣装一式と農夫の古びた衣装一式が載せてあるテーブルがあります。マジシャンはまず1人の少女に魔女の役を、もう1人の少女に衣装の着付役を頼み、着付役に魔女の衣装一式を渡し、魔女役の少女を舞台裏に連れていって着付をするように説明します。そして、舞台裏で少女が魔女の衣装を着せられている間、マジシャンは、舞台に残っている少年に農夫の衣装一式を渡し、物語の役柄を説明します。衣装と仮面を付けて魔女に変身した少女が戻って来たところで、今度は少年が農夫の衣装一式を持って舞台裏に入ります。そして、農夫に変身した少年が舞台に戻ってきます。ちょっとしたハプニングあった後、着付役の少女が戻ってきて、3人揃ってマジシャンのまわりに立ちます。パイプを燻らす農夫、箒を振りまわす魔女、それを楽しそうに眺めている着付役の少女がいます。突然、マジシャンが農夫の衣装と仮面を剥ぎ取ると、観客はその瞬間に魔女役だった少女を見て驚きます。そして、魔女の衣装と仮面を剥ぎ取って、少年と少女が完全に入れ代っていることを知ります。観客の大きな拍手を受けている3人の子供たちの参加を称え、魔女と老農夫の物語の幕を閉じます。

秘密と準備

(A)このドラマチックなマジックに必要なものは、全く同じ2組の魔女の衣装（ずきんと仮面付き）と農夫の衣装（ずきんとスカーフと仮面付）1組と1本の箒です。

注：仮面は購入しますが、衣装は全て手作りで、頭からすっぽりと被れて着脱が簡単な作りにします。

(B)農夫の衣装：青色の木綿の布を縫い合わせて、図のような大きな円形のポンチョを作ります。真中の穴から子供に頭から被せたとき、肩から下の体をすっぽりと覆い、裾が床に垂れ下がる大きさにします。そして、赤と白の格子じまの布地をシャツのように裁断して貼り付け、両袖口に手の形も貼り付けておきます。

(C)農夫の仮面は、おもちゃやパーティ用品などを扱っているノベルティ・ショップで、それらしい老人の顔で、目、鼻、口が空いている不透明なマスクを探して下さい。このマスクの縁に沿って青色の頭巾を縫い付け、首のまわりになるところにバンダナを加えれば完璧です。マスクはこのままの状態で子供の頭の上から自由に被せたり外したりできるようにします。

(D)完成したマスクと衣装を着用したときの絵です。

マジカル・イリュージョン

(E) 魔女の衣装：農夫の衣装と同じように、真中に首を通す穴のある円形のポンチョを黒い布で作り、ところどころを継ぎはぎにした衣装を2組作ります。

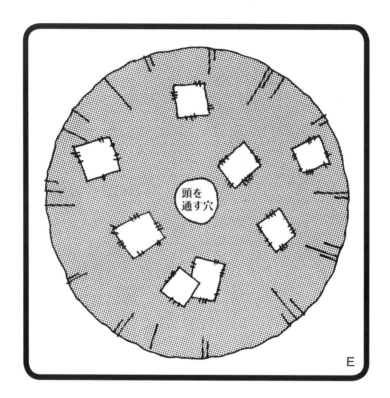

(F) 魔女の仮面は、年老いた魔女のマスク（不透明で目、鼻、口が空いているもの）を見付け、黒い布で肩口まで覆うような頭巾を縫い付けておきます。同じものを2組作ります。

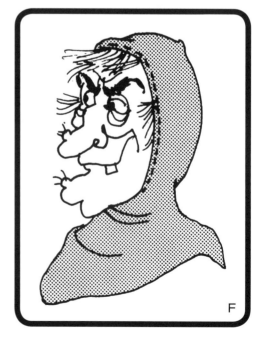

(G)完成した魔女の衣装を着用して、布越しに箒を持っている絵です。

(H)魔女の衣装一式と農夫の衣装一式を舞台右手にあるテーブルの上に置き、残っているもう一組の魔女の衣装一式と箒を舞台袖幕の後ろに隠しておきます。男性の助手もここに隠れています。

方法

解説図は全て上から見た図で、演者は真っ黒な帽子、少年は「B」、魔女役の少女が「G」、着付役の少女が「W」、秘密の助手は「A」で表記しています。

(1) 観客の中から、同じ位の背の高さの少女2人と少年1人を選んで舞台に上がってもらいます。

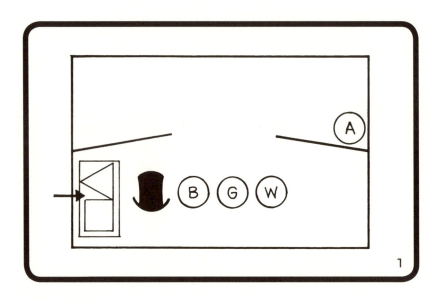

(2) まず衣装の着付役を1人の少女(W)に頼んで、魔女の衣装一式を渡して、もう1人の少女(G)と一緒に舞台裏に行って、その少女(G)に魔女の衣装を着せるように頼みます。

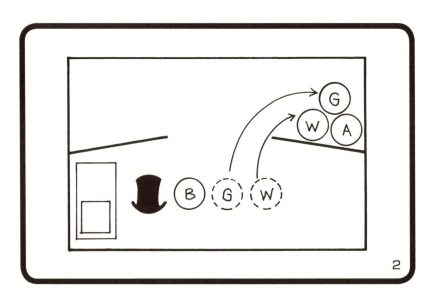

(3) 2人が舞台裏に入ったら、隠れている助手が、着付役の少女(W)に魔女の衣装を着せて舞台に戻します（三角形は魔女の衣装の1つを表します）。魔女になるはずの少女(G)は舞台裏に残ります（観客は、舞台裏に残っているのは着付役(W)だと思っています）

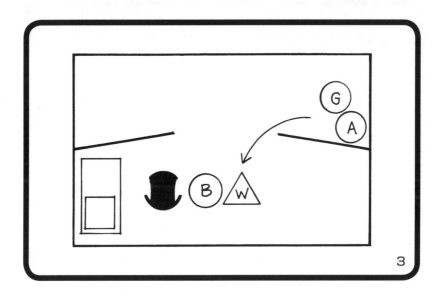

(4) 魔女（着付役の(W)）が帰ってきったところで、演者は農夫の衣装一式を少年(B)に渡し、舞台裏に行って着付けてもらうように言います。

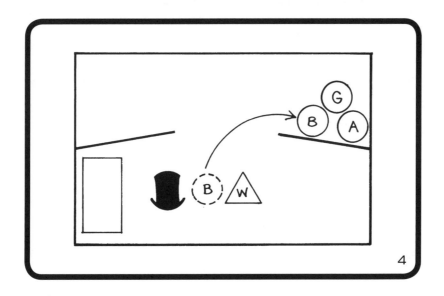

(5)少年が舞台裏に入ったら、助手は農夫の衣装を少年から受け取り、それを少女(G)に着せて舞台に戻します(四角形は農夫の衣装を表します)。

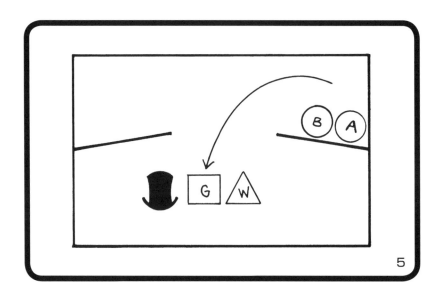

(6)ここで、舞台裏では、もう1組の魔女の衣装一式を少年に着せて箒を持たせて、舞台裏で待機していてもらいます。

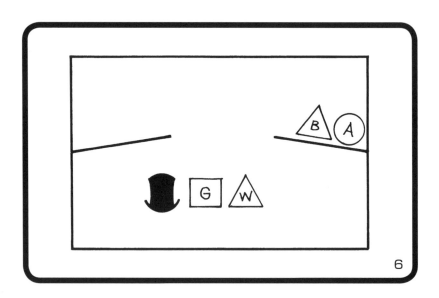

(7)注:今、舞台上に演者と一緒に立っている農夫が魔女役の少女で、魔女が着付役の少女である事実を、観客は全く知りません。

(8)演者は、魔女が箒を持っていないことに気付き、魔女に舞台裏に箒を取りに行かせます。

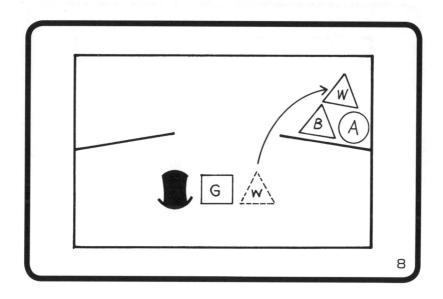

(9)魔女が舞台裏に入ってきたら、すぐに待機していた、箒を持った魔女に扮した少年（三角形B）が舞台に戻ります。そして、舞台裏では、入れ代った魔女(W)の衣装を取り除きます。

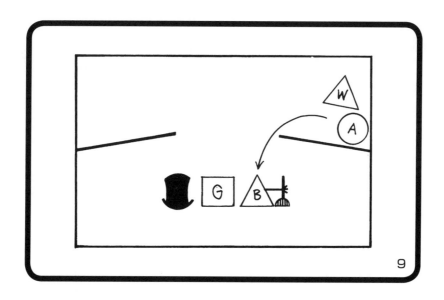

(10) そして、魔女の衣装を脱いだ着付役の少女(W)が舞台に戻ります。

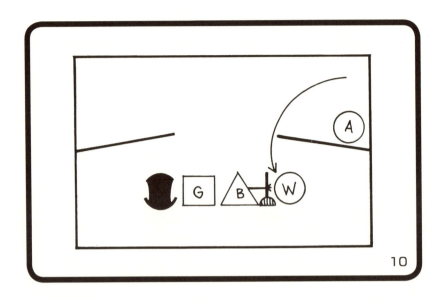

(11) 演者の指示で、魔女が農夫に箒を振ってお呪いを掛けます。演者が農夫の衣装を剥ぎ取ると、いつの間にか魔女役の少女が現われ、観客をびっくりさせます。そして、魔女の衣装の中からは少年が現われます。この完全な人体交替により多くの拍手がくることでしょう。

空中に浮かぶ美女

　この幻想的なイリュージョンの多くは、費用、輸送手段、公開場所の設備等、対処すべき問題が多くありますが、ここで解説する方法はそれとは対照的に、安価で持ち運びが容易で、設置も簡単、そして、背後に割り幕さえあればほとんどの劇場で公演可能という優れものです。

効果
　マジシャンは、舞台中央に2つの三角脚の支柱に載っている薄い板を観客に紹介します。そこに魅力的な若い女性アシスタントが登場してきて、その板の上に座り、マジシャンの手を借りて板と水平になるように向きを変えます。その後、女性はマジシャンの催眠によって板の上で横たわり、マジシャンはゆっくりと慎重に、板を支えている頭の下の三角脚の台を取り除きますが、不思議なことに、女性は、見えない力でバランスが取れているかの

ように、残りの三角脚の台の上で横たわった状態のままです。さらにマジシャンは、残っている三角脚の台を慎重に取り除きます。観客は、マジシャンのパワーで「空中に横たわっている」女性を驚嘆の眼で見ています。マジシャンは腕を伸ばして、空中に横たわっている女性の下と上の空間に何の支えもないことを証明してから、三角脚の台を元の位置に戻します。マジシャンは指を鳴らして女性の催眠を解き、女性は板から降りてすくっと立ち、観客の拍手を浴びます。

秘密と準備

この方法は、マジックの古典の1つなので、手抜きやアレンジ無しで、正確で慎重に構築することが大切です。

(A)この浮揚装置の全体像です。厚さ1センチ〜1.5センチ、幅5センチの鋼鉄で図のようにコの字の支柱に2本のS字の床支持部を固定した骨組の上に、幅30センチ、長さ150センチ、厚さ2センチの合板を置き、支柱の先端の腕金（A、B）にしっかりと固定します。施行後、装置全体をつや消しの黒ペンキで塗装してから、合板を良質の黒色のフェルト布で覆い、縁を房で飾ります。この他に、床支持部の上に敷くカーペットと合板を支えているように見せる軽量の三角脚の台を2組作ります。この台は、真っ白く塗装します（または、自然な材木の明るい色のままにしておきます）。

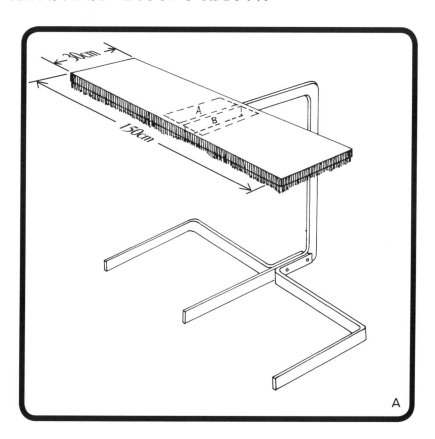

(B)実際の演技では、装置の真後ろに中割り幕が必要です。B図（上から見た図）で分かるように、支柱は幕の後ろから延びています。中割り幕は、幕前に設置してある台との間に空間があり、はっきりと分離している印象を作るため、できれば明るい色の幕にします。

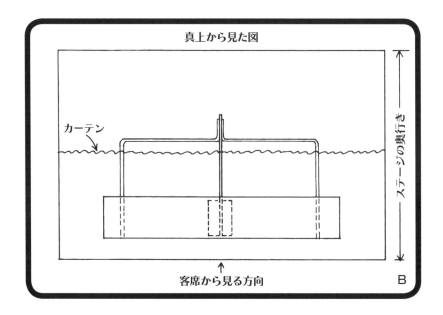

(C)この側面図で示したように、垂直に立ち上がっている支柱は、背景の中割り幕の合わせ目を通して幕の後ろに隠し、床の上に延びている土台はカーペットで覆って隠しておきます。

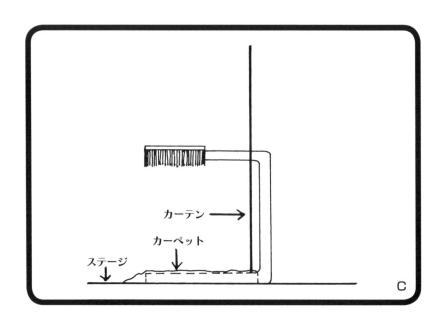

(D)そして、2つの三角脚の台を板の下に、図のように左右の端近くに1つずつ置いて、いかにも板を支えている台のように見せます。

方法
(1)観客に女性のアシスタントを紹介してから、まず板の中央に座らせます。そして、彼女の両足首を持って右端の方にずらしていって、板の右端近くに置きます。

(2)次に、演者は正面に移動して、左手で彼女の後頭部あたりを支えて後ろに倒し、板の上に、仰向けに寝かせます。

(3)演者は、女性の頭部と板の左端のまわりを歩いて、女性と板の後ろ（板と幕の間）に立ちます。このとき、幕の後ろから延びている装置の腕金が演者の左手首の隣りにある状態です。

(4)板の上に横たわっている女性に催眠を掛けます。女性は目を閉じ、板の端から右腕をだら～んと垂らします。そこで演者は、板の前方に戻って、垂れ下がっている女性の右腕を女性の胸の上に置き直します。この動きによって、女性と幕の間に空間があることを観客に印象付けることになります。

(5)女性の腕を戻した後、女性の頭が載っている板の端の方に移動して、三角脚の台を外して脇に置きます。

(6)そして、頭（と板）の後ろにまわり込んで膝を折ってしゃがみ、体の上と板の下で手を振って改めます。

(7)次に、板の前方に戻って板の右端、女性の両足のあるところまで移動して、もう1つの三角脚の台を慎重に外して脇にどけ、女性が完全に空中に浮いている姿を見せます。

(8)浮揚している女性の上と下の空間で手を振って、支えたり吊ったりしているものが無いことを改めます。

マジカル・イリュージョン

(9)すぐに足の下にあった三角脚の台を元の位置に戻し、そのまま女性の頭の方に歩いていって、2つ目の三角脚の台を元に戻します。指を鳴らして女性の催眠を解き、板の上から降ろして、拍手を受けます。

【著者略歴】

Mark Wilson
マーク・ウィルソン（1929〜　）
1960年、テレビで初めてマーク・ウィルソンのイリュージョン・マジック・シリーズ「マジックランド・オブ・アラカザン」をCBS-TVネットワークで2年間放送、その後ABC-TVネットワークに移り、更に3年間続くロングランによってマジック界にテレビ時代の幕を開けたスーパー・スター。1974年、包括的なマジック教本「マーク・ウィルソン・コース・イン・マジック」を出版。同年マジシャンズ・オブ・ザ・イヤー大賞を受賞。

【監修者略歴】

TON・おのさか（1933〜　）
マジック・キャッスル（アメリカ）ライフタイム・メンバー、アジア・マジシャンズ協会コンサルタント、マジック・アドバイザー、コーディネーター、イラストレーター、クリエーター。公益社団法人日本奇術協会参与、名誉会員。FISMオフィシャル・ジャッジ。

マーク・ウィルソン　マジック大百科
【ステージ・マジック他編】

2019年4月30日 初版印刷
2019年5月10日 初版発行

著　者──マーク・ウィルソン
監修者──TON・おのさか
発行者──金田　功
制　作──magicland.jp　　DTP──小野坂　聰
印刷・製本──中央精版印刷株式会社

発行所──**株式会社 東京堂出版**
　　　　〒101-0051　東京都千代田区神田神保町1-17
　　　　電話 03-3233-3741

ISBN978-4-490-21007-1 C2076　　　　　©2019
Printed in Japan

マーク・ウィルソン　マジック大百科　クロースアップ・マジック編	マーク・ウィルソン著　TON・おのさか監修	B5判484頁　本体6,800円
クリス・ケナー　エキセントリック・マジック	クリス・ケナー著　角矢幸繁訳	B5判308頁　本体8,000円
ジョン・バノン　カードトリック　HIGH CALIBER	ジョン・バノン著　富山達也訳	B5判352頁　本体9,500円
クロースアップ・マジック コレクション	カズ・カタヤマ編	A5判256頁　本体3,600円
図解カードマジック大事典	宮中桂煥著　TON・おのさか編纂	B5判700頁　本体6,400円
カードマジック事典　新装版	高木重朗編	A5判378頁　本体2,800円
コインマジック事典　新装版	高木重朗　二川滋夫　編	A5判212頁　本体2,400円
世界のクロースアップマジック	リチャード・カウフマン著　TON・おのさか和訳	A5判336頁　本体3,500円
エリック・ミード　クロースアップマジック	エリック・ミード著　角矢幸繁訳	A5判180頁　本体3,200円
ジョン・バノン　カードマジック　Dear Mr.Fantasy	ジョン・バノン著　富山達也訳	B5判352頁　本体9,500円
ホァン・タマリッツ　カードマジック	ホァン・タマリッツ著　角矢幸繁訳・TONおのさか編	A5判368頁　本体3,200円
ジェイ・サンキー　センセーショナルなクロースアップマジック	リチャード・カウフマン著　角矢幸繁訳	A5判184頁　本体2,800円
ブラザー・ジョン・ハーマン　カードマジック	リチャード・カウフマン著　TON・おのさか和訳	A5判400頁　本体3,900円
デレック・ディングル　カードマジック	リチャード・カウフマン著　角矢幸繁訳・TONおのさか編	A5判432頁　本体3,900円
ラリー・ジェニングス　カードマジック	リチャード・カウフマン著　小林洋介訳・TONおのさか編	A5判334頁　本体3,800円
アロン・フィッシャー　カードマジック	アロン・フィッシャー著　小林洋介訳・TONおのさか編	A5判172頁　本体2,800円
ロン・ウィルソン　プロフェッショナルマジック	リチャード・カウフマン著　角矢幸繁訳	A5判238頁　本体3,200円

（定価は本体＋税となります）